Matthias Opdenhövel
Steffi Hugendubel-Doll

Flipflops, iPod, Currywurst

Wer hat's erfunden?

cbj

Inhalt

G

H

I

J

K

R

S

T

U

V

W Y

Z

Vorwort

Ich war schon immer ein Riesenfan von Daniel Düsentrieb. Dieser Erfindererpel hat mich von allen Walt Disney Figuren am meisten begeistert. Er war weder so ein langweiliger Glückspilz wie Gustav Gans noch so nervig streberhaft wie Tick Trick und Track, die in ihrem Fähnlein Fieselschweif Handbuch immer alles nachlesen konnten. Daniel Düsentrieb tüftelte lieber still vor sich hin und erfand zusammen mit seiner laufenden Glühbirne ›Helferlein‹ die coolsten Sachen. Im Original heißt Daniel Düsentrieb übrigens Gyro Gearloose. Das ist eine Anspielung auf die Redewendung »eine Schraube locker haben«. Klar muss man einen leichten Spleen haben, wenn man Sachen wie den Brotschmierapparat oder ein Telefon mit eingebautem Bügeleisen erfindet.

Aber genau solche Verrücktheiten haben die Menschheit vorangebracht. Das Neue und Unerwartete ist meistens erst einmal schockierend. Aber nach einer gewissen Zeit ist es Alltag. Der Mensch gewöhnt sich schnell an neue Dinge, ist aber gerne erst mal skeptisch. Bezeichnend für diese Haltung ist der Satz von Thomas J. Watson, dem früheren Chef von IBM, aus dem Jahre 1943: »Ich glaube, es gibt einen Weltmarkt für vielleicht 5 Computer.« Wurden dann ja doch ein paar mehr.

Als ich 1992 beim Radio anfing, verfasste ich meine ersten Moderationstexte noch auf einer Schreibmaschine namens Gabriele. Aber immerhin mit Korrigierband. Ein Jahr später bei VIVA bekamen wir eine Schulung über das, was ein Computer so alles kann. Vom World Wide Web hatte Anfang der 90er kaum jemand was gehört und ein Handy hieß damals noch Satellitentelefon und wog etwa fünf Kilo.

Zehn Jahre später können wir uns kaum vorstellen, dass es eine Welt ohne diese Dinge gab. Aber nicht nur die großen technischen Revolutionen finde ich faszinierend. Auch die kleinen Erfindungen erleichtern einem oft das Leben. Als leidenschaftlicher Bananenesser war ich extrem begeistert von einer ganz besonderen Erfindung: der

Bananenbox. Sie landete eines Tages als Werbegeschenk auf meinem Schreibtisch. Seitdem zog ich niemals mehr einen braunen, zerdätschten Matsch aus meiner Tasche. Egal wo ich die gelbe Plastikschale aufklappte, eine unzerstörte, frische Frucht lag vor mir. Einfach spitze! Der Materialwert? Ein paar Cent. Eine gesteigerte Lebensqualität? Absolut! Als ich damit allerdings das erste Mal durch die Sicherheitskontrolle am Flughafen wollte, wurde mir die leere Box fast abgenommen. Die Securityleute hatten so ein Teil noch nie gesehen und glaubten mir die Funktion nicht. Stattdessen wollten sie es lieber als Waffe konfiszieren. Zwei Monate später gab es Bananenboxen an jeder Ecke zu kaufen.

Ihr seht, man kann jeden Tag was Nützliches erfinden. Es muss nicht unbedingt die treibstofflose Rakete sein, mit der man als Tourist ins Weltall fliegen kann. Es reicht auch eine Nummer kleiner. Wenn ich früher als Teenager vom wöchentlichen Rasenmähen genervt war, dachte ich, es müsste doch mal einen Roboter geben, der diese Arbeit von alleine erledigt. »Wie soll so was denn funktionieren? Und wie würdest du denn dann dein Taschengeld aufbessern?«, fragte mich mein Vater damals. Heute fährt so einer bei mir durch den Garten. Und mein Dad ist begeistert von der Erfindung. Blöd nur, dass jemand anderes schneller war als ich.

Bleibt also immer neugierig. Probiert was aus und denkt dran, keine Idee ist zu abwegig, als dass man nicht auf ihr rumkauen könnte. Dieses Buch ist der beste Beweis.

Viel Spaß beim Lesen,
Euer Matthias

Mein Dank gilt meinem inspirierenden Redaktionsteam in Buchholz, Niedersachsen: Leoni, Felix und Emil.
Meinem wackeren Münchner Redaktionsteam:
Sarah, Leah, Becci und Martin.
Sowie meinem Oberbayern-Korrespondenten: Jonas.
Steffi Hugendubel-Doll

= ÜBRIGENS:	Insiderwissen, das man bei der ein oder anderen Gelegenheit als Ass aus dem Ärmel ziehen kann.
= KURIOS:	Erstaunliche Zusatzinformationen und Geschichten, die kaum zu glauben sind.
= WISSENSWERT:	Fakten, Fakten, Fakten, mit denen man mächtig Eindruck schinden kann.

Achterbahn (1884)

Es war das russische Volk, das uns diese kurvige Jahrmarkt-Attraktion geschenkt hat. Bereits im 16. Jahrhundert ließen die wohlhabenderen Bürger aus der Gegend um St. Petersburg im Winter 20–25 Meter hohe Holzkonstruktionen errichten. Mit Wasser übergossen, das bei den häufigen Minusgraden schnell gefror, wurden daraus herrliche Eisrutschen, auf denen man sich regelrecht den Fahrtwind um die Nase wehen lassen konnte. Um auf den winterlichen Spaß auch im Sommer nicht zu verzichten, wurden später Rollen unter die Schlitten montiert und die Rampen mit Spuren versehen. Der Grundstein für die Achterbahnentwicklung war gelegt.

Auch wenn die Achterbahnen 1950 noch keine Rekordgeschwindigkeiten erreichten, ein Nervenkitzel waren sie trotzdem.

Die wenigen überlebenden Soldaten des französischen Kaisers Napoleon berichteten nach ihrem Russlandfeldzug 1812 in der Heimat beeindruckt von diesem russischen Rutschvergnügen. So verbreitete sich die Idee in Frankreich und später in ganz Europa schnell unter dem Namen »Montagnes Russes« (»Russische Berge«).

Erst als der Amerikaner Charles Alcokes Ende des 19. Jahrhunderts seinen mit Dampf angetriebenen Kettenlift auf den Markt brachte, verschwanden die durch Schwerkraft und menschliche Muskelkraft betriebenen Bahnen allmählich. Auch wurde so manche Holzbahn durch gewagte Stahlkonstruktionen abgelöst. Die erste buchstäbliche und namensgebende Achterbahn »Figure Eight« – in Form der Ziffer 8 und mit geschlossener Schienenführung – wurde 1898 ebenfalls auf Coney Island eröffnet. Dort entstand 1900 auch die erste Bahn mit Looping: der »Flip-Flap«. Allerdings litten viele Besucher nach der Fahrt an Nackenschmerzen. Kein Wunder also, dass sich Loopings und Korkenzieher-Kurven erst in den 1950er-Jahren im Achterbahnbau endgültig durchsetzten, als die Technik bereits ausgefeilter war.

Mit der Achterbahn verhält es sich wie mit dem höchsten Gebäude der Welt, immer gibt es eine Bahn, die noch einen »Thrill« draufsetzt – alle Rekorde sind daher immer nur kurze Zeit gültig: Das derzeit steilste Modell ist die »Takabisha«-Achterbahn im japanischen Freizeitpark Fuji-Q Highland, die vermutlich schnellste Bahn »Formula Rossa« steht im Freizeitpark Abu Dhabi (240 km/h nach Katapultstart). Und der neu eröffnete »Ring Racer« am deutschen Nürburgring schafft immerhin 216 km/h.

Die ersten Achterbahnen im heutigen Sinne waren ebenfalls Holzkonstruktionen, die eine Strecke aus Bergen und Tälern simulierten und von einem allein durch die Schwerkraft angetriebenen Zug befahren wurden. Nach diesem Prinzip funktionierte 1884 auch die von *LaMarcus Adna Thompson* auf Coney Island in New York errichtete »Gravity Pleasure Switch Back Railway«. Der Ingenieur aus Ohio konstruierte sie, nachdem er zuvor in einer zu Vergnügungszwecken umgebauten, ehemaligen Kohlenmine in Pennsylvania zu einer Fahrt in einer Kohlenlore eingeladen worden war. Thompson war so angetan von der rasanten Abfahrt im kilometerlangen Minenschacht, dass er ein ähnliches Fahrvergnügen für Freizeitparks bauen wollte.

Nach drei Jahren Bauzeit war es so weit: Auf Coney Island ließ er seine Fahrgäste erst einen Turm besteigen, bevor sie, zunächst von Mitarbeitern angeschoben, in einer Art Waggon eine 183 Meter lange und 15 Meter hohe, wellenförmige Holzbahn mit Schienen hinuntersausten. Kräftige Angestellte schoben die Wagen anschließend wieder hoch, drehten sie herum – und ließen die nächsten Fahrgäste einsteigen. Das schweißtreibende, aber lukrative Fahrgeschäft war ein wahrer Publikumsmagnet: Die Leute kamen in Scharen und bezahlten gerne die fünf Cent Eintritt, sodass Thompson an den besten Tagen bis zu 600 US-Dollar am Tag einnahm und seine Investition von 1600 US-Dollar bereits in den ersten drei Wochen wieder eingespielt hatte. Am 20. Januar 1885 meldete er seine Bahn unter dem Begriff »Roller Coaster« zum Patent an, weil sie das Auf und Ab der Wellen an der Küste simulierte.

Die erste Achterbahn Deutschlands wurde 1908 in München errichtet: Die sogenannte »Riesen-Auto-Luftbahn« war aus Holz und wurde zur 750. Wiederkehr der Stadtgründung auf dem Ausstellungspark der Theresienhöhe aufgebaut.

Adventskalender (1908)

Die Auswahl ist schier grenzenlos: Adventskalender gibt es heute mit Schokolade, Pralinen oder Gummibärchen gefüllt, mit Spielzeugautos für kleine Jungs, Hello-Kitty-Accessoires für Mädchen, mit Teespezialitäten für die beste Freundin, Bierdosen für den Liebsten oder Hundeleckerlis für den Vierbeiner. Kurz gesagt: Man findet sie in allen Größen und sogar virtuell im Internet.

Der weltgrößte freistehende Adventskalender befindet sich in Leipzig.

Jeden Tag ein neues Türchen öffnen und somit Weihnachten immer wieder ein Stückchen näher sein – das ist der Sinn des Adventskalenders, der als Zeitvertreib, als Zählhilfe oder auch als Zeitmesser entstand, und das schon im 19. Jahrhundert.

Insbesondere in protestantischen Familien war es Brauch, ab dem 1. Dezember bis zum Heiligen Abend entweder täglich ein neues Bild an die Wand zu hängen und so die Tage bis zum nahenden Christfest zu überbrücken oder mithilfe von 24 Kreidestrichen an der Wand bzw. an der Tür rückwärts zu rechnen. Mit jedem Tag, an dem die Kinder einen Strich wegwischen durften, rückte die »Ankunft von Jesus Christus« näher. Ärmere Familien legten ab dem 1. Dezember täglich einen Strohhalm in die Weihnachtskrippe, damit das Christkind am 24. Dezember weich gebettet war. Oder sie stellten Leitern aus Pappe oder Holz auf, mit deren Hilfe das Christkind jeden Tag eine Sprosse weiter vom Himmel heruntersteigen konnte. Im katholischen Bayern gab es die sogenannten Klausenhölzer: ein Kerbholz, auf dem die Kinder im Advent jede gute Tat und jedes Gebet mit einer Kerbe markierten.

Hintergrund für all diese Rituale war, dass Sünden in den Adventstagen kirchenrechtlich als besonders verwerflich galten. Mithilfe der Bilder, Striche oder Strohhalme wollte man die Ungeduld der Kinder zügeln und sie täglich daran erinnern, besonders folgsam zu sein.

Den ersten gedruckten Kalender für Kinder in Form einer Weihnachtsuhr veröffentlichte 1902 die Evangelische Verlagsbuchhandlung Trümpler in Hamburg. Allerdings deckte die Uhr gemäß den zwölf Stunden am Ziffernblatt nur die letzten zwölf Tage vor Weihnachten ab, also den 13. bis 24. Dezember.

Im Guinnessbuch der Rekorde misst der weltweit größte freistehende Adventskalender 857 m², er wird seit 1997 jedes Jahr in Leipzig aufgebaut. Die Kalendertüren sind dreimal zwei Meter groß, täglich wird nachmittags ein neues Türchen geöffnet.

Der erste gedruckte Adventskalender, der die gesamte Adventszeit abbildete, war eine Erfindung des Lithografen ***Gerhard Lang*** aus Maulbronn. Sein 1908 veröffentlichter Kalender mit dem Titel »Im Lande des Christkinds« enthielt, als Weiterentwicklung des protestantischen Brauchtums, 24 bunte Bilder, die von den Kindern ausgeschnitten und aufgeklebt werden konnten.

Der Kalender war ein Andenken des Pfarrerssohns an seine eigene Kindheit, in der die Mutter ihm alljährlich zu Weihnachten 24 Kästchen auf einen Karton aufgemalt hatte. Auf jedes hatte sie ein »Wibele« genäht: ein Biskuitplätzchen also, das ihrem aufgeregten Sohn die Wartezeit aufs Christkind ein wenig versüßen sollte.

Als Gerhard Lang als junger Mann schließlich zum Teilhaber der lithografischen Anstalt Reichhold & Lang aufstieg, erinnerte er sich an diese liebevolle Idee seiner Mutter. Da man aber damals noch nicht in der Lage war, Plätzchen oder Süßigkeiten so lange haltbar zu machen und auch der Aufwand für gefüllte Adventskalender erst einmal zu groß schien, ersetzte er die Gebäckstücke einfach durch farbenprächtige Zeichnungen.

1908 kam der noch fensterlose sogenannte »(Münchener) Weihnachts-Kalender« auf den Markt. Erst 1920 erschienen schließlich die ersten maschinell gefertigten Adventskalender mit Türchen zum Öffnen, wie wir sie heute kennen. Hinter den Türchen verbargen sich zunächst Bibelverse oder Engelmotive.

Bis zum Ausbruch des Zweiten Weltkriegs 1939 verdiente Gerhard Lang gut mit seiner Idee. Dann musste er seine Firma aufgrund des herrschenden Papiermangels und des Verbots, Bildkalender herzustellen, schließen – bis zu diesem Zeitpunkt hatte er bereits rund 30 verschiedene Kalendermotive herausgegeben.

Erst Ende der 1940er-Jahre, als es den Menschen im Nachkriegsdeutschland langsam wieder ein wenig besser ging, erinnerte man sich erneut an den Adventskalender. Naschereien hinter den Türchen wurden allerdings erst in den 1950er-Jahren populär. Als günstige Massenware produziert, waren die Kalender dann auch für alle bürgerlichen Schichten erschwinglich.

Von Stuttgart aus eroberte der Adventskalender schließlich die Welt, als es dem 1946 gegründeten Richard Sellmer Verlag gelang, einen Großauftrag aus den USA an Land zu ziehen – und der Adventskalender so rund um den Globus berühmt wurde.

Adventskranz (1839)

Den Adventskranz hat 1839 der Hamburger Theologe und Erzieher *Johann Hinrich Wichern* erfunden.

Johann Hinrich Wichern kreierte den Adventskranz ursprünglich für Kinder.

Wichern hatte sieben Jahre zuvor eine Stelle als Oberlehrer an der Sonntagsschule in der Evangelischen Kirchengemeinde St. Georg in Hamburg angenommen. Der Stadtteil war ein Elendsquartier, dort hausten die Ärmsten der Armen. Doch davon ließ sich Wichern nicht abschrecken. Er wurde Mitglied eines Vereins, der die Eltern der Sonntagsschulkinder zu Hause besuchte. Selbst in bürgerlichen Verhältnissen aufgewachsen, sein Vater hatte sich vom Fuhrmann zum vereidigten Übersetzer emporgearbeitet, begriff er durch diese Hausbesuche erstmals, was Armut wirklich bedeutete.

Nach dem ersten Schock beschloss er, gegen diese Zustände anzugehen, und gründete im Hamburger Vorort Horn bereits ein Jahr später eine Anstalt »zur Rettung verwahrloster und schwer erzieh-

Worauf wartet man im Advent? Auf die Ankunft des Jesuskindes, welches laut Papst Liberius (vom 17. Mai 352 bis 24. September 366 im Amt) am 25. Dezember geboren wurde. Hiermit erklärt sich auch der Name Adventskranz, denn das lateinische Wort »adventus« bedeutet Ankunft. Der Brauch, Advent zu feiern, hat seinen Ursprung im 5. Jahrhundert in Italien. Hier widmete man zunächst nur den Sonntag direkt vor dem Weihnachtsfest dessen Vorbereitung. Ende des 6. Jahrhunderts legte Papst Gregor der Große dann erstmals vier Adventssonntage fest.

barer Kinder«: das »Rauhe Haus«, wie es auch heute noch heißt. In den nächsten Jahren reiste er ganz im Sinne der Sache als »Herold der Inneren Mission« durch die deutschen Provinzen und sammelte Geld und Sachspenden. Daher gilt er vielen auch als Begründer der »Inneren Mission« der Evangelischen Kirche in Deutschland.

Da ihm die Kinder, die er im Rauhen Haus betreute, zur Adventszeit immer wieder Löcher in den Bauch fragten, wann denn endlich Weihnachten sei, baute er ihnen im Jahre 1839 einen großen Holzkranz mit 19 kleinen roten Kerzen und vier großen weißen. Er nannte ihn Adventskranz und zündete – um den Kindern das Warten erträglicher zu machen – an jedem Werktag im Advent eine kleine rote Kerze an, an den Sonntagen eine große weiße. Später wurde der Ring noch mit Tannenzweigen geschmückt. Etwa seit dem Jahr 1910 gehört der Adventskranz zum festen deutschen Brauchtum.

Die Adventszeit beginnt am vierten Sonntag vor Weihnachten und der erste Adventssonntag markiert zugleich auch den Beginn des neuen Kirchenjahres. Auch einige orthodoxe Kirchen haben den Adventskranz übernommen, ihn aber auf sechs Kerzen erweitert, weil ihre Adventszeit sechs Sonntage umfasst.

Heute werden Adventskränze meist aus Tannengrün geflochten und tragen aus Platzgründen nur mehr vier Kerzen, die nach und nach an den vier Adventssonntagen angezündet werden, »und wenn das vierte Lichtlein brennt, dann ist's nicht weit, das Christuskind«.

Aldi (1962)

Die Lebensgeschichte der »Aldi-Brüder« *Karl* und *Theo Albrecht*, Erfinder und Gründer der Discount-Kette Aldi, würde sich hervorragend als Vorlage für einen »Vom Tellerwäscher zum Millionär«-Roman eignen. Ihr Vater Karl senior war Bergmann in Essen. Nachdem er an einer Staublunge erkrankt war, arbeitete er für wenig Geld als Bäcker in einer Brotfabrik. Um ein wenig dazuzuverdienen, mietete Anna Albrecht, die Mutter der Brüder, 1913 einen gerade einmal 35 Quadratmeter großen Laden, in dem sie Lebensmittel verkaufte. Welche Ironie des Schicksals, dass ausgerechnet dieses aus der Not geborene Lädchen im Essener Bergarbeitervorort Schonnebeck den Grundstein für den heutigen Weltkonzern Aldi legen sollte.

Theo, der jüngere der beiden Brüder, absolvierte dort nach der Schule eine Lehre. Karl, Jahrgang 1920, lernte bei »Feinkost Weiler«. 1946, als der Zweite Weltkrieg gerade ein Jahr vorüber war, übernahmen die Brüder gemeinsam das Geschäft der Mutter und eröffneten bald schon eine größere Filiale ganz in der Nähe. Von einem »Billigmarkt« war damals aber noch keine Rede.

1961 teilten Karl und Theo Albrecht ihre Supermärkte auf und schufen den sogenannten »Aldi-Äquator«. Dazu zogen sie auf der Karte der Bundesrepublik eine Linie, die im Westen etwa auf der Höhe von Kleve am Niederrhein begann und quer durch das Ruhrgebiet und Hessen bis an die Grenze der damaligen DDR reichte. Theo, der jüngere Bruder, entschied sich für den nördlichen Teil Deutschlands, Karl nahm für sich das Gebiet südlich der Ruhr in Anspruch. Durch diesen strategischen Schachzug entstanden zwei rechtlich selbstständige Unternehmen, Aldi Süd und Aldi Nord, die jedoch bis heute dieselben Geschäftsprinzipien verfolgen und gemeinsame Lieferanten nutzen.
Nach der deutschen Wiedervereinigung 1989 wurde Aldi Nord zusätzlich um das Gebiet Ostdeutschland erweitert. Obwohl beide Aldi-Gesellschaften traditionell keine Geschäftszahlen veröffentlichen, gilt der Konzern als derzeitige Nummer eins der Lebensmittel-Discounter.

Die Discount-Idee entwickelten die Brüder erst ein paar Jahre später. Statt der üblichen Rabattmarken zogen sie ihren Kunden von vornherein drei Prozent vom Warenpreis ab. Außerdem sparten die Brüder an Dekoration, Werbung, leicht verderblichen Frischwaren und, dank verhältnismäßig kleiner Verkaufsflächen, auch an der Miete – und waren so deutlich günstiger als die Konkurrenz. Ein Konzept, das im völlig zerstörten Nachkriegsdeutschland ankam und sich schnell herumsprach. So konnten die Albrechts kontinuierlich expandieren, 1950 hatten sie es bereits zu einer kleinen Lebensmittelkette mit13 Filialen gebracht.

Ein rasanter Aufstieg begann. 1953 wurde Karl Albrecht mit der Aussage zitiert, es ginge ihm »nicht mehr um normales Bedienen, sondern um Massenabfertigung«. Günstige Preise wurden zum schlagkräftigen Argument ihrer Läden, ganz im Sinne der heutigen Aldi-Mentalität »Hauptsache billig«. Im Eiltempo eroberten die Brüder auch Gebiete außerhalb des Ruhrgebiets: 1955 nannten sie 101 Filialen ihr Eigen, 1958 waren es 170 und 1960 bereits 300 Läden – mit einem Umsatz von 90 Millionen Mark! Kurz danach benannte sich die Kette in Aldi um, die Abkürzung steht für Albrecht Discounter.

Der erste »Aldi-Markt« wurde 1962 in Dortmund eröffnet. Binnen eines halben Jahrhunderts wurden die Albrechts damit zum unangefochtenen Marktführer. Grund dafür war vor allem ihre Geschäfts-Maxime: »Man muss erreichen, dass der Kunde den Glauben gewinnt, nirgendwo billiger einkaufen zu können. Dann nimmt er alles in Kauf.« Mit diesem simplen Prinzip wurden die Brüder zu den reichsten Männern Deutschlands und schufen zusammen 4165 Aldi-Filialen.

!

Karl Albrecht war 2011 laut Liste des US-Magazins »Forbes« der reichste Deutsche mit einem Vermögen von 25,5 Milliarden Dollar (Weltranglistenplatz 12), sein 2010 verstorbener Bruder Theo brachte es bei seinem Tod immerhin auf rund 16,7 Milliarden Dollar. Trotzdem ist von kaum einem Unternehmensgründer so wenig bekannt wie von den Aldi-Brüdern. Die letzten offiziellen Zitate der beiden stammen aus den Jahren 1953 und 1971, die letzten Bilder wurden in den 1980er-Jahren aufgenommen. Der Grund dafür war die Entführung Theo Albrechts 1971, der erst nach der Zahlung von sieben Millionen Mark wieder freigelassen wurde. Danach wollten die Brüder jeglichen Rummel um ihre Person vermeiden.

Amazon.com (1994)

Jeffrey Preston Bezos war erst 30 Jahre alt, als er Amazon.com erfand.

Der Gründer und Präsident des US-amerikanischen Unternehmens Amazon.com, ***Jeffrey Preston Bezos***, hat seinen biologischen Vater nie kennengelernt. Seine Mutter war gerade mal 17 Jahre alt, als sie »Jeff« auf die Welt brachte. Es folgte eine bewegte Kindheit mit vielen Umzügen, bevor Bezos an der Princeton University (New York) Elektrotechnik und Informatik studierte (Bachelor-Note: summa cum laude). Sein dritter Arbeitgeber, die Anlagefirma D. E. Shaw & Co., bildete ihn zum Börsenmakler aus. Schon nach wenigen Jahren war Bezos zum stellvertretenden Präsidenten des Unternehmens aufgestiegen.

Ein Zeitungsartikel über das immer erfolgreicher werdende Internet ließ ihn im Frühjahr 1994 aufhorchen. Darin hieß es, dass das World Wide Web jährlich um 2300 Prozent wachse. Bezos erstellte eine Liste mit 20 Produkten, von denen er glaubte, dass man sie gut im Netz verkaufen könne: Bücher, Musik, Zeitschriften, Computer-Hard- und -Software.

Dass der Mann mit dem dröhnenden Lachen sich letztlich für Bücher als Verkaufsartikel entschied, lag daran, dass kein örtlich gebundener Buchladen je groß genug sein könnte, um alle weltweit verfügbaren Titel anzubieten. Außerdem gab es damals auf dem Buchmarkt noch keinen marktbeherrschenden Anbieter.

Um die Idee des elektronischen Buchladens weiterzuentwickeln, kündigte der damals 30-jährige Bezos 1994 nicht nur seine Anstellung, sondern auch gleich sein Appartement. Den Möbelpackern versicherte der wagemutige Visionär, sich bei ihnen zu melden, sobald er wüsste, wo er sich mit seiner Frau, einer angehenden Schriftstellerin, niederlassen werde – sie sollten »einfach mal Richtung Westen« fahren. Während seine Frau den eigenen Wagen ebenfalls gen Westen lenkte, tippte Jeff Bezos auf der Rückbank Zahlen in seinen Laptop. Er schrieb die erste Version des Businessplans für Amazon, telefonierte gleichzeitig und sammelte mehrere Millionen Dollar von Geldgebern ein, die bereit waren, seine Idee zu unterstützen. Schließlich stoppte das Ehepaar in Seattle, mietete dort ein Haus, und Bezos legte die Grundsteine für den weltgrößten Internet-Buchversand – in der Garage! Im Juli 1995 verkaufte Amazon.com das erste Buch.

Auf den Namen »Amazon« kam Jeff Bezos während eines Handy-Telefonats mit seinem Anwalt: Ihm schlug er zunächst den Firmennamen »Cadabra« vor – abgeleitet von der Zauberformel »Abracadabra«. Als der Anwalt, der Bezos nicht recht verstanden hatte, entsetzt zurückfragte: »Cadaver? Was für ein schrecklicher Name!«, entschied sich Bezos spontan für Amazon – den Namen des weit verzweigten und wasserreichsten Flusses der Erde.

1996 besuchten bereits 2000 User am Tag die Homepage. 1997 waren die Besucherzahlen auf sagenhafte 50 000 Besucher am Tag und der Umsatz auf 147 Millionen Dollar angestiegen. 1997 ging das Unternehmen an die Börse, die Aktie kostete 18 Dollar. 1998 erweiterte das Online-Versandhaus sein Angebot um Musikartikel, seither sind viele Verkaufssparten hinzugekommen. Aktuell rangiert die Aktie bei 127 Dollar (rund 100 Euro). Für das Geschäftsjahr 2009 wies Amazon (24 300 Mitarbeiter) einen Gewinn von 645 Millionen Dollar (462 Millionen Euro) aus, der Umsatz lag bei 24,5 Milliarden Dollar (18,5 Milliarden Euro).

Backpulver (1856)

Das Backpulver wurde Mitte des 19. Jahrhunderts von dem Amerikaner *Eben Norton Horsford*, einem ehemaligen Studenten des deutschen Chemie-Professors Justus von Liebig, erfunden. Horsford hatte 1842 Liebigs Buch »Die organische Chemie in ihrer Anwendung auf Agrikultur und Physiologie« gelesen und war von Kollegen dazu gedrängt worden, nach Deutschland zu reisen, um gemeinsam mit dem 15 Jahre älteren Liebig an der Universität Gießen zu forschen – und sich im Hinblick auf das amerikanische Gemeinwohl weiterzubilden.

Horsfords erster Eindruck von Liebig war nicht der allerbeste, seine Haltung änderte sich allerdings schnell, als er den Freiherrn das erste Mal in der Schar seiner 60 Studenten erlebte. Begeistert schrieb er in sein Tagebuch: »Sobald Liebig die Halle der Universität betritt, verstummen alle atemlos. Er arbeitet mit großer Kunstfertigkeit, Geschick, Anmut und Schnelligkeit.«

Bei seinen ersten eigenen Experimenten mit saurem Kalziumphosphat und Natriumhydrogencarbonat in Gießen stand Horsford der Bonner Apotheker und Unternehmer Ludwig Clamor Marquart zur Seite. Er war es auch, der Horsfords Backpulver, kaum war es als »pulverente Phosphorsäure« erfunden, industriell in seiner »Dr. L. C. Marquart OHG« produzierte. Es gibt viele Hinweise darauf, dass auch Justus von Liebig Horsford zumindest zeitweise bei seinen Forschungen unterstützte, bevor dieser wieder nach Amerika zurückkehrte, wo er 1847 an der Universität Harvard selbst Professor und Lektor für Angewandte Wissenschaft und Technologie wurde und 1854 die Firma »Rumford Chemical Works« gründete. Dort verkaufte der Ameri-

Das Backpulver erfand der amerikanische Harvard-Professor Eben Norton Horsford.

kaner das Backpulver dann unter dem Namen »Horsford's Yeast Powder« (Hefepulver).

Backpulver setzt sich aus Natron und einem Säuerungsmittel zusammen. Durch Hitze und Feuchtigkeit reagiert das Natron mit der Säure und setzt Kohlenstoffdioxid (CO_2) frei, wodurch kleine Gasbläschen entstehen und der Teig aufgelockert wird.

Justus von Liebig investierte indes in Deutschland viel Zeit, um Horsfords Mixtur noch zu verbessern. Er forschte nach einem chemischen Gemisch, mit dessen Hilfe man Brot backen konnte, ohne auf die schnell verderbliche Hefe angewiesen zu sein. Die Lösung war die Zugabe von Kaliumchlorid und in dieser Konsistenz ließ sich Horsford das Mittel 1856 auch in den USA als »baking powder« patentieren und hatte damit großen finanziellen Erfolg.

In Deutschland wurde das Backpulver hingegen erst gut 30 Jahre später populär, als es nämlich Dr. August Oetker, ein promovierter Botaniker und Apotheker, 1892 den Hausfrauen in optimierter Konsistenz zum Kuchenbacken empfahl. Der niedersächsische Sohn eines Bäckermeisters hatte erkannt, dass man damit längst nicht nur Brot backen konnte. Und auch Oetkers Idee, das Backpulver in fertigen Tütchen für 10 Pfennige für je ein Pfund Mehl anzubieten, war clever. Denn auf diese Weise ließ sich das Pulver – die Haushaltswaage war damals noch nicht erfunden – wesentlich leichter dosieren. Dr. Oetkers Name ist seither untrennbar mit Backpulver in Tüten (»Backin«) verbunden, das noch heute nach der gleichen Rezeptur von anno dazumal hergestellt wird.

Justus von Liebig, den wahren deutschen Erfinder des heutigen Backpulvers, verbindet man skurrilerweise eher mit der Erfindung von Kunstdünger, Babynahrung und Fleischextrakt.

Eben Norton Horsford gilt in den USA als einer der Pioniere auf dem Gebiet der modernen Ernährungswissenschaft. Zudem war er als Vater von fünf Töchtern ein großer Fürsprecher von Frauen in der Forschung. Er publizierte Artikel in wissenschaftlichen Magazinen über so unterschiedliche Themen wie Phosphate, Kondensmilch, Notfallrationen, Skandinavistik oder die Kunst, Brot zu backen. Der 1861 beginnende amerikanische Bürgerkrieg führte in den USA zu einer großen Nachfrage nach Backpulver, weshalb Horsford seine Produktionsanlagen ständig erweitern musste.

Barbie (1959)

Die erste Barbiepuppe war nur recht sparsam, mit einem schwarz-weiß gestreiften Badeanzug, bekleidet und kostete drei US-Dollar (damals umgerechnet 12 Mark). Vorgestellt wurde sie am 9. März 1959 von ***Ruth Handler*** auf der Spielwaren-Messe in New York.

Handler, gebürtige Amerikanerin, war die jüngste Tochter polnisch-jüdischer Einwanderer und hatte 1938 Elliot Handler geheiratet. Das Ehepaar gründete 1945 zusammen mit Harold Matson eine kleine Firma, die Bilderrahmen und Puppenhausmöbel produzierte – und heute zu den größten Spielwarenproduzenten weltweit zählt: Mattel.

Angeblich hatte Ruth Handler bereits Anfang der 1950er-Jahre die Idee, nach dem Vorbild der Ankleidepuppen, mit denen ihre Tochter Barbara hingebungsvoll spielte, eine Puppe zu produzieren, die einem Mannequin ähnelt. Ihr Mann war jedoch der Ansicht, dass eine solche Produktion zu teuer käme.

Seine Einstellung änderte sich, als seine Frau auf einer Europareise in einem Schaufenster in Luzern eine 30 Zentimeter große Manne-

Auf der Homepage von Mattel findet sich eine andere Erfinder-Geschichte: Demnach will Ruth Handler ihre Tochter Barbara dabei beobachtet haben, wie diese mit ausgeschnittenen Papierpuppen spielte und diese immer wieder neu an- und auszog. Dadurch will Ruth Handler auf die Idee gekommen sein, eine dreidimensionale Ankleidepuppe herzustellen.

Sie haben mit der Erfindung der Barbie Mädchenträume wahr gemacht: Ruth und Elliot Handler.

quinpuppe mit blondem Pferdeschwanz entdeckte. In den 1950er-Jahren, in denen man gewöhnlich nur Babypuppen sah, die den Mutterinstinkt fördern sollten, war diese modische Puppe eine kleine Sensation! Ruth Handler kaufte drei dieser sogenannten »Bild-Lillis«, die seit 1955 im deutschsprachigen Raum verkauft wurden und nach dem Vorbild eines Comics für die »Bild-Zeitung« angefertigt worden waren. Sie nahm sie zu Demonstrationszwecken mit in die Firma. So wurde die deutsche Lilli zum Vorbild für die amerikanische Barbiepuppe, die Mattel den Weg zum Weltkonzern ebnen sollte.

Als der Erfolg der Barbiepuppe in den USA 1964 absehbar war, sicherte sich Mattel die Vermarktungsrechte an der »Bild-Lilli«, deren Produktion daraufhin eingestellt wurde. Nun war der Verkauf der Barbiepuppe auch in Deutschland problemlos möglich.

Der kommerzielle Erfolg von Barbie erklärt sich zu einem ganz wesentlichen Teil mit ihrer ausgefallenen und großzügig bemessenen Garderobe. Welches Mädchen kleidet seine Puppe nicht gerne

- 1960 gab Mattel biografische Details bekannt: Barbie heißt mit vollem Namen Barbara Millicent Roberts. Sie ist die älteste Tochter von Margaret und George Roberts, hat Highschools in Kalifornien und New York besucht, besitzt mehrere Doktortitel (als Tier-, Kinder-, Zahn- und Frauenärztin) sowie Führerschein und Pilotenlizenz. In den 1990er-Jahren kandidierte sie mehrmals für das Amt der US-Präsidentin.
- Barbies erster Freund Ken (benannt nach dem Sohn von Ruth Handler) kam zwei Jahre nach Barbie auf den Markt (1961).
- Barbies sind Modepuppen im Maßstab 1:6. Wissenschaftlern zufolge wäre ein Mensch mit den Körpermaßen von Barbie aber keinesfalls lebensfähig. Speziell der Unterleib ist viel zu eng geschnitten für all unsere lebenswichtigen Organe.
- Im September 2003 verbot Saudi-Arabien den Verkauf von Barbie, weil diese mit ihrer »freizügigen Kleidung« und »anstößigen Körperhaltung« die moralischen Werte des Islam unterwandere. Die saudi-arabische Religionspolizei beschlagnahmte alle Barbies in Geschäften und verpasste den Händlern satte Geldbußen. Hintergrund ist, dass die Firma Mattel, die die Barbie produziert, mittlerweile jüdische Eigentümer haben soll und die Araber daher an eine Verschwörungstheorie glauben. Seit November 2003 wird in der arabischen Welt »Fulla« verkauft – ein islamisch geprägtes Gegenmodell zur Barbie mit Kopftuch und Gebetsteppich. Barbies gibt es in Saudi-Arabien nur mehr auf dem Schwarzmarkt für umgerechnet 25 Euro.

ein – mal in einem ausgefallenen Ballkleid, mal in Reitklamotten, mal in Jeans? Zudem geht Barbie immer mit der Mode, trägt die aktuellen Farben der Saison sowie kräftiges Make-up. Und: Sie spreizt ihre Beine beim Hinsetzen nicht wie andere Puppen, sondern hält sie damenhaft parallel. Zum weltweiten und noch immer anhaltenden Erfolg der Barbie dürfte aber auch beigetragen haben, dass es die meisten Modelle der ursprünglich hellhäutigen Puppe seit 1980 auch in einer hispanischen und afroamerikanischen Version gibt, um allen Kindern weltweit Barbies in ihrer eigenen Hautfarbe zu bieten.

Die Proportionen von Barbie – große Oberweite, eine extrem schmale Taille und Beine, die in den Himmel wachsen – spiegeln laut Kritikern Männerträume wider. Insbesondere Feministinnen wollen Barbie daher aus den Kinderzimmern verbannen. Barbies Erfinderin, Ruth Handler, hingegen erklärte, es sei wichtig für die Entwicklung des spielerischen Selbstwertgefühls von Mädchen, dass ihre Puppen auch einen Busen haben.

BH (1889)

Der erste Büstenhalter modernenen Zuschnitts wurde am 16. Juni 1889 von der Französin ***Herminie Cadolle*** zum Patent eingereicht, als eine den »Busen haltende Konstruktion«. Das war neu, hatte man die Brüste bis dahin doch immer von unten, zum Beispiel mithilfe von Korsetts, gestützt. Die nach Buenos Aires ausgewanderte »Corsettière« konnte irgendwann nicht mehr mitansehen, wie die Frauen ihrer Zeit stets ein Fläschchen Ammoniak in der Tasche trugen, um damit aus ihren Ohnmachten erweckt zu werden, die ihren zu eng geschnürten Korsetts geschuldet waren.

Also zerschnitt Cadolle in ihrem 1887 eröffneten Geschäft für maßangefertigte Unterwäsche kurzerhand ein Mieder, entfernte den Stoff zwischen Brust und Bauch, ersetzte ihn durch eine raffinierte Trägerkonstruktion im Rücken und meldete alles in Frankreich zum Patent an – der erste BH war geboren. Auf der Pariser Weltausstellung von 1889 bekam der »corselet gorge«, wie ihn Cadolle nannte, einen Ehrenpreis.

In der Chaussée d'Antin in Paris eröffnete die geschäftstüchtige Dame schließlich einen zweiten Dessous-Laden, den fortan ihre Schwiegertochter Marie leitete. Schnell sprachen sich ihre neu-

Ende des 19. Jahrhuderts ließ sich kaum eine Frau freizügig in Unterwäsche ablichten.

artigen Kreationen, wie zum Beispiel auch die zweiteilige Unterwäsche namens »le bien-être« (das Wohlbefinden), für die sie erstmals auch elastische Stoffe verwendete, im modebewussten Paris herum. Cadolle wurde von immer mehr Schauspielerinnen und Tänzerinnen (zum Beispiel Mata Hari) mit der Herstellung von maßgeschneiderten Dessous beauftragt. Auf dem Höhepunkt ihres Erfolgs beschäftigte sie 200 Angestellte, die ihre Entwürfe fertigten und in die ganze Welt verkauften. Für ihren Unternehmergeist erhielt sie Anfang des 20. Jahrhunderts Auszeichnungen aus Sankt Petersburg, Chicago, Saint-Louis und Paris. Trotzdem kehrte sie erst 1914 nach Frankreich zurück, als ihre drei Söhne in den Ersten Weltkrieg zogen. »Herminie war eine große Feministin«, erzählt ihre Ururenkelin Poupie Cadolle heute stolz. Sie betreibt unter ihrem berühmten Nachnamen mittlerweile in sechster Generation mehrere Dessous-Läden in Paris.

In Deutschland wurden etwa zur selben Zeit weitere Patente für den Büstenhalter erteilt: ***Hugo Schindler*** erhielt 1891 eines für seinen »Brusthalter«: zwei an einem Gürtel befestigte Kappen, die oben mit Bändern zusammengehalten wurden.

Am 5. September 1899 ließ sich ***Christine Hardt*** aus Dresden ihren BH patentieren, den sie beim Kaiserlichen Patentamt unter dem Namen »Frauenleibchen als Brustträger« angemeldet hatte. Das Leibchen bestand aus zusammengeknüpften Taschentüchern und Männerhosenträgern, die bereits verstellbar waren.

Den ersten Büstenhalter in deutscher Serienfertigung stellte 1912 Sigmund Lindauer aus Cannstatt her. Sein Modell »Hautana« – erstmals ohne Längs- und Querstützen, sprich: ohne Versteifung – entsprach dem Zeitgeist und der Forderung der Frauen nach mehr Gleichberechtigung.

In Japan wurde unter dem Motto: »No More Plastic Bags Bra« gerade ein BH entwickelt, den man sowohl als Büstenhalter als auch als Einkaufstasche nutzen kann. Ein anderer, für den japanischen Markt entworfener BH lässt Brüste kleiner erscheinen, weil viele Japanerinnen sich eine kleine Oberweite wünschen.

In den USA hingegen kam der BH erst sehr spät auf: Zum Debütantenball der New Yorker Gesellschaft im Jahr 1910 wollte die 19-jährige Mary Phelps-Jacobsen partout kein Korsett tragen. Aus zwei Tüchern und vier Bändern bastelte sie sich daher einen »Hauch von Nichts«, der gerade so ihre Brüste bedeckte und bequem saß. 1914 meldete Mary ihre Entwicklung als Patent an und verkaufte es für 1500 Dollar an die Warner Brothers Corset Company. Rund um den Globus folgten noch viele weitere Patente in Sachen BH – doch Herminie Cadolle gilt unangefochten als dessen wahre Erfinderin.

Die durchschnittliche BH-Größe in Deutschland ist 80 C – allerdings kennen die meisten Frauen ihre wahre Körbchengröße gar nicht und greifen daher gerne zur falschen!

Bierdeckel (1892)

In Bayern heißt er »Bierfuizl«, in Franken »Bierfilzla«, in manchen Regionen Österreichs »Bierplattl«. Und wenn man in Amerika nicht auf seinen Bierdeckel verzichten will, muss man einen »coaster« ordern. Erfunden hat den nach wie vor 107 Millimeter breiten, runden Pappuntersetzer (für Getränke aller Art, es muss nicht Bier sein!) ***Robert Sputh***. Am 25. Oktober 1892 ließ sich der Dresdner Unternehmer seine aus Papierbrei angerührte Erfindung patentieren und deklarierte sie offiziell als »Faserguss-Untersetzer« bzw. »Holzfilzplatten«.

Die Idee, einen Bierdeckel zu entwickeln, kam Sputh im Alltag. Da er ein guter Beobachter war, entging ihm nicht, dass die beim einfachen Volk gebräuchlichen, aus Filz bestehenden »Bierfilze«, die

- Steven Goebel aus der Eifel brach im April 2010 seinen eigenen Weltrekord im Bierdeckel-Stapeln und ist damit alter und neuer Weltmeister in dieser Disziplin. Er hatte über Monate 260 000 Bierdeckel in seinem Haus verbaut und damit seinen alten Rekord (70 000) klar übertroffen.
- Seit Jahrzehnten existiert eine »Bierdeckelszene«: Kenner treffen sich auf Tauschbörsen in ganz Deutschland oder zeigen ihre Sammlung im Internet.

Bierdeckel sind beliebte Sammelobjekte: kunterbunt und fast immer kostenlos.

man zum Abdecken der Bierkrüge in der Gaststätte benutzte, nach dem Gebrauch oft feucht blieben. Hygienischer und obendrein wesentlich billiger erschien dem Fabrikanten daher ein Faserguss-Untersetzer zum Wegwerfen.

Nach der Patentanmeldung seiner »Holzfilzplatten« stellte Sputh diese in seiner 1882 errichteten Fabrik im sächsischen Sebnitztal serienmäßig her. Die »Sputhmühle«, wie sie im Volksmund genannt wurde, hatte bis dahin Buchbinderpappe und Holzschliff produziert. Spuths Bierdeckel, der nach seinem Bekanntwerden weltweit – angeblich sogar »bis nach Brasilien« – exportiert wurde, machte den Unternehmer im Alter von 50 Jahren zu einem reichen Mann. Bevor die Fabrik im Jahr 1937 nach einem verheerenden Brand in Schutt und Asche versank, waren dort Millionen von Bierdeckeln hergestellt worden.

1880 stanzte die Kartonagenfabrik und Druckerei Friedrich Horn in Buckau bei Magdeburg erstmals Bierglasuntersetzer aus Pappe, die sie mit unterschiedlichen Motiven bedruckte. Die Wirte der Region liebten sie, weil sie ihre Tische schonten, nicht gewaschen werden mussten und aufgrund der aufgedruckten Reklame nichts kosteten. Als Erfinder des Bierdeckels gilt trotzdem Robert Sputh, weil er 1892 das Patent für die Bierpappen beantragte und auch erhielt.

Bikini (1946)

Es kam zu wahren Tumulten, als der Franzose *Louis Réard* 1946 den ersten Bikini präsentierte. Seine knappe, zweiteilige Kreation galt damals als pure Provokation. Und tatsächlich wollte der Maschinenbauer Réard mit dem neuartigen Badeaccessoire in erster Linie dem Modedesigner Jacques Heim eins auswischen und die öffentliche Aufmerksamkeit auf sich ziehen.

Denn Heim hatte im selben Jahr bereits einen Zweiteiler namens »Atome« auf den Markt gebracht und war Réard somit eine Nasenlänge voraus – doch sein Modell war »skandalfrei« ausgefallen: deutlich stoffreicher als Réards Bikini und der Bauchnabel blieb bedeckt. Der in der Pariser Gesellschaft hoch angesehene Designer wollte die Schamgrenze der Franzosen keinesfalls verletzen. Dezent warb er im Sommer 1946 mit dem Slogan, der »Atome« sei das »kleinste Badekostüm der Welt«.

Ganz anders sein Konkurrent Réard: Zur glamourös inszenierten Präsentation seiner »vier Dreiecke mit ein paar Schnüren« lud er die Presse am 5. Juli 1946 zur Modenschau und Miss-Wahl in das exklusive Schwimmbad »Piscine Molitor« im 16. Pariser Arrondissement. Die außergewöhnlich schöne Atmosphäre des Art-Déco-Bades diente dem in Medienfragen ausgebufften Réard als prächtige Kulisse für seinen ausgeklügelten Coup, bei dem der Maschinenbauer nichts dem Zufall überließ.

Die Japaner überraschten 1963 mit einem unsinkbaren Bikini, der ein spezielles Plastikinnenfutter besaß.

Wenige Tage zuvor, am 1. Juli 1946, hatten die Amerikaner zu Testzwecken eine Atombombe über dem Bikini-Atoll im Pazifik abgeworfen. Réard wünschte sich ähnlich starke Reaktionen auf seine Erfindung und übernahm deshalb den für westliche Ohren exotisch klingenden Namen »Bikini«, der in der Sprache der pazifischen Ureinwohner »Land der vielen Kokosnüsse« bedeutet. »Political correct« war das sicher nicht, von stilsicherem Verhalten einmal ganz zu schweigen, aber es erzeugte Aufmerksamkeit.

Genauso wie die Präsentation des Bikinis durch die Striptease-Tänzerin Micheline Bernardini aus dem »Casino de Paris«. Das blondgelockte, kurvenreiche Model posierte erst keck vor den anwesenden Fotografen. Anschließend zog sie den Bikini immer wieder lasziv durch einen Ehering, bevor sie ihn in eine Streichholzschachtel packte, um seine minimalen Stoffmaße zu demonstrieren. Alle anderen Models hatten sich geweigert, Réards gewagten Bikini der Öffentlichkeit vorzuführen, über den der Erfinder selbst urteilte: »Er ist so klein, dass er alles über die Trägerin enthüllt – bis auf den Mädchennamen ihrer Mutter.«

Der Bikini erhielt kurz nach seiner Einführung an vielen Stränden erst einmal »Badeverbot«.

Am 18. Juli 1946 erhielt Réard das Patent für seine »anstößige« Erfindung, deren Erfolg nach der ersten Presse-Euphorie (die größten Lobeshymnen stimmten die männlichen Reporter an!) noch einige Jahre auf sich warten ließ. Statt dem erhofften Erfolg hatte sich Réard erst einmal gehörig Ärger eingefangen: Nicht nur dass er sich vor Gericht für seine Kreation rechtfertigen musste. Mancherorts fuhr die Polizei gar mit Blaulicht vor, sobald Bikinis in öffentlichen Schwimmbädern oder am Meer getragen wurden.

Auch in Amerika gab es erst einmal große Widerstände: Das Life-Magazin titelte 1949 »Nichts als Ärger mit Bikini« (dort wurden auch bis 1959 keine Bikinis hergestellt!). In Hollywood hatte der Bikini zunächst Badeverbot, ebenso an den Stränden Italiens, Portugals und Spaniens. Die katholische Kirche belegte ihn mit einem Bann. Und im heute so freizügigen Rio de Janeiro gründete sich sogar ein »Anti-Bikini-Verein«.

Nach den prüden 1950er-Jahren war der Siegeszug des Bikinis Anfang der 1960er allerdings nicht mehr aufzuhalten. Spätestens als die Schauspielerin Ursula Andress 1962 in ihrer Rolle als »Honeychild Rider« im ersten James-Bond-Film »James Bond jagt Dr. No« als Bikini-Nixe am Strand von Jamaika dem Meer entstieg, war es um die Männer- und auch die Damenwelt geschehen. Nun trug Frau: Bikini.

Körperbetonte Bikinis haben unsere Vorfahren vor ein paar Hundert Jahren keineswegs schockiert. In der Antike trugen griechische Frauen im Bad bereits Kleidungsstücke, die stark an die heutige Bikinimode erinnern. Im sizilianischen Piazza Armerina sind heute noch neun antike Bikini-Mädchen zu betrachten – schlanke Sportlerinnen, die im 4. Jahrhundert nach Christus in der Villa Romana del Casale in einem Mosaik verewigt wurden. Mit dem Untergang des Römischen Reiches endete diese Körper- und Badekultur jedoch, der flotte Zweiteiler verschwand für Jahrhunderte im Giftschrank der Modemacher.

Billard (ca. 1470)

So selbstverständlich sich heute in fast jeder Bierkneipe ein Billardtisch findet, so außergewöhnlich war das Spiel mit den Kugeln noch vor einigen Jahrhunderten, als es dem Adel, den Königen und Kaisern vorbehalten war. Die Ursprünge sind nicht eindeutig geklärt, schon die Alten Ägypter sollen Billard amüsant gefunden haben. Wahrscheinlich war aber das englische Krocketspiel, bei dem die Kugeln auf dem Rasen mit einem Holzschläger durch Metallringe gespielt werden, der direkte Vorläufer des Pool-Billard.

Eine der frühesten Erwähnungen des Billard stammt jedenfalls aus der Umgebung des französischen König Louis XI. Dieser soll bereits 1470 einen Billardtisch beim Kunsttischler Henri de Vigne in Auftrag gegeben haben. Aus dem französischen Wort »bille« (franz.: Murmel, Kugel) und dem englischen Wort für Stock/Rute »jard« könnte auch der Begriff »Bill-ard« entstanden sein.

Billard ist seit Februar 1998 eine olympisch anerkannte Sportart, gehört aber (noch) nicht zum olympischen Programm.

Über 30 Spielarten unterscheidet man beim Billard. Die Kugeln bestehen heute meist aus hochwertigem Phenolharz. Anfang der 1960er-Jahre setzte eine New Yorker Firma 10 000 US-Dollar Preisgeld für einen zufriedenstellenden Elfenbeinersatz für die Herstellung von Billardkugeln aus. Das Geld kassierte der amerikanische Erfinder John Wesley Hyatt: Er hatte den ersten synthetischen Kunststoff entwickelt, das spätere Zelluloid, und erhielt 1865 sein erstes Patent für die Billardkugeln neuer Machart.

Gespielt wurde zur damaligen Zeit noch eine Art Krocket mit Toren. Die Bälle wurden mit einem hockeyähnlichen Schläger zunächst auf dem Rasen geschlagen. Ab Mitte des 16. Jahrhunderts war das Rasen-Billard schließlich an zahlreichen europäischen Königshäusern etabliert. Um auch in regenreichen Gegenden nicht auf den beliebten Zeitvertreib verzichten zu müssen, verlegten die Adeligen das Spielgeschehen nach und nach in geschlossene Räume. Als Rasen-Ersatz bespannte man einen mit Brettern umrandeten Tisch mit grünem Tuch. Das Gemälde »A Game of Billards« des holländischen Malers

Poolbillard spielt man mit 15 nummerierten farbigen Kugeln und der weißen Spielkugel.

Adiaen van Venne (1589–1662) zeigt einen solchen Billardtisch – Billard ist also nichts anderes als ein auf den Tisch verlegtes Rasenspiel.

Ende des 16. Jahrhunderts gelangten mit den Spaniern die ersten Billardtische nach Amerika.

Anfang des 18. Jahrhunderts ging man schließlich dazu über, die Kugeln – mittlerweile aus Elfenbein gefertigt – mit dem Queue zu stoßen, statt sie in Golfermanier zu schlagen.

Populär wurde Billard durch die Französische Revolution 1789, da von nun an das ehemals der Oberschicht vorbehaltene Spiel jetzt auch vom gemeinen Volk gespielt wurde. Mitte des 19. Jahrhunderts erfreute sich der Billardsport so großer Beliebtheit, dass in Europa und in den USA überall luxuriös ausgestattete Billardsäle eröffnet wurden.

In Europa entwickelte sich das Spiel schließlich in zwei Richtungen. Während in Frankreich die heutige Präzisionssportart »Karambolage« entstand, die mit nur drei Kugeln auf einem Tisch ohne Taschen gespielt wird, etablierte sich in England »English Billiards« (Lochbillard). Es ging dem heutigen »Snooker« voraus, welches mit 22 Kugeln gespielt wird. Weltweit am beliebtesten – auch in Deutschland – ist jedoch das Pool-Billard, bei dem auf einem Tisch mit sechs Einspieltaschen meist 15 nummerierte, farbige Kugeln plus der weißen Spielkugel zum Einsatz kommen.

Die schottische Königin Maria Stuart bedauerte 1587 in ihrem letzten Brief an den Erzbischof von Glasgow explizit, dass man ihr bereits den »table de billard« weggenommen habe, um Platz für ihre Hinrichtung zu machen. Auch dem französischen Sonnenkönig Louis XIV. sowie dem Komponisten Wolfgang Amadeus Mozart sagt man nach, ganz versessen auf das Billardspiel gewesen zu sein. Immanuel Kant soll in schlechten Jahren gar sein Geld mit dem Billard-Queue statt mit der Philosophie verdient haben.

Billy-Regal (1979)

An das erste selbst zusammengeschraubte Billy-Regal kann sich fast jeder noch erinnern. Es ist ein unverzichtbares Möbel in jeder Studentenbude, praktisch und zeitlos zugleich. Sein Erfinder, der Designer *Gillis Lundgren*, startete 1953 seine berufliche Laufbahn beim schwedischen Möbelhaus Ikea.

Eigentlich sollte sich der damals 24 Jahre alte Werbegrafiker, der als vierter Angestellter zur Truppe um Ikea-Chef Ingvar Kamprad stieß, um den damals gerade neu angedachten Ikea-Katalog kümmern. Doch Lundgren wollte lieber in der Designabteilung arbeiten. Dort entwickelte er Produkte wie den Bausatz-Stuhl »Ögla«, den Schubladenschrank »Tore« und eben auch den Regalklassiker »Billy«.

Der Designer erinnert sich heute noch gut an die Geburtsstunde von »Billy« Ende der 1970er-Jahre: »Ich hatte die ersten Skizzen auf einer Serviette gemacht. Das war damals durchaus üblich. Denn Ideen sind sehr flüchtig, und man muss sie festhalten in dem Moment, wenn sie einem gerade einfallen.«

Das Billy-Regal war wohl der größte Wurf des Designers Gillis Lundgren.

»Billy« sollte ein Bücherregal sein, »das unauffällig in der Form ist, und trotzdem attraktiv – das Wichtigste war allerdings seine Zeitlosigkeit«, so Lundgren. Ein Bücherregal, sagt er weiter, sei ein Einrichtungsgegenstand, der immer mal wieder variiert und erweitert werden müsse. Für die Kunden sei es somit wichtig, »das Regal jederzeit nachkaufen zu können«.

> Es gibt Billy-Schnellaufbau-Wettbewerbe. Bisherige Bestzeit: vier Minuten und 21 Sekunden!

1979 wurde »Billy« weltweit in die Wohn-, Schlaf- und Arbeitszimmer eingeführt. Ursprünglich 90 Zentimeter breit (heute 80 cm!) und 202 Zentimeter hoch – zum Preis von 104 DM. Als das Regal im September 1990 plötzlich nicht mehr im Katalog auftauchte, gab es wahre Proteststürme bei den Kunden. Schnell nahm es Ikea wieder ins Programm auf.

Irgendwann hat Gillis Lundgren für sein längst zum Klassiker avanciertes Regal dann auch noch einen besonders schönen Satz geprägt. Der lautet: »Billy hat es möglich gemacht, dass sich jeder Mensch seine eigene Bibliothek leisten kann.«

> Die Variationsbreite von Billy sowie dessen hohe Produktionszahlen haben bewirkt, dass das Regal heute umgerechnet rund 14 Euro weniger kostet als 1979. Über 41 Millionen Stück des Regalklassikers wurden laut Ikea bis 2009 produziert. Würde man sie alle nebeneinander aufreihen, ergäbe das eine Strecke von knapp 40 000 Kilometern!

Bionade (1995)

Ostheim, eine 3500-Seelen-Stadt im nördlichsten Eck Bayerns an der ehemaligen DDR-Grenze, ist der Geburtsort der Ökolimonade Bionade. ***Dieter Leipold***, der Erfinder des angesagten Brausegetränks, glaubt, dass Bionade an einem anderen Ort vermutlich nicht erfunden worden wäre: »Wenn wir in einem Ballungsgebiet säßen, hätten wir nie nach Alternativen zum Peter-Bier suchen müssen.«

Die fränkische Brause in der Bierflasche mit den Geschmacksrichtungen Holunder, Litschi, Kräuter, Ingwer-Orange, Quitte und Bionade Aktiv gilt als Öko-Alternative zu klebrig-süßen Limos. Durch Vergärung von Gerstenmalz wird sie ausschließlich aus kontrolliert-

Bionade gibt es in unterschiedlichen Geschmacksrichtungen.

biologisch gewonnenen Rohstoffen hergestellt und ist damit das erste zuckerhaltige Nahrungsmittel, bei dessen Herstellung kein Alkohol entsteht.

Erfunden hat es 1995 der Braumeister Dieter Leipold, ein ehemaliger Hobbyringer. Die kleine »Privatbrauerei Peter« seiner Frau Sigrid Peter war so gut wie pleite. Ein neues Getränk musste her, um den großen Konzernen der Branche die Stirn zu bieten. Dafür experimentierte der Stiefvater der Brüder Stephan und Peter Kowalsky, die heute als geschäftsführende Gesellschafter der Bionade GmbH fungieren, jahrelang in seiner Wohnung.

Sein Vorbild war die Honigproduktion der Bienen durch Fermentation (= Prozess zur Erzeugung eines Produktes mithilfe von Mikroorganismen). Küche und Wohnzimmer wurden zum Labor umfunktioniert, »im Badezimmer wurde vergoren«, wie Leipold auf der firmeneigenen Homepage erzählt. Bretter über der Badewanne bildeten die Abstellfläche für eine alte Kochplatte, Erlenmeyerkolben, Glaszylinder, Filter und Pipetten – acht Jahre lang konnte Leipolds Frau nur duschen. Bis ihr Mann die Bionadeformel fand: den Kombucha-Pilz, der Zucker statt in Alkohol in Gluconsäure verwandelt.

Um den Bankrott abzuwenden, setzte die Familie alles auf eine Karte und braute die Biolimonade fortan als Alternative zum Bier. Das »offizielle Getränk für eine bessere Welt«, wie es in der Werbung lange hieß, wurde zunächst an Fitnessstudios geliefert. Dann folgte ein kleines Wirtschaftswunder: Ein Hamburger Großhändler kaufte Bionade in großen Mengen ein und lieferte sie an hanseatische Szenelokale. Innerhalb kürzester Zeit fand die Biobrause so viele Fans, dass die kleine Brauerei regelmäßig mit Lieferengpässen zu kämpfen hatte. Schnell brachte es die Bionade GmbH ins Fernsehen und in die Zeitungen.

2002 verkaufte die Brauerei zwei Millionen Flaschen, 2007 waren es bereits 200 Millionen. Unterstützt hat den kometenhaften Absatzanstieg (2010 war Bionade Deutschlands drittbeliebteste Markenlimo – nach Fanta und Sprite) sicher das offensiv beworbene Image als ökologisch korrektes Weltverbesserer-Getränk. »Kaufe nur, woran Du wirklich glaubst«, »Gut in Bio, schlecht in Chemie« oder »Von führenden US-Getränkeherstellern nicht empfohlen«, lauteten einige der zugkräftigen Werbeslogans. Alle hatten das Ziel, den Kunden ein gutes Gewissen zu verkaufen.

Zur Herstellung von Bionade benötigt man, wie beim Bier, Gerstenmalz und Wasser, später kommen Zucker, CO_2, Calcium- und Magnesiumcarbonat und je nach Geschmacksrichtung natürliche Frucht- und Kräuteraromen hinzu.

Am Bionade-Boom wollen nun aber auch andere Anbieter verdienen, was die Firma immer wieder zu Klagen wegen Plagiatverdachts zwingt. Ärgerlich umso mehr, als die Familien Peter und Kowalsky unter Zeitdruck stehen. Denn 2016 läuft ihr Patent für das »Zaubergetränk aus der Rhön« aus, wie es das Manager Magazin betitelte. Dann darf die Konkurrenz Bionade ungestraft nachahmen. Peter Kowalsky formuliert es anders: »Dann muss die Marke so stark sein, dass sie nicht mehr umfällt, wenn jemand dagegentritt.«

Bleistift (1790)

Mit dem Bleistift verhält es sich ähnlich wie mit dem Hundekuchen. Der Name ist komplett irreführend – denn heutzutage enthält kein Bleistift mehr das giftige Schwermetall Blei. Die Minen unserer heutigen Bleistifte bestehen vielmehr aus dem schwarzen Mineral Grafit, einer bestimmten Form von Kohlenstoff. Damit sie besser schreiben, werden die Grafitminen als letzter Schritt in heißes Wachs oder Öl getaucht.

Tatsächlich ritzten aber die Gelehrten vor mehreren Tausend Jahren ihre Aufzeichnungen mit kleinen Bleischeiben in Steine. Im Mittelalter schrieb man mit länglichen Stücken aus Silber und Blei. Und in Italien benutzte man im 15. Jahrhundert schließlich eine Minen-Mischung aus Blei und Zinn. Alle diese Vorläufer des heutigen Bleistifts fanden weite Verbreitung und gaben dem Bleistift vermutlich seinen Namen.

Seit 1761 werden in der Fabrik von Faber-Castell Bleistifte hergestellt.

Nach und nach wurde er im 16. Jahrhundert weiterentwickelt und verbessert. Die ersten Stifte aus Grafit sollen 1665 in England verwendet worden sein, wo man im Jahr 1658 Grafitgruben entdeckte. Das Grafit wurde zu kleinen Stäben zersägt und anschließend von Schreinern mit (Zedern-)Holz ummantelt. Den Vertrieb der Stifte übernahmen die Handwerker selbst oder überließen ihn Straßenhändlern, die ihre Waren in Körben auf dem Rücken durch die Lande trugen. Allerdings waren die Stifte aufgrund der schwierigen Herstellung ein Luxusgut und nur wenige konnten sie sich leisten.

In Deutschland wurden Bleistifte 1680 bekannt, ab 1726 gab es in Stein bei Nürnberg bereits Aufzeichnungen über Bleistiftmacher (»Bleiweißsteftmacher«).

Josef Hardtmuth, einem Maurer aus dem österreichischen Weinviertel Asparn, gelang schließlich die Herstellung künstlicher Bleistiftminen, wie wir sie heute verwenden. Bis zu diesem Zeitpunkt mussten die Minen aus teuren, größeren Grafitstücken geschnitten werden, die aus England importiert wurden. Hardtmuth, der sich permanent über das schlechte Schreibwerkzeug seiner Epoche ärgerte, mischte Grafitstaub mit Ton. Aus dem gewonnenen Material formte er Minen, die er zu guter Letzt brannte und in Wachs eintauchte, damit das Geschriebene auch gut auf dem Blatt haften blieb. 1790 hatte Hardtmuth die keramische Mine erfunden, 1792 gründete er eine Bleistiftfabrik in Wien. Durch Zugabe verschiedener Mengen

Mit Bleistift Geschriebenes kann man im Gegensatz zu Kugelschreiber oder Tinte wegradieren, weil es nicht in die Fasern des Papiers einzieht, sondern nur als Abrieb auf der Blattoberfläche haften bleibt.

von Ton konnten nun auch Bleistifte in sechs verschiedenen Härtegraden bestimmt werden. 25 Jahre später stellte seine Fabrik knapp 2,5 Millionen Bleistifte pro Jahr her, was damals 15 Prozent des weltweiten Bedarfs entsprach.

Fast zeitgleich, 1795, mitten in der Französischen Revolution, ließ sich der französische Universalgelehrte Nicolas Jacques Conté den modernen Bleistift aus stark gepresster Kreide in Form eines kleinen, rechteckigen Stäbchens patentieren. Die Bleistiftsorte, die nach ihm Conté genannt wurde, erfand er zur Zeit der Napoleonischen Kriege. Damals war Grafit in Frankreich aufgrund eines englischen Exportverbotes teuer geworden und kaum mehr erhältlich. Man bat Conté, sich für die Franzosen ein neues Schreibgerät auszudenken. Seine Lösung bestand aus unreinem deutschen Grafit, den er mit heimischer Tonerde versetzte. Contés deutlich günstigere Bleistiftvariante hatte gleich zwei Vorteile: Sie ermöglichte durch die Zugabe von Ton fortan nicht nur verschiedene Härtegrade, sie ebnete dem ehemaligen Luxusgut auch den Weg in die industrielle Fertigung. Die Farbpalette beschränkte sich Ende des 18. Jahrhunderts auf die Erdfarben Bistel, Sepia und Rötel sowie Schwarz, Weiß und diverse Grautöne.

Der älteste Bleistift der Welt liegt in einem Panzerschrank der Familie Faber-Castell, deren Vorfahren seit Mitte des 18. Jahrhunderts in Stein bei Nürnberg Bleistifte fertigten: Der Holzstift ist zwölf Zentimeter lang, etwa drei Zentimeter dick und verfügt über eine grobkörnige Grafitmine. Er stammt aus einer Manufaktur des 17. Jahrhunderts und kam zufällig bei Renovierungsarbeiten in einem schwäbischen Fachwerkhaus zutage.

Blindenschrift (1825)

Ein tragischer Unfall war schuld daran, dass *Louis Braille* als Kind erblindete: Als der Dreijährige 1812 in der Sattlerei seines Vaters im kleinen Örtchen Coupvray, ein paar Kilometer östlich von Paris, mit einem Werkzeug herumfuchtelte, verletzte er sich schwer am Auge. Eine daraus resultierende Entzündung, die auch das zweite, noch gesunde Auge erfasste, ließ Louis erblinden. Trotzdem wurde der Unglücksrabe erst einmal wie alle seine Freunde in der örtlichen Grundschule eingeschult; als weiterführende Schule besuchte er ab dem Jahr 1819 das Königliche Blinden-Institut in Paris.

Weil der lernbegierige Junge seinen Wissensdurst seit seiner Erblindung aber nur immer dann stillen konnte, wenn ihm jemand vorlas, kam er schon bald auf die Idee, eine eigene Schrift für Blinde zu erfinden. Auf die Idee hatte ihn eine Geheimschrift der Militärs gebracht. Entwickelt vom französischen Offizier Charels Barbier, sollten Soldaten auch in der Nacht Nachrichten übermittelt werden können (»Nachtschrift«).

Louis soll sich der Entwicklung seiner Blindenschrift ebenfalls gerne nachts gewidmet haben, während seine Mitschüler schliefen und er ungestört war. Mithilfe eines spitzen Werkzeugs stanzte er unentwegt Punkte in ein weiches Holzbrett und entwickelte so ein Sechs-Punkte-System mit 63 Kombinationsmöglichkeiten: Mit je drei Punkten in der Höhe und zwei Punkten in der Breite konnten daraus alle Buchstaben, die Ziffern 0 bis 9 sowie sämtliche mathematischen Operationszeichen gebildet werden.

Als er 16 Jahre alt war, präsentierte der Tüftler seine bis heute gültige Blindenschrift erstmals

Ein geniales System: Aus nur sechs Punkten werden alle Buchstaben dargestellt.

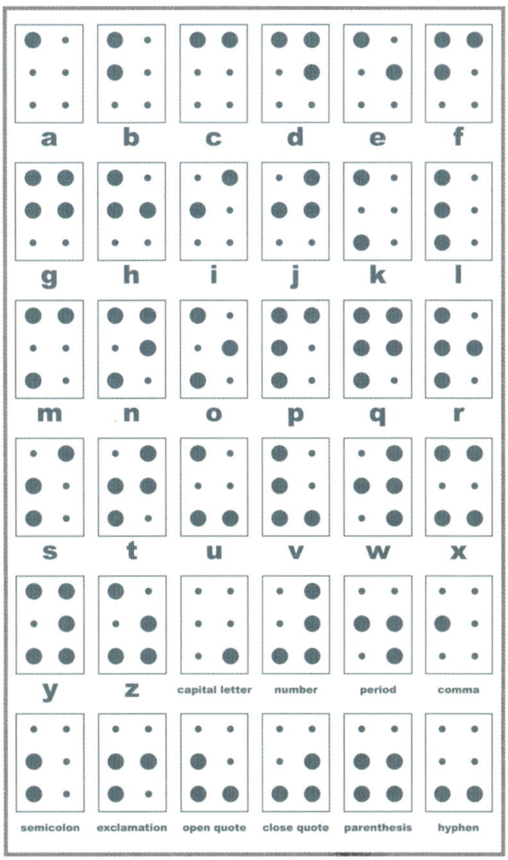

- Ein sehender Mensch kann 250–300 Wörter pro Minute lesen. Erprobte Braille-Schrift-Leser erfassen etwa 100 Wörter pro Minute.
- Louis Braille, der ein begabter Orgelspieler war, entwickelte auf Basis seines 6-Punkte-Systems 1828 auch eine Notenschrift für Blinde.

der Öffentlichkeit. Und obwohl seine Idee genial war, blieb Braille die offizielle Anerkennung seiner Schrift jahrzehntelang verwehrt. Der Direktor seiner Blindenschule ging sogar so weit, die von Louis entwickelte Punktschrift zu verbieten. Angeblich deshalb, weil sich Blinde durch eine Schrift, die den Sehenden unbekannt ist, isolieren könnten. Tatsächlich fürchtete er wohl eher, dass sich die Blinden durch eine eigene Schrift emanzipieren könnten und es auch für die sehenden Lehrer nicht mehr kontrollierbar gewesen wäre, was die Schüler lasen. Zudem hatte der Direktor selbst ein Gerät erfunden, das Blinde dabei unterstützte, die Hand beim Schreiben von Buchstaben ruhig zu führen. Dessen Einsatz sah er durch Brailles erhabene Punktschrift vermutlich gefährdet.

Erst 1850, als aus dem innovativen Schüler längst ein angesehener Lehrer geworden war, der bis zu seinem frühen Tod 1852 am Königlichen Blinden-Institut sein Punktschriftsystem unterrichtete, wurde das 6-Punkte-Alphabet von der Pädagogischen Akademie Frankreich offiziell anerkannt und in Paris eingeführt. Im deutschsprachigen Raum wurde die Braille-Schrift sogar erst 1879 verbindlich.

Ein Zeichen in Braille-Schrift ist etwa sechs Millimeter hoch und vier Millimeter breit. Die Punktmuster wurden zu Brailles Zeit von der Rückseite mit einem Gravierwerkzeug durch dickes Papier gestochen, bis Blindenschriftmaschinen die Arbeit erleichterten. Die aus den Punkten gebildeten Zeichen werden auf der Blattvorderseite von den Blinden mit den Fingerspitzen abgetastet und »gelesen«. Der Zeigefinger der rechten Hand fühlt dabei den Verlauf einer geschriebenen Zeile vor, während der Zeigefinger der linken Hand (Lesefin-

Nach Schätzungen der Weltgesundheitsorganisation geht man heute von weltweit 40 Millionen blinden und 285 Millionen sehbehinderten Menschen aus. Mithilfe der »Braille-Zeile«, einer unterhalb der PC-Tastatur angebrachten Schiene, können blinde und stark sehbehinderte Menschen sogar Texte am Computer lesen. Auf ihr finden sich keine Buchstaben, sondern kleine Punkte, die sich heben und senken. Um alle neuen Computer-Zeichen wiedergeben zu können, wurde die Computer-Braille-Schrift auf acht Punkte erweitert.

ger) die Schriftzeichen »liest«. Abgetastet wird aber nicht Punkt für Punkt, sondern die geometrische Form des Zeichens.

Den unschätzbaren Wert der außergewöhnlichen Erfindung des jungen Franzosen verstand man erst lange nach dessen Tod. Um ihn posthum zu ehren, überführte man seine sterblichen Überreste daher 1952, genau 100 Jahre nach seinem Tod, in das Pariser Panthéon – die letzte Ruhestätte großer Männer und Frauen in Frankreich. Zudem wird der findige Franzose alljährlich am 4. Januar, seinem Geburtstag, mit dem Welt-Braille-Tag geehrt.

Blitzableiter (1752)

Wolkenkratzer sind besonders blitzgefährdet.

1752 führte der amerikanische Erfinder ***Benjamin Franklin*** im Rahmen seiner Untersuchung elektrischer Erscheinungen ein Experiment durch, auf das Physiklehrer heute noch gerne Bezug nehmen: Um den abergläubischen Menschen seiner Zeit vor Augen zu führen, dass sich ein Blitz grell zuckend am Himmel entlädt, weil er elektrisch geladen ist, und nicht, weil er als himmlische Strafe geschickt wurde, ließ er am 15. Juni 1752 in einer Gewitternacht einen Drachen steigen. Dieser war mit einer Schnur versehen, die Elektrizität leitet.

Als der Drache auf der Höhe der Wolken war, traf ihn tatsächlich ein Blitz – exakt so, wie Franklin es erhofft hatte. Die Elektrizität wurde über die Drachenschnur weitergeleitet und erwärmte diese. Für Franklin war dies Beweis genug, dass seine Grundüberlegungen

Seit 1995 ziert das Konterfei von Benjamin Franklin die 100-US-Dollarnote. Als Vorlage diente ein Porträt von 1785, das der Maler Joseph-Siffred Duplessis angefertigt hatte.

stimmten: dass Blitze nämlich nichts anderes sind als die Entladung von Funken in einem gigantischen Ausmaß.

Auf Basis dieser Erkenntnis entwickelte der gelernte Buchdrucker ein Objekt, das die Spannung des Blitzes in die Erde ableiten konnte, ohne dass den Häusern etwas geschah, auf denen das Objekt angebracht war. Diese Erfindung nannte er: Blitzableiter.

Franklin war schon als Schüler an der Bostoner Lateinschule als hochbegabt aufgefallen, wurde aber aufgrund von schwierigen Familienverhältnissen nicht richtig gefördert. Sein Vater war Krämer und Seifenmacher und setzte insgesamt 15 Kinder in die Welt.

Als Benjamin Franklin 1706 geboren wurde, hatte er bereits neun Brüder. Mit zehn musste er die Schule schon wieder verlassen, um dem Vater zur Hand zu gehen. Seine erste Anstellung fand Franklin dann in der Druckerei seines älteren Bruders, die er mit 17 Jahren nach einem handfesten Streit verließ. Er schiffte sich nach New York ein und ging schließlich nach Philadelphia, wo er sich mit seinen vielen Talenten sehr viel später einen Namen machen sollte: als (Zeitungs-)Verleger, Staatsmann, Schriftsteller, Naturwissenschaftler, Naturphilosoph und Freimaurer. Außerdem gilt Franklin als einer der Gründerväter der Vereinigten Staaten von Amerika.

Zu Ehren von Benjamin Franklin, der auch die Begriffe »plus« und »minus« für unterschiedliche elektrische Ladungen prägte, wurde die veraltete cgs-Einheit der elektrischen Ladung mit »Franklin« (= Fr) benannt.

Denn in seiner Freizeit war er nicht nur naturwissenschaftlich engagiert, sondern auch politisch. In Anspielung auf seine Erfindung des Blitzableiters und die Unterzeichnung der Unabhängigkeitserklärung prägte man für ihn den lateinischen Satz: »Eripuit caelo fulmen, sceptrumque tyrannis« – auf Deutsch: »Er entriss dem Himmel den Blitz und das Zepter den Tyrannen.«

Unter dem ägyptischen Pharao Ramses III. wurden schon 1170 vor Christus am Totentempel von Medinat Habu und am Tempel des Chons Holzmasten mit Goldspitzen angebracht. Man nimmt an, dass diese ebenfalls als Blitzableiter fungierten.

Bobby-Car (1972)

Es gibt wohl kaum ein deutsches Kind, das nach 1970 geboren wurde und nicht schon einmal daraufgesessen hat: auf dem quietschroten, robusten »Bobby-Car« mit dem charakteristischen weißen Lenkrad und dem »Big«-Büffel am Kühler. Ein »Rutschfahrzeug mit Fuß-Schubmotor«, so die offizielle Herstellerbezeichnung, das kleinen Kindern das Laufenlernen erleichtern soll.

Erfinder Ernst A. Bettag empfand das Bobby-Car als »hässliches Entlein«.

Ausgedacht hat sich das in seiner PS-Klasse bis heute unschlagbare Gefährt der Spielzeugfabrikant ***Ernst A. Bettag***. Mehr als 16 Millionen Bobby-Cars rollten in den vergangenen Jahrzehnten von den Bändern seiner Firma »Big Spielwarenfabrik Dipl.-Ing. Ernst A. Bettag« in Fürth, deren Erfolgsgeschichte 1972 mit dem »Bobby-Car« begann.

Das allererste Modell, das tatsächlich aus Holz geschnitzt wurde, entwarf Bettag, der in jungen Jahren ein ausgezeichneter Kunst- und Trampolinspringer gewesen war, zusammen mit einem befreundeten Bildhauer aus Nürnberg. Danach pressten sie das Kultgefährt erstmals aus 1500 Gramm Polyäthylen-Granulat. Im ersten Jahr wurden 8000 Stück produziert, in den Folgejahren 30 000 – heute rollen weit über 300 000 Stück der roten Flitzer jährlich vom Band.

»Ich habe das Bobby-Car am Anfang als hässliches Entlein angesehen«, erinnerte sich Bettag anlässlich seines 70. Geburtstags 1999 in einem Interview, »fand es eher altmodisch im Design, aber das Publikum hat es gemocht. Und es war eine Marktlücke.«

Ein Jahr zuvor, 1998, hatte Bettag mit 68 Jahren den wohl schwärzesten Tag seines Lebens erlebt: Eine defekte Lampe, die zu

Bei Bobby-Car-Rennen (es gibt sogar Europa- und Weltmeisterschaften!) rasen erwachsene Männer auf aufgemotzten Bobby-Cars mit 60 km/h abschüssige Pisten hinunter. Schneller geht nicht – weil die Plastikachslager oberhalb dieser Geschwindigkeit schmelzen könnten. Doch 60 km/h reichen aus für Knochenbrüche und Prellungen, die sich die Fahrer trotz Sturzhelm, Lederkombi und Handschuhen immer wieder zuziehen. Also, bitte nicht nachmachen!

brennen anfing, hatte das Big-Produktionswerk in wenigen Stunden in Schutt und Asche verwandelt. Das Feuer vernichtete die gesamten Produktionsanlagen im Wert von heute umgerechnet 50 Millionen Euro. Bettag kippte seine Pläne, in Rente zu gehen, und krempelte erneut die Ärmel hoch: Innerhalb eines Jahres errichtete er für 30 Millionen Euro in Burghaslach eine der modernsten Spielzeugfabriken Europas. Klein beigeben oder gar aufgeben wäre nicht nach seinem Geschmack gewesen. Sein erfolgreiches Leben bilanzierte der »Big Boss«, wie er sich gerne bis zu seinem Tod ansprechen ließ, denn auch folgendermaßen: »Ich habe meinen Spaß gehabt. Das hat sich alles von selbst ergeben.«

> Weil Ernst A. Bettag keinen Nachfolger in der Firmenleitung hatte, übernahm nach seinem Tod im Jahr 2003 die Simba Dickie Group das Unternehmen. Keiner der drei Söhne wollte anscheinend die Firma des Vaters fortführen. Zwar hatte Bettags Ehefrau Charlotte – von deren Vater der findige Geschäftsmann einst die Metallwarenfabrik Jean Höfler übernommen hatte – kurz nach dem Tod des Patriarchen angeblich noch gesagt: »Das Vertrauen meines Mannes ist mir Verpflichtung, die Firma in seinem Sinne weiterzuführen.« Doch nur wenige Wochen später bot sie Big zum Verkauf an.

Brausepulver (1925)

> 100 Millionen Ahoj-Brause-Tüten (gehört seit 2002 zum Süßigkeitenhersteller Katjes) laufen jährlich vom Band.

Wer hat es nicht schon einmal getan? Den Zeigefinger angefeuchtet, ins Tütchen eingetaucht, abgeleckt und das Kribbeln genossen – das sich erst auf der Zunge breitmacht und Sekunden später dann im Bauch. Die Rede ist von Brausepulver.

Dessen Geschichte begann 1925, als *Theodor Beltle* und sein Schwager Robert Friedel die Robert Friedel GmbH (Frigeo) in Stuttgart gründeten. Der Kaufmann Beltle hatte zuvor mit Natron und Weinsäure experimentiert und festgestellt, dass durch Zugabe von Wasser Kohlensäure entsteht. Ab diesem Zeitpunkt träumte Beltle von einem »Brauselimonaden-Pulver für alle Bevölkerungsschichten«. Nachdem es ihm gelungen war, auch Robert Friedel für diese Idee zu entflammen, begannen sie – zusammen mit einer Handvoll Mitarbeiter – mit der Herstellung süß-saurer »Friedel-Brause«. Ur-

Aufreißen, auf die Zunge schütten, prickeln lassen …

sprünglich als »Arme-Leute-Produkt« in dreieckigen Tütchen für zwei Pfennige pro Stück verkauft, sollte sie diejenigen ansprechen, die sich die teure, in Flaschen abgefüllte Brauselimonade nicht leisten konnten.

Im Tütchen befanden sich anfangs noch zwei getrennte Tabletten: einmal Natron, einmal Weinsäure. Sobald man sie zusammen in Leitungswasser warf, sprudelte es kräftig, und fertig war die »Friedel«-Brause mit Orangen- bzw. Zitronengeschmack, die schnell ihre Anhänger fand. Anfang der 1930er-Jahre kam dann bereits die fertig gemischte Brause in Pulverform auf den Markt, die Kinder wie Erwachsene am liebsten pur aus der Hand naschten.

Doch erst der Fähnchen schwenkende Matrose auf der weiß-blauen Tüte gab dem »prickelfrischen Volksgenuss« 1932 den bis heute gültigen Namen: »Ahoj«-Brause. Firmengründer Beltle hatte die Vorlage für den freundlichen Matrosen angeblich eigenhändig gezeichnet.

Zu Beginn des Zweiten Weltkriegs musste die Brauseproduktion mangels Weinsäure eingestellt werden. Die wahre Erfolgsgeschichte sollte Beltles Brause aber ohnehin erst nach dem Krieg schreiben:

Nachdem die Produktion 1948 wieder aufgenommen worden war, hatte sich die Brause 1953 bereits zum Renner entwickelt. Um der gestiegenen Nachfrage gerecht zu werden, mussten Beltle und Friedel mit ihrer Firma an den heutigen Standort nach Remshalden umziehen, weil dort größere Fabrikhallen zur Verfügung standen.

> Sogar Literaturnobelpreisträger Günter Grass hat die Ahoj-Brause gewürdigt: In seinem 1959 erschienenen Buch »Die Blechtrommel« nutzt die jugendliche Heldin Maria Matzerath die Brause für erste erotische Spielereien.

Briefmarke (1840)

Die erste Briefmarke hatte noch keinen Zackenrand und wurde mit der Schere ausgeschnitten.

Sie waren ratlos, die englischen Minister und Beamten im Jahre 1839. Daher bat das Schatzamt des Vereinigten Königreiches das englische Volk um Mithilfe bei der Frage: Wie könnte man künftig am besten kenntlich machen, dass das Porto für einen Brief bereits entrichtet worden ist?

Hintergrund war, dass zur damaligen Zeit stets der Empfänger die Kosten für an ihn gerichtete Post trug; der Absender musste nichts zahlen. Doch die Postboten wurden nicht selten ausgetrickst: Viele Absender malten Geheimzeichen auf den Briefumschlag, die der Empfänger auch verstand, ohne den Brief bezahlen und öffnen zu müssen. So mussten die Boten oft auf ihren Lohn verzichten und hatten den Weg umsonst gemacht. »Wir sollten das Postwesen ändern«, sagten sich daher die Briten – und erfanden die Briefmarke.

So erfolgte also am 23. August 1839 eine Ausschreibung, die am 6. September von der britischen Zeitung »The Times« veröffentlicht wurde. Für den ersten Preis hatte man 200 Pfund und für den zweiten 100 Pfund ausgelobt. Derart motiviert, reichten die Engländer rund 2600 Vorschläge ein – auf die Idee der heute gebräuchlichen Briefmarke kamen allerdings nur einige wenige.

Sir Rowland Hill, ein Mathematiklehrer, überwachte die Ausschreibung. 1837 hatte er dem britischen Unterhaus einen Vorschlag für die sogenannte »Portoquittung«, die heutige Briefmarke, vorgelegt: Die Zustellung eines Briefes sollte demnach künftig vom Absender bezahlt werden. Der Preis sollte vom Gewicht abhängen und durch ein Etikett oder Postwertzeichen auf dem Umschlag entrichtet werden. Königin Victoria gefiel Hills Vorschlag so gut, dass sie ihn am 27. August 1839 als »Gesetz zur Reform der Postdienste« verabschiedete.

Aus den Vorschlägen der Bevölkerung sollte Hill, der sein Lehramt mittlerweile an den Nagel gehängt und bei der Post Karriere gemacht hatte, die besten auswählen. Doch er fand keinen der Vorschläge ideal, übernahm jedoch einige Ideensplitter für seinen eigenen Entwurf der weltweit ersten Briefmarke – der späteren »One Penny Black«.

- Die Sonderbriefmarke, die Altkanzler Helmut Kohl für seine Verdienste um die deutsche Wiedervereinigung ehren soll, ist tatsächlich eine Ausnahme-Marke. Denn eigentlich werden keine lebenden Personen auf deutschen Postwertzeichen abgebildet. Dieses Privileg steht nur dem Bundespräsidenten zu – seit Richard von Weizsäcker haben aber alle Amtsträger darauf verzichtet. Eine zweite Ausnahme ist die 2007 erschienene Briefmarke, die den deutschen Papst Benedikt XVI. zeigt.
- Die schwedische »Gelbe Treskilling« (»Tre Skilling Banco«) ist die teuerste Briefmarke der Welt, sie wurde im Mai 2010 für 3,6 Millionen Euro versteigert. Was sie so wertvoll macht? Die Marke ist ein einmaliger Fehldruck, sollte nie in gelber Farbe erscheinen. Die ganze Serie war grün. Der Legende nach wurde das gelbe Exemplar Jahre später von einem schwedischen Schüler entdeckt.
- Auch fehlerhafte Marken wie die berühmte »Blaue Mauritius«, die 1847 ein Uhrmacher gedruckt hat, sind Sammlerstücke. Statt »post paid« für »Gebühr bezahlt« schrieb er »post office« für »Postamt« auf die Marke. Der Schludrian wurde damals sicher bestraft – und heute ist seine Marke heiß begehrt.
- Am 1. November 1849 kam die erste deutsche Briefmarke heraus: Das Königreich Bayern druckte die Marke »Schwarzer Einser«.
- Die Britische Kolonie Cape of Good Hope war das erste Land, das von der üblichen viereckigen Briefmarkenform abwich und 1853 dreieckige Marken druckte. Briefmarken aus afrikanischen Ländern wie Sierra Leone und Kongo sind bei Sammlern beliebt, weil sie nicht selten die Form von Vögeln, Früchten oder Landkarten aufweisen.

- Andere Quellen nennen den schottischen Druckereibesitzer James Chalmers als »Vater der Briefmarke«. Er beklebte, so die Legende, ein Stück Papier mit einem Penny und schickte seinen Entwurf, der angeblich bereits gummiert war, ans Parlament in London. Dort soll Sir Rowland Hill Chalmers Idee »geklaut« haben.
- Die erste offizielle Briefmarke weltweit hatte diverse Vorläufer. Etwa das »billet de port payé« – ein briefmarkenähnlicher Gebührenstreifen aus Papier. Der Streifen hatte noch keine Klebefläche und wurde daher mit Klammern oder Fäden am Brief befestigt. Leider sind keine Exemplare dieser Billets erhalten geblieben.

Die Marken wurden zu 240 Stück auf einen Bogen gedruckt, damit die Postbeamten nicht so viel rechnen mussten. Ein ganzer Bogen kostete demnach ein Pfund, eine Reihe mit zwölf Marken einen englischen Shilling.

Am 1. Mai 1840 lagen 600 000 Penny-Black-Marken zum Verkauf bereit, am 6. Mai 1840 durfte die »One Penny Black« als Kennzeichnung für vorausbezahltes Porto erstmals auf Briefe geklebt werden. Ihr Name leitete sich vom Nominalwert der Marke ab, der einen Penny betrug. Die Marke war schwarz und zeigte – nach dem Vorbild einer bereits existierenden Gedenkmünze – das Profil der englischen Königin Victoria. Die »One Penny Black« war nur ein Jahr im Umlauf, dann wurde sie von der Marke »Penny Red« abgelöst.

Die »Penny Black« war noch ungezahnt und musste mit der Schere aus dem Bogen geschnitten werden. Die ersten durchstochenen Briefmarken der Welt tauchten 1848 versuchsweise an den Postschaltern auf, nachdem der Ire Henry Archer eine Maschine erfunden hatte, die mithilfe von Lochstiften die Briefmarken-Bögen perforierte und so die Abtrennung der einzelnen Marken erleichterte.

Eine Länderbezeichnung, wie sie heutzutage üblich ist, wurde von den Engländern hingegen nicht als nötig erachtet, war die Marke doch die bisher einzige ihrer Art. Noch heute tragen die britischen Marken – im Gegensatz zum Beispiel zu den deutschen – keinen Ländernamen, sondern zeigen stattdessen das Profil des jeweiligen königlichen Staatsoberhauptes.

Chips (1853)

Chips dürfen bei keinem gelungenen Fernsehabend fehlen. Umso erstaunlicher ist, dass ihre Entstehung reiner Zufall war. Erfunden haben soll sie 1853 der Amerikaner ***George Crum***. Der Koch mit deutscher Abstammung (er hieß ursprünglich George Speck) frittierte im Hotel »Moon Lake Lodge« in Saratoga Springs im US-Bundesstaat New York Pommes frites, ein Gericht, das damals schon zur Leibspeise der Amerikaner zählte. Nur ein Gast beschwerte sich, dass die Pommes frites zu dick geschnitten seien – angeblich der Eisenbahn-Magnat Cornelius Vanderbilt. Das ließ Crum nicht gerne auf sich sitzen und bereitete eine neue Portion dünner geschnittener Pommes frites für ihn zu. Als die dem Gast jedoch immer noch zu dick waren, schnitt Crum die dritte Portion aus Verärgerung papierdünn und frittierte sie so lange, dass man sie nicht mehr mit der Gabel essen konnte. Anstatt sich jedoch zu beschweren, wie es Crum eigentlich erwartet und ja auch provoziert hatte, war der Gast begeistert. Crums Kartoffelkreation stand fortan als »Saratoga Chips« auf der Speisekarte und war bald das am häufigsten georderte Gericht.

1960 eröffnete Crum ein eigenes Restaurant namens »Crumbs House« am südlichen Ende des Saratogasees. Und in diesem stand auf jedem Tisch stets ein Körbchen mit Chips. Der Koch ließ sich seine Erfindung jedoch nie patentieren. Das rief Nachahmer auf den Plan, die den neuartigen Snack kurze Zeit später bereits abgepackt verkauften.

100 Gramm Kartoffelchips haben einen Energiewert von etwa 530 Kilokalorien. Sie enthalten rund 35 Gramm Fett, 50 Gramm Kohlenhydrate und sechs Gramm Protein.

Industriell hergestellt werden Kartoffelchips seit den 1920er-Jahren. Den entscheidenden Beitrag dazu leistete Herman Lay, ein Handelsvertreter aus Nashville, Tennessee, der eine Kartoffelschälmaschine erfand. Weil die Chips aber zunächst ohne Zugabe von Salz oder anderen Gewürzen verkauft wurden, blieb ihnen anfangs der ganz große Durchbruch verwehrt.

Erst in den 1940er-Jahren erfand der Inhaber des irischen Familienbetriebs »Tayto« in Dublin eine Technik, wie man Gewürze und

Merkwürdigerweise mögen nur die Deutschen rote Paprika-Chips. Der Rest der Welt liebt Chips vor allem gesalzen. Nichtsdestotrotz gibt es mittlerweile sogar Chips mit den Geschmacksnoten Tintenfisch, Gurke, Frühstücksspeck, Büffelfleisch und Seetang.

Geschmacksstoffe hinzufügen kann. Und produzierte schließlich die ersten gewürzten Kartoffelchips der Geschmacksrichtung »Cheese and Onion« (Käse und Zwiebel) und »Salt 'n' Vinegar« (Salz und Essig). Die Erfindung war ein Knüller und revolutionierte die Nahrungsmittelindustrie. Immer wieder zog es die Geschäftsführer amerikanischer Kartoffelchips-Unternehmen nach Dublin, wo sie bei »Tayto« das neue Produkt begutachteten und Verträge zur Nutzung der neuen Technik aushandelten.

Vermutlich waren es amerikanische Soldaten, die die Chips nach Deutschland brachten. Allerdings blieb dies zunächst ohne große Wirkung. Es dauerte, bis man hierzulande auf den Chips-Geschmack kam. 1951 erhielt der Maschinenbauingenieur Heinz Flessner aus Neu-Isenburg die erste Lizenz für deren Produktion. Die Nachfrage war noch so gering, dass er die Chips zusammen mit seiner Frau Ella in der heimischen Küche herstellte. Verkauft wurden sie dann vor allem an Kiosken. Eine lustige Vorstellung, wenn man bedenkt, dass heutzutage in Deutschland rund 72 000 Tonnen Kartoffelchips pro Jahr konsumiert werden, was einem durchschnittlichen Pro-Kopf-Verbrauch von 880 Gramm entspricht. Mit diesen Mengen wäre wohl jede noch so moderne Großküche heillos überfordert!

Das Krachen der Chips im Mund ist Gegenstand wissenschaftlicher Untersuchungen. Denn es ist angeblich der Grund dafür, warum Menschen die Chips so sehr mögen – und warum viele erst mit dem Konsum aufhören können, wenn die Tüte leer ist.

Chucks (1923)

1921 begann der amerikanische Basketballspieler ***Charles Hollis Taylor***, besser bekannt unter seinem Spitznamen Chuck Taylor, für die »All-Star«-Turnschuhe der Sportartikel-Firma »Converse« zu werben.

Die Schuhe mit dem Kultfaktor gibt es schon knapp 100 Jahre.

Er selbst trug seine ersten »All-Stars« im Jahr 1918 und soll sich 1921 bei der Firma Converse gemeldet haben, um ihr Verbesserungsvorschläge für die Schuhe zu machen, da seine Füße nach dem Training ständig wehtaten.

Nach und nach entwickelte sich aus dem Kontakt eine Zusammenarbeit, die 1923 darin gipfelte, dass Taylors Autogramm und Spitzname auf die »All-Star«-Schuhe geprägt wurden: »Converse All Star Chuck Taylor« stand auf den runden Aufnähern auf der Fußinnenseite in Knöchelhöhe – woraus später die Bezeichnung »Chucks« entstand.

Richtig erfolgreich wurden die Schuhe allerdings erst, als die amerikanische Basketballmannschaft sie offiziell zu ihren Turnierschuhen machte. 1936 wurde Basketball erstmals olympische Dis-

Chucks sind in der Regel aus Leinenstoff gefertigt, haben eine weiße Gummisohle, Schnürsenkel und einen runden Aufnäher sowie eine weiße Gummikuppe an den Zehen. Auf der Innenseite sind zwei mit Nieten versehene Luftlöcher angebracht.
Seit 2005 kann man sich im Internet unter www.converse.us seine ganz individuellen Chucks farblich zusammenstellen.

Mick Jagger soll sogar bei seiner Hochzeit Chucks getragen haben, US-Rocker Kurt Cobain trug sie bei seinem Tod, und selbst Lady Di soll ein Fan der trendigen Turnschuhe gewesen sein. Heute tragen Männer Chucks häufig auch zum Anzug.

ziplin, und als das amerikanische Team gegen Kanada auch noch die Goldmedaille gewann, wurden die Chucks endgültig populär. Zum absoluten »Renner« avancierten die Schuhe schließlich 1939, als beim ersten Meisterschaftsspiel der National Collegiate Athletic Association (NCAA) beide Teams »Chuck Taylor All Stars« trugen. Nun war der Schuh definitiv zum »Must have« avanciert.

Als 1992 das 75-jährige Jubiläum des Schuhs gefeiert wurde, waren weltweit bereits 500 Millionen Paar Chucks verkauft worden: 250 Millionen in den USA, 250 Millionen in zahlreichen anderen Ländern der Welt.

Coca-Cola (1886)

Am 8. Mai 1886 braute der 55-jährige ***John Stith Pemberton*** in einem Drugstore in Atlanta, USA, erstmalig einen braunen Sirup: aus Blättern der Koka-Pflanze, der Cola-Nuss, Wasser, reichlich Zucker und einigen bis heute geheim gehaltenen Aromen. Der gelernte Drogist war versiert im Mixen von Stärkungsmitteln. Frühere Kreationen von ihm hießen »Eureka Oil«, »Dr. Stanford's Great Invigorator« und »Southern Cordial«. An der Coca-Cola-Formel arbeitete Pemberton allerdings nicht ganz uneigennützig: Über das Experimentieren mit Opium war der Amerikaner morphiumsüchtig geworden, und mit der Coca-Cola-Rezeptur verband er ursprünglich wohl die Hoffnung, dass ihn ein Wirkstoff der Cocapflanze, nämlich das Kokain, von seiner Sucht befreien könnte. Denn Ende des 19. Jahrhunderts war die Gefahr, die von Kokain ausging, noch niemandem bewusst.

Pemberton forschte zwölf Monate an der Coca-Cola-Formel. Im Juni 1887 hatte der Sirup seines Erachtens nach schließlich die optimale Konsistenz erreicht, und er ließ sich die Mixtur, die zunächst noch mit Sodawasser aufgegossen wurde, patentieren. Von einem Erfrischungsgetränk war zu dieser Zeit noch keine Rede. Vielmehr wurde

Coca-Cola in Drogerien und Soda-Bars zunächst als Medikament gegen Müdigkeit, Kopfschmerzen, Impotenz, Depressionen und die damalige Modekrankheit »Nervenschwäche« beworben und verkauft. So gingen in der Anfangsphase im Schnitt auch nicht mehr als 13 Drinks täglich über den Tresen, für gerade mal fünf Cent pro Glas.

Dass sich Coca-Cola Jahrzehnte später zum populärsten Erfrischungsgetränk weltweit entwickeln würde, ahnte der bereits 1888 verstorbene Pemberton damals nicht im Entferntesten. Sonst hätte er seine Rechte an dem Getränk sicher nicht zwei Tage nach dem Patentantrag für 2300 Dollar an den Apothekengroßhändler Asa Griggs Candler verkauft. Vermutlich benötigte er das Geld aber dringend für seine Morphiumsucht.

Das Plakat von 1941 ist bei Retro-Freaks heute wieder gefragt.

Unter Candlers geschickter Führung legte Coca-Cola dann einen rasanten Aufstieg hin. 1893 ließ dieser Coca-Cola als Marke schützen und schon bald vermarktete er das Produkt landesweit. 1894 wur-

- Seit jeher wird um die Rezeptur von Coca-Cola ein großes Geheimnis gemacht. Die »Formel 7X« soll angeblich in einem Tresor in Atlanta lagern, zu dem nur zwei Firmenmitarbeiter Zugang haben. Tatsächlich ist die Geheimnistuerei aber nichts weiter als ein Werbegag. Nur die Dosis der einzelnen Zutaten gibt Rätsel auf.
- Im Laufe der Jahre wurde die Coca-Cola-Rezeptur einige Male verändert, zuletzt am 23. April 1985, als Coca-Cola-Präsident Roberto Goizueta der erstaunten Öffentlichkeit erklärte, dass ab sofort »New Coke« Coca-Cola ersetze. Doch »New Coke« war von Beginn an ein Reinfall – und wurde schon drei Monate später wieder durch die alte Rezeptur, nun »Coca-Cola Classic«, ersetzt.
- Die Erfindung des Namens »Coca-Cola«, abgeleitet aus den Grundzutaten Koka-Blatt (engl.: coca leaves) und Cola-Nuss (engl.: cola nut) wird John Pembertons Buchhalter Frank M. Robinson zugeschrieben. Die rot-weiße Werbung kam auf, weil Pemberton seinen Sirup in roten Fässern auslieferte.
- Jährlich werden weltweit mehr als 550 Milliarden Liter Cola getrunken, was einem Pro-Kopf-Verbrauch von 83 Litern entspricht. US-Bürger konsumieren pro Jahr durchschnittlich sogar 212 Liter Coca-Cola.
- Die berühmte Konturflasche mit den weiblichen Rundungen wird auch »Humpelrock« genannt. Sie wurde 1915 in den USA zum Patent angemeldet, um Coca-Cola von den unzähligen Cola-Kopien zu unterscheiden. Sie sollte in der Dunkelheit ertastet werden können und so geformt sein, dass sie selbst zerbrochen unverwechselbar ist.
- 100 ml Coca-Cola enthalten nach Firmenangaben 10 mg Koffein und 10,6 g Zucker, das entspricht bei einer Liter-Flasche 36 Stück Würfelzucker.

de Coca-Cola zum ersten Mal in Flaschen abgefüllt, ein fertiges Gemisch aus Sirup und Sodawasser. Ein kluger Schachzug waren auch Candlers ungewöhnlich hohe Werbe-Investitionen: 85 000 Dollar im Jahr 1900, 1912 war es sogar eine Million Dollar! Auch im Marketing entwickelte Candler neue Ideen und schickte Vertreter in die Provinzen von Amerika, wo diese Coca-Cola als eine Art Wundermittel anpriesen. In den Städten warb Candler hingegen mit Slogans wie: »Eine Coke um 8 wirkt bis 11« – so wollte Candler den Geschäftsleuten die braune Brause als Muntermacher schmackhaft machen. Der heute immer noch aktuelle Werbespruch »Drink Coca-Cola« stammt übrigens ebenfalls aus dieser innovativen Anfangszeit.

1909 war der Konkurrenzdruck für die Coca-Cola Company aufgrund der vielen Nachahmer (Afri Cola, Pepsi Cola usw.) so hoch, dass man Detektive anheuerte, die in Soda-Bars Proben nahmen und kontrollierten, ob unter dem Namen Coca-Cola nicht etwa andere Produkte ausgeschenkt wurden. 1915 baute man gar eine hausinterne Ermittlungsabteilung mit vollzeitbeschäftigten Spionen auf. 1926 soll der leitende Hausjurist Harold Hirsch rund 7000 Rivalen aus dem Feld gedrängt haben.

Als 1903 das Kokain aus dem Getränk verschwand, tranken auch immer mehr Frauen und Kinder Coca-Cola – zur Erfrischung, nicht als Medizin. Passend zu den veränderten Ingredienzien, wurde ab 1905 das Marketing geändert und Coca-Cola fortan unter dem Slogan »Delicious and Refreshing« vermarktet. 1906 wurde Coca-Cola erstmals außerhalb der USA, in Kuba und Panama, verkauft.

Der 1923 erfundene »Sixpack« sowie die Entwicklung des Kühlschranks brachten Coca-Cola schließlich auch in die amerikanischen Wohnzimmer. 1928 wurde bereits mehr Coca-Cola in Flaschen als in Soda-Bars verkauft. Als Jahre später Getränkeautomaten an öffentlichen Plätzen wie Bahnhöfen oder Tankstellen in Mode kamen, war der Siegeszug von Coca-Cola besiegelt. 1929 wurde in Essen die erste deutsche Coca-Cola-Flasche abgefüllt.

Computer (1941)

»Ich habe den Computer erfunden, weil ich zu faul zum Rechnen war«, gab ***Konrad Zuse***, der Erfinder des ersten funktionstüchtigen Digitalrechners der Welt, einmal zu.

Konrad Zuse studierte nach der Schule Maschinenbau, wechselte zur Architektur und machte 1935 schließlich sein Diplom als Bauingenieur. Bereits während des Studiums sann er darüber nach, wie man komplexe Berechnungen mithilfe einer Rechenmaschine erledigen könnte. Eine Anstellung bei den Henschel-Flugzeugwerken in Berlin-Schönefeld als Statiker vertiefte diese Überlegungen und ließen Zuse irgendwann nicht mehr los. Ein Jahr tüftelte der 26-Jährige, der für seine aufwendigen Basteleien schließlich das Wohnzimmer seiner Eltern okkupierte, weil es das geräumigste Zimmer war, das ihm damals zur Verfügung stand. Dort, in Berlin-Kreuzberg, entstand 1938 schließlich die erste elektrisch angetriebene mechanische Rechenmaschine: »Zuse Z1.«

Vor Bill Gates und Steve Jobs in den USA gab es in Berlin Konrad Zuse.

Aufgebaut war die tonnenschwere Maschine aus über 30 000 Teilen: dünnen Blechen, die Zuse selbst mit der Laubsäge ausgesägt hatte, Kurbeln, Glasplatten, Programmwalzen und einem Staubsaugermotor. Sie war aufgrund der Mechanik und der fehlenden Präzision der Bauteile noch weit von heute gebräuchlichen PCs entfernt. Das Entscheidende an der Z1 war jedoch ihre Funktionsweise: Während unser tägliches Leben im Grunde auf dem Dezimalsystem mit den Ziffern von 0 bis 9 aufgebaut ist, arbeitete Zuses Z1 mit dem 1679 von Gottfried Wilhelm Leibniz erfundenen Binärsystem, in dem es nur Nullen und Einsen gibt.

Im Zweiten Weltkrieg fiel die von Zuse vollständig aus eigenen Mitteln finanzierte Z1-Maschine den Bomben zum Opfer, und mit ihr sämtliche Konstruktionsunterlagen.

Im Ruhestand widmete sich Konrad Zuse der Malerei. Seine im expressionistischen Stil gehaltenen Bilder, die fünfstellige Beträge einbrachten, signierte er gerne mit dem Pseudonym »Kuno See«.

Es war aber nicht die nachfolgende Z2, sondern erst die Z3, die Zuse den weltweiten Ruf als Erfinder des Computers einbrachte: eine vollautomatische, in binärer Gleitkommarechnung arbeitende Rechenmaschine mit Speicher und einer Zentralrecheneinheit aus 2000 Telefonrelais. Ein Gästebuch seiner Eltern belegt, dass Zuse die wohnzimmerfüllende Z3 im Mai 1941 erstmals einer Gruppe von Professoren und Ingenieuren in der elterlichen Berliner Wohnung vorführte. Der Rechner wog 1000 Kilo und verbrauchte 4 KW Strom, das Programm mit den Rechenschritten hatte Zuse in einen 35-Millimeter-Filmstreifen gestanzt; die Zahlenwerte wurden dezimal über eine Tastatur eingegeben und von der Maschine ins Dualsystem übersetzt. Die Taktfrequenz betrug zwischen fünf und zehn Hertz – im Vergleich: Heute hat ein PC eine Taktfrequenz von über einer Million Hertz. Leider wurde auch die Z3 im Zweiten Weltkrieg zerstört. Ein Nachbau steht heute im Deutschen Museum in München.

Seine 1945, in den letzten Kriegstagen, fertiggestellte Nachfolgemaschine Z4 konnte Zuse hingegen unter großen Mühen unversehrt von Berlin nach Göttingen schaffen und dort seinen Auftraggebern, der Aerodynamischen Versuchsanstalt, vorführen. Anschließend versteckte Zuse seine Z4 jahrelang in einem Pferdestall im Allgäu, bis er 1949 vom Schweizer Mathematikprofessor Eduard Stiefel eine Anfrage der Eidgenössischen Technischen Hochschule Zürich erhielt, den Computer zu mieten. Der Z4 galt zur damaligen Zeit als einziger funktionierender Computer Europas und als einziger weltweit, der für zivile Zwecke genutzt wurde.

Bereits im ersten Jahrhundert vor Christus existierte mit dem »Mechanismus von Antikythera« der weltweit erste Computer. Die Rechenmaschine aus Bronze, die ein Schwammtaucher vor der griechischen Insel Antikythera aus einem Schiffswrack barg, diente vermutlich für astronomische Berechnungen von Planetenbewegungen und funktionierte mit einem Getriebe mit rund 37 Zahnrädern.

Mit dem Geld, das Zuse für den Z4 erhielt, gründete er 1949 die Firma »Zuse KG« im hessischen Neukirchen bei Fulda. Mit der 1956 auf die Z4 folgenden Zuse Z11 begann dort die Serienfertigung von Computern. 1959 folgte mit der Zuse Z23 der erste Computer der Firma auf Basis von Transistoren. Bis 1969 verkaufte die Zuse KG 251 Computer im Wert von 102 Millionen Mark.

Da Zuse jedoch viel mehr Techniker als Geschäftsmann war und stets detailverliebt arbeitete, soll er immer wieder Lieferfristen versäumt haben. Kaufmännische Fehler, der enorme Konkurrenzdruck durch IBM sowie hohe Produktionskosten führten 1964 zur Übernahme seiner Firma durch Brown, Boveri & Cie. (BBC) und zum späteren Verkauf an die Siemens AG.

Cornflakes (1894)

Durch den Zusatz von reichlich Zucker gelten die Maisflocken heute als Dickmacher. Ursprünglich entwickelten zwei amerikanische Ärzte die Frühstücksflocken 1894 aber als gesunde Morgenmahlzeit für übergewichtige Patienten.

Dr. John Harvey Kellogg und sein acht Jahre jüngerer Bruder ***William Keith Kellogg*** gehörten beide der protestantischen Freikirche der Siebenten-Tags-Adventisten an und arbeiteten zusammen in einer Kurklinik in Battle Creek im US-Bundesstaat Michigan.

John Kellogg, der ältere Bruder, promovierte 1875 in Medizin und übernahm kurz darauf die ärztliche Leitung des »Health Reforme Institute«, einer Einrichtung, die auf Naturheilkunde basierte.

Kurz nach seinem Einstieg benannte er das Institut um in »Battle Creek Sanitarium« und stellte seinen Bruder William als Geschäftsführer ein. Als solcher war William auch für den Speiseplan der übergewichtigen Patienten zuständig. 1894 bemerkte er, dass der Weizenbrei, den sein Bruder den Kurpatienten zum Frühstück vorsetzte, um deren Genesung voranzutreiben, häufig nicht angerührt wurde. Er schien den Patienten nicht zu schmecken. Gemeinsam suchten die Brüder nach Alternativen. Sie tüftelten monatelang, bis ihnen eines Tages der Zufall zu Hilfe kam und gekochte Weizenkörner, welche sie für einen Teig vorgesehen hatten, über Nacht stehen blieben. Am nächsten Morgen experimentierten sie mit den inzwischen stark aufgequollenen Körnern, pressten sie durch Rollen und rösteten sie anschließend im Ofen. Heraus kamen dünne, knusprige Weizenflocken (engl. wheat flakes), die die Patienten liebten. Angereichert mit etwas Salz, wurden die Teller von da an leer geputzt, viele Patienten wollten das neuartige Frühstück namens »Granose« nach ihrer Kur gar mit nach Hause nehmen. Vom Erfolg beflügelt, gründeten die Brüder 1897 die »Sanitas Food Company«, wo Mitarbeiter die Zusammensetzung von Granose ständig verbesserten und in die ganze Welt verschickten.

Der US-Schriftsteller T.C. Boyle schrieb 1993 den Roman »The Road to Wellville«. Eine fiktive Satire, die Bezug nimmt auf das Sanatorium von John Harvey Kellogg und 1994 unter dem Titel »Willkommen in Wellville« in die Kinos kam.

Alles lief planmäßig, bis William K. Kellogg die Rezeptur von Weizen auf Mais (engl. corn) umstellte und Zucker dazugab. Ein Schachzug, der seinem eher medizinisch als wirtschaftlich interessierten Bruder John überhaupt nicht gefiel – denn dieser lehnte Zucker strikt ab. Der bis dahin gemeinsame Weg der Brüder, die bereits 1895 Erdnussbutter als nahrhaftes Lebensmittel für Patienten ohne Zähne erfunden hatten, endete somit.

1906 gründete William Kellogg also allein die Firma »Battle Creek Toasted Corn Flake Company« in Battle Creek, Michigan, die 1922 in »Kellogg Company« umbenannt wurde. Zu Beginn liefen dort rund 1000 Packungen täglich vom Band. Ein Jahr später waren es bei 300 Mitarbeitern schon 4000 Cornflakes-Schachteln täglich – und so wurde die Produktion stetig erhöht. Gleichzeitig lancierte William Kellogg groß angelegte Werbekampagnen, die breite Beachtung fanden. Vor allem die Kinder lockte er mit kleinen, in der Packung versteckten Gratisgeschenken und durchdachten Werbeversprechen: Wer zum Beispiel zwei oder mehr Schachteln Kellogg's Cornflakes einkaufte, durfte das Bilderbuch »Funny Jungleland Moving Picture Book« sein eigen nennen: ein Renner bei den Kids, der eine Gesamtauflage von 43 Millionen Exemplaren erreichte!

Aber auch die Erwachsenen versuchte Kellogg schon früh an seine Produkte zu binden, indem er sie in seinen Werbeslogans immer wieder daran erinnerte, dass allein Kellogg's Cornflakes dem Original entsprächen. Sein Kalkül ging auf und bescherte ihm eine derartige Nachfrage, dass er im Jahr 1909 bereits mehr als 120 000 Packungen täglich produzierte.

Der jüngere Kellogg hatte es seinem älteren Bruder also richtig gezeigt! Er war so erfolgreich, dass er 1914 bereits die erste internationale Kellogg-Niederlassung in Kanada eröffnete. Heute setzt die von ihm gegründete Kellogg Company mit ihren über 50 verschiedenen Getreideprodukten in 180 Ländern im Jahr rund 13 Milliarden US-Dollar um. Aber W. K. Kellogg war auch ein Wohltäter und ließ andere gerne an seinem privaten Vermögen teilhaben. Bis zu seinem Tod 1951 spendete er rund 66 Millionen US-Dollar für soziale Zwecke, insbesondere für die 1930 gegründete W. K. Kellogg Foundation, die heute zu den größten humanen Stiftungen weltweit zählt.

Die Kellogg Company war eine der ersten Firmen, die die große Bedeutung des Werbefernsehens erkannte: Farbpsychologen wurden bei der Gestaltung der Cornflakes-Schachteln um Rat gefragt und berühmte Illustratoren und Comiczeichner mit dem Illustrieren der Kellogg's-Figuren beauftragt. So entstand zum Beispiel 1952 »Tony the Tiger«. Die Werbeinvestitionen zahlten sich aus: Blindtests ergaben, dass nicht selten Kunden andere, weniger stark beworbene Frühstücksflocken vom Geschmack her bevorzugten, im Supermarktregal trotzdem aber immer wieder zu den Kellogg-Produkten griffen.

Crocs (2002)

Sie sind quietschbunt, löchrig und lassen ihre Träger daherkommen wie eine Ballerina mit Bergschuhen. Trotzdem haben 100 Millionen Menschen diese Schuhe seit ihrem Verkaufsstart 2002 gekauft: Segler, Ärzte und Krankenschwestern, VerkäuferInnen, KindergärtnerInnen, der amerikanische Expräsident George W. Bush (er trug stets

Das Krokodil, das sich sowohl im Wasser als auch an Land wohlfühlt, gab den Schuhen ihren Namen.

schwarze Crocs!) und zuletzt Fashion-Victims wie die Sängerin Madonna. Innerhalb weniger Jahre wurde aus einem Nischenprodukt ein Kultschuh: Crocs.

Der Name ist vom amerikanischen Wort für Krokodil (engl. crocodile) abgeleitet, das sowohl im Wasser als auch an Land lebt. Für den wasserabweisenden Schuh ein einprägsames und treffendes Markenzeichen.

Entstanden ist die Idee zu den Plastiktretern in Knallfarben 2002 auf einem Segeltörn von Mexiko nach Miami. Irgendwo dort, mitten im Golf von Mexiko, weihte der Amerikaner ***Scott Seamans***, der bisher Stühle, Fußbetten und Angelspulen entwickelt hatte, seine Freunde ***George Boedecker***, einen Franchise-Unternehmer, und ***Lyndon »Duke« Hanson***, einen Computer-Fachmann, in seine neueste Geschäftsidee ein. Der damals 48-Jährige wollte einen clogsähnlichen Gummischuh auf den weltweiten Markt bringen, der ideal sei für Bootsbesitzer – aber auch für Menschen, die gerne federleichte, urgemütliche Gummilatschen tragen. Entdeckt hatte er die bislang namenlosen Schlappen, produziert vom kanadischen Kunststoff-

Unternehmen Fin Project N. A., auf einer Geschäftsreise in Quebec. Dort wurden die Schuhe in Wellnessfarmen an Gäste ausgeteilt. Gepresst aus einem wasserresistenten Granulat, das weder Pilzen, Bakterien noch Fußschweiß eine Chance gibt, witterte der gewiefte Geschäftsmann einen Verkaufsschlager als Alternative zu herkömmlichen, extrem teuren Bootsschuhen.

»Scott, die sind hässlich«, soll Hanson gerufen haben, bevor er und Boedecker die Schuhe anprobierten. Trotzdem erklärte Boedecker sich kurz darauf bereit, Seamans das nötige Kapital zur Unternehmensgründung zu überweisen. Auch Hanson schob seine Bedenken beiseite und schrieb den Businessplan, der ja bekanntlich aufging – denn wer die seltsamen Schuhe einmal anprobiert hat, zieht sie nur ungern wieder aus, weil sich das Schaumharzgemisch Croslite durch bloße Körperwärme an den Fuß anschmiegt und ihn optimal stützt.

Tatsächlich verbuchte Crocs Inc. 2008 bereits einen herben Verlust von vielen Millionen US-Dollar. Die Aktie, die 2007 einen Höchststand von 70 US-Dollar erreichte, stand im Juli 2011 bei rund 26 US-Dollar.

Dem ersten Härtetest unterlagen die Crocs bei der Bootsmesse »Fort Lauderdale Boat Show« Ende 2002 in Florida. Dort boten die Freunde ihre Schuhe das erste Mal zum Verkauf an, bereits nach drei Tagen waren alle mitgebrachten tausend Paar verkauft. Die nächsten zehntausend verkauften sich ausschließlich durch Mund-zu-Mund-Propaganda. Ein paar Jahre später hatten die Plastiklatschen die drei Kumpel aus dem US-Bundesstaat Colorado zu Millionären gemacht. Das 2002 gegründete Schuhunternehmen brach alle Wachstumsrekorde und schaffte es innerhalb von nur fünf Jahren hinter Marken wie Nike und Adidas auf Platz sieben der weltgrößten Sportschuhfirmen. 2004 kauften Seamans, Boedecker und Hanson die kanadische Fabrik Fin Project N. A. – und sicherten sich so die exklusiven Rechte am Granulat. Heute werden die Schuhe auch in Mexiko, China, Rumänien und Italien produziert. 2008 beschäftigte das Unternehmen weltweit 5000 Mitarbeiter.

Richtig reich wurden die drei Geschäftsfreunde dann mit dem Börsengang von Crocs Inc. im Februar 2006. Mit einem Ausgabekurs von 21 US-Dollar pro Aktie verdiente die Firma auf einen Schlag über 200 Millionen US-Dollar. Doch anstatt in neue, innovative Crocs-Modelle zu investieren, ruhte sich das Trio auf dem bisher Erreichten aus.

Ein kapitaler Fehler – der sich nicht nur in einem rapide sinkenden Aktienwert niederschlug. Auch die Konkurrenz hatte nicht geschlafen und warf Millionen von Crocs-Imitaten auf den Markt, die gerade einmal ein paar Euro kosteten – im Gegensatz zu den rund 40 Euro teuren Originalen. Steht also zu befürchten, dass die Crocs ein »One-Hit-Shoe-Wonder« bleiben und schon in ein paar Jahren kaum mehr ein Hahn nach den klobig-bunten Crocs krähen wird, die Menschen dazu bringen, freiwillig zu watscheln wie Enten.

Currywurst (1949)

Sänger Herbert Grönemeyer hat der »Currywurst« auf seinem Album »Total egal« 1982 ein Lied gewidmet. Und seit 2009 gibt es in Berlin ein Museum für die Currywurst (Schützenstraße 70, 10117 Berlin): Auf 1100 Quadratmetern können sich dort wahre Fans über alle Aspekte der scharfen Wurst informieren. Ein Museumsraum ist der Lebensgeschichte von Herta Heuwer gewidmet.

Wenn es »um die Wurst geht«, geht es immer auch um Sieg und Niederlage. Und so soll das auch bei der 1913 in Königsberg geborenen ***Herta Heuwer*** gewesen sein, die als Erfinderin der Currywurst gilt. Auf den Tag genau am 4. September 1949 bot sie an ihrer »Schnell-Imbiss-Stube« an der Ecke Kant-/Kaiser-Friedrich-Straße in Berlin-Charlottenburg neben ihren Kartoffelpuffern und Fischwürsten erstmals eine gebratene Brühwurst an. Der Clou an ihrer Wurst war die pikante Sauce, die Heuwer später »Chillup« nannte und angeblich »aus Langeweile« gemischt haben soll, als es wieder einmal »klene Kinderköppe« regnete, wie sie in einem Interview verriet. »Die Leute hatten damals wenig Geld und mir schmeckten die Würstchen ooch nich richtig. Die Pelle war aus Kunstdarm, weil es in der Nachkriegszeit keine Naturdärme zu kaufen gab, und vom Inhalt wollen wir lieber schweigen. Herta, sagte ich mir – lass dir was einfallen.«

Der richtige Einfall kam von ihrem Mann Kurt Heuwer. Er hatte in amerikanischer Kriegsgefangenschaft »Ami-Kost« erhalten und wollte im 1949 von den Alliierten besetzten Berlin die Essgewohnheiten der Amerikaner auch in der Imbissbude einführen.

Das Steak mit Ketchup galt dafür als Vorbild. Nur gab es nach dem Krieg weder Steaks noch Ketchup in Berlin. Also mischte Heuwer To-

In der Kantstraße 101 in Berlin erinnert diese Tafel an die Erfinderin der Currywurst.

matenmark, Curry, Paprika, Chili und andere Gewürze zusammen, schmeckte das Ganze immer wieder ab und schrieb jeden Schritt genau auf. Die scharfe Wurst, aufgrund der Saucenmischung fortan als »Currywurst« verkauft, kam an. So gut, dass sich Herta Heuwer im Januar 1959 den Namen ihrer Spezialsoße »Chillup« (Chili & Ketchup) als Marke schützen ließ und mit ihrer Imbissbude den Umzug in ein Ladenlokal in der Kaiser-Friedrich-Straße 59 wagte. Der Laden, der nun »1. Currywurst-Braterei der Welt« hieß, entwickelte sich zur Berliner Institution: Tag und Nacht geöffnet, beschäftigte Heuwer in ihren besten Zeiten bis zu 19 Verkäuferinnen. »Oft kopiert und nie erreicht«, stand über ihrer Braterei.

Wie viele Currywürste Herta Heuwer mit ihrem Team in den nächsten zwanzig Jahren verkauft hat, kann nur geschätzt werden.

Es gibt in Berlin noch eine Imbissbude mit Tradition: Bei »Konnopke's« im Stadtteil Prenzlauer Berg wurde 1960 angeblich bereits die erste Ost-Currywurst gebrutzelt. Exbundeskanzler Gerhard Schröder ließ sich die Wurst seinerzeit angeblich zum Dienstwagen bringen und auch Liza Minelli stand schon brav in der Warteschlange.

Erst 1978, mit 65 Jahren, ging die Erfinderin der Currywurst schließlich in Rente und machte ihren Imbiss dicht. Nichtsdestotrotz essen die Deutschen noch immer jedes Jahr an die 850 Millionen Currywürste. Kein Wunder, dass auch die großen Firmen angesichts dieser Zahlen hellhörig wurden und Herta Heuwer viel Geld für ihre »Chillup«-Rezeptur boten. Doch die Berlinerin, die das Schwätzchen mit den Kunden liebte, widerstand allen Versuchen, ihr das Markenrecht abzuluchsen, und soll selbst Soßen-König Knorr einen Korb gegeben haben. Angeblich hat sie das genaue Mischungsverhältnis der Gewürze nicht einmal ihrem Mann und ihrer Stieftochter anvertraut, sondern nahm es 1999 mit ins Grab.

- Die Currywurst wird im Ölbad gebraten – nicht auf dem Rost gegrillt! – und anschließend in sechs bis acht mundgerechte Stücke zerschnitten. Doch erst die spezielle Soße macht die Wurst zu einer Currywurst: Sie besteht aus Ketchup oder Tomatenmark mit Currypulver und je nach Belieben Worcestershiresauce und weiteren Zutaten wie Cayennepfeffer oder zerstoßenen Chilischoten. Die wichtigste Zutat ist jedoch, wie der Name sagt, das Currypulver.
- Andere Quellen siedeln die Erfindung der Currywurst im Rheinland bzw. in Hamburg an. Die von Uwe Timm in seiner Novelle »Die Entdeckung der Currywurst« erwähnte »Lena Brücker« ist jedoch nur eine literarische Erfindung des Schriftstellers.

Dauerwelle (1906)

Als die amtierende Miss Amerika 1926 eine Dauerwelle erhielt, konnte deren Erfinder *Karl Ludwig Nessler* entspannt zusehen. Deutlich angespannter war der im Schwarzwald geborene Friseur jedoch gewesen, als er seine Erfindung um das Jahr 1900 das erste Mal an seiner eigenen Freundin und späteren Ehefrau Katharina Laible in Paris testete.

Die Idee für die Dauerwelle (Dauerondulation) trug Nessler angeblich bereits seit seiner Jugend mit sich herum, seit er beim Dorfbarbier eine Lehre begonnen hatte. Seinen Meister fand der wissbegierige junge Mann allerdings erst 1892 in Genf, wo er bei einem renommierten Coiffeur seine Ausbildung fortsetzte und sich – passend zu seinen französischsprachigen Kunden – in *Charles Nessler* (auch *Charles Nestle*) umbenannte.

Ausprobieren konnte Nessler seine Dauerwelle allerdings erst 1896 in Paris, als er die aus Bayern stammende Katharina Laible kennenlernte. Sie erklärte sich bereit, als Versuchskaninchen für die chemische und thermische Behandlung zu fungieren. Die junge Frau muss den Friseur zu diesem Zeitpunkt schon sehr geliebt haben, fügte ihr Nessler bei seinen ersten Versuchen doch einige Brandblasen mit seiner glühend heißen, selbst konstruierten, auf 100 bis 200 Grad Celsius erhitzten Zange an der Kopfhaut zu.

Mit dieser Zange – in Form und Funktion ähnlich einem Waffeleisen – erhitzte er Laibles Haarsträhnen, die er vorher dicht an der Kopfhaut abgebunden, mit einer Boraxlösung eingepinselt und auf Spiralwickler gedreht hatte. Erst im dritten Anlauf gelang es

1932 war das Legen einer Dauerwelle noch eine echte Tortur für die Frauen.

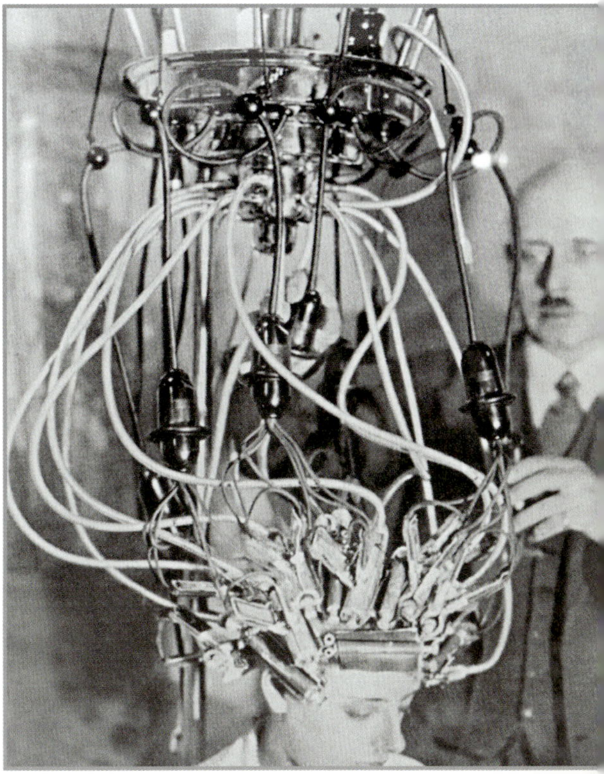

ihm, dem glatten Haar seiner Freundin eine dauerhafte Wellenstruktur zu verleihen. Die »Heißwelle« war geboren.

In London, wo Nessler 1904 ein exklusives Friseurgeschäft in der Oxford Street eröffnete, sprach sich die neuartige Haarbehandlung rasch herum. Die englischen Damen drängten geradezu in seinen Salon – wohl wissend um die Tortur, die die Dauerwelle für sie als Kundin bedeutete. 1906 hielt Nessler sein Dauerwell-Verfahren schließlich für so ausgereift, dass er es am 8. Oktober stolz vor den »Leading Hairdressers« demonstrierte. Gleichzeitig investierte er viel Geld in Werbung für seine zweite, parallel erdachte Erfindung: den Lockenwickler. Im Februar 1910 erhielt der findige Bayer aus Todtnau das britische Patent für seine elektrische »permanent wave machine« (Dauerwellen-Maschine). Doch in England war ihm das Glück nicht lange hold. Kurz nach dem Ausbruch des Ersten Weltkriegs wurde Nessler 1915 als feindlicher Ausländer eingestuft und kam in Haft, sein Vermögen wurde eingezogen. Nach seiner Entlassung wanderte er zusammen mit seiner Frau in die USA aus, wo er amerikanischer Staatsbürger wurde. Irritiert musste er feststellen, dass im Land der unbegrenzten Möglichkeiten bereits Hunderte von Raubkopien seiner Dauerwellen-Maschine existierten. Doch er gab nicht klein bei, sondern meldete 1918 eine deutlich verbesserte Apparatur zum Patent an. Sein Unternehmergeist zahlte sich aus: Knapp zehn Jahre später beschäftigte Nessler in fünf amerikanischen Großstädten rund 500 Mitarbeiter, seine Friseurläden und Patentrechte waren damals bereits Millionen Dollar wert.

Das Prinzip der »Heißwelle« wurde 1932 von den Engländern Clark und Speakman durch Anwendung des Reduktionsmittels Sulfit erweitert. Seit 1940 wird auch Thioglykolsäure verwendet, die eine Haarverformung bei Raumtemperatur ermöglicht (sog. »Kaltwelle«).

Die Haarverformung erfolgt bei der Dauerwelle in zwei Schritten: erstens durch eine chemische Reaktion am Haarkeratin. Das erweichte Haar kann dann mithilfe von Lockenwicklern in die gewünschte Form gebracht werden. Zweitens durch Oxidation mit Wasserstoffperoxid.

Dax (1988)

Er wurde zu einem der wichtigsten Börsenbarometer und gehört inzwischen zum festen Inventar des Finanzzentrums Frankfurt – so wie die Symboltiere Bulle (steigende Kurse) und Bär (fallende Kurse), die vor der Alten Börse stehen: der Deutsche Aktienindex Dax. Er umfasst die 30 größten und umsatzstärksten an der Frankfurter Wertpapierbörse gelisteten deutschen Unternehmen (sogenannte Blue Chips) und spiegelt deren Wertentwicklung wider. Am 1. Juli 1988, als der Dax an den Start ging, waren das Firmen wie Mannesmann, Feldmühle Nobel oder die Bayerische Hypotheken- und Wechselbank. Heute sind rund die Hälfte dieser 30 Firmen nicht mehr existent bzw. wurden von anderen Unternehmen übernommen. Es gibt aber auch beständige »Felsen in der Börsenbrandung« wie Allianz, BASF oder Deutsche Lufthansa.

Erdacht vom Journalisten und Volkswirt ***Frank Mella***, begann der Dax 1988 mit 1163 Punkten – in Absprache mit der Arbeitsgemeinschaft der Deutschen Wertpapierbörsen, der Frankfurter Wertpapier-

Der Bär ist das Symbol für fallende Aktienkurse, der Bulle steht für steigende Kurse.

Dass der Bulle an der Börse die steigenden Kurse symbolisiert und der Bär die fallenden Kurse, ergibt sich aus dem natürlichen Angriffsverhalten der Tiere. Während der Bulle nämlich mit seinen Hörnern von unten nach oben stößt (= bullisches Verhalten), schlägt der Bär mit seiner Tatze von oben nach unten (= bärisches Verhalten).
Mit 8136 Punkten hat der Dax am 7. März 2000 seinen bisherigen Höchststand erreicht.

börse und der Börsen-Zeitung. Der Erstkurs kam durch die Definition des Schlusskurses von 1987 auf 1000 Zähler zustande.

Der neue deutsche Leitindex sollte nach New York und Tokio auch dem Frankfurter Finanzplatz endlich eine Orientierungshilfe und Marke verschaffen, wie ihn andere Börsenplätze längst hatten. Als Vorbild diente der bereits 1896 von Charles Dow und Edward Jones ins Leben gerufene Dow-Jones-Index in den USA.

Den einprägsamen Namen »Dax« rief 1988 schließlich Manfred Zaß ins Leben, der damalige stellvertretende Vorsitzende der Frankfurter Börse. Zaß ging mit seinem Hund spazieren und dachte – so die Legende – dabei an den Dachshund. Und plötzlich war ihm klar, wie der neue Deutsche Aktienindex heißen könnte: Dax!

Artur Fischer, der damalige Direktor an der Frankfurter Börse, fungierte schlussendlich als dritter Geburtshelfer des Dax. Er sorgte dafür, dass die deutschen Aktienkurse erstmals elektronisch erfasst wurden und der Index minütlich berechnet werden konnte.

Gestartet ist der Deutsche Aktienindex zunächst nicht als »Dax«, sondern als »Dai«. »Aber das war zu wenig griffig, erinnerte an das Börsenkürzel von Daimler-Benz und hatte keine Symbolik«, sagte Manfred Zaß in einem Interview. Als Name für das Börsenbarometer sei 1988 auch »Frankfurter Aktienindex« im Gespräch gewesen. »Wir haben uns aber nicht nur wegen der möglichen Abkürzung FAX dagegen entschieden«, so Zaß weiter, »auch die damals noch recht starken Regionalbörsen konnten sich einem Deutschen Aktienindex besser anschließen.«
Frank Mella hat für seine Dax-Idee nie einen Pfennig bekommen, obwohl die Deutsche Börse mit dem Markennamen Millionen verdient. Mella sieht's gelassen: »Ich habe das auch nie verlangt, schließlich hat mich mein damaliger Arbeitgeber für das Konzept bezahlt.«

Das war ein Novum und so revolutionär, dass der Dax den nur täglich berechneten Index der Frankfurter Allgemeinen Zeitung (FAZ) als wichtigsten Indikator in Frankfurt rasch ablöste. Damit erübrigt sich auch die Frage, warum es den Dax erst seit 1988 gibt. Früher wäre er technisch einfach nicht realisierbar gewesen.

Dixi-Klo (1973)

1973 erfand ein in Deutschland stationierter US-Soldat das mobile WC – und löste damit ein Problem für all diejenigen, die an einem mehr oder weniger ungünstigen Ort ein »dringendes Bedürfnis« verspüren.

Fred Edwards, der als US-Soldat im Ruhrgebiet stationiert war, hatte allerdings erst einmal einen ganz anderen Grund für seine Erfindung. Bei allem Gemeinschaftssinn war er genervt davon, stets zusammen mit Kameraden auf dem militärischen »Donnerbalken« sitzen zu müssen. Denn Soldaten standen damals nur gemeinschaftlich benutzte Aborte zur Verfügung. Um Abhilfe zu schaffen, stellte er in seiner Garage in Velbert, nahe Wuppertal, in Handarbeit den

Der Papstbesuch 1980 erforderte Tausende Dixi-Klos für die Millionen Fans und verhalf den mobilen Örtchen zu Popularität.

Es war kurioserweise Papst Johannes Paul II., der Fred Edwards' Erfindung auf dem ganzen Globus bekannt machte. Als er 1980 Deutschland besuchte, wurden Tausende von Dixi-Klos für die Millionen Fans aufgestellt – dieser erste Großauftrag machte Edwards reich und berühmt.

ersten mobilen Prototyp des »stillen Örtchens« zusammen: Schon damals zierten das Häuschen blaue Fiberglaswände und eine braune Tür. In der Kabine befanden sich ein Urinal sowie ein Loch für größere Bedürfnisse. Und auch die heute noch existierenden drei Herzen im Logo hatte Edwards bereits so vorgesehen. Der heiter klingende Fantasie-Name »Dixi« sollte vom sanitären, rein bedürfnisorientierten Hintergrund ablenken. Bei den fünfzig offiziell als »Freifalltoilette« deklarierten Dixi-Häuschen, mit denen Fred Edwards schließlich seinen Vermiet- und Entsorgungsservice in Sachen Notdurft startete, sollten die Männer an den Oldtimer BMW Dixi denken. Gleichzeitig sollte der Name für die Nicht-Auto-Kenner nach Musik klingen.

Als Vorlage diente dem Soldaten das mobile Plumpsklo »John« aus den 1940er-Jahren, das man in Werften benutzte, um den Arbeitern lange Wege zur nächsten fest installierten Toilette zu ersparen.

Edwards Rechnung ging auf: Dixi wurde zum Synonym für das Örtchen unterwegs und rangiert heute in einer Marken-Liga mit Tempo, Tesa oder Uhu. Tatsächlich trifft man die Dixi-Häuschen beinahe überall: auf Popkonzerten, im Gebirge, in Fußgängerzonen, auf Kirchenveranstaltungen und öffentlichen wie privaten Baustellen. Nur Fred Edwards wurde das »Geschäft mit dem Geschäft« scheinbar zu viel. Mitte der 90er-Jahre verkaufte er sein Patentrecht am Dixi-Klo und machte sich vom Erlös in den USA ein schönes Leben.

Konkurrenz bekam Dixi 1983 von der WC-Mietfirma Toi Toi. 1997 fusionierten die beiden Marken unter dem Dach der Gruppe Adco Umweltdienste Holding GmbH. Heute stehen in Deutschland 80 000 Dixi- und Toi-Toi-Kabinen, auf der ganzen Welt sind es 180 000. In Deutschland sind bis heute mehr als 200 Wettbewerber auf das Geschäft mit den mobilen Kunststoffhäuschen aufgesprungen.

Druckknopf (1885/1903)

Es ist wohl kaum übertrieben zu sagen, dass ***Heribert Bauer*** aus Pforzheim Ende des 19. Jahrhunderts ein ähnlich bewegtes Erfinderdasein führte wie Daniel Düsentrieb aus Entenhausen. Der passionierte Tüftler hatte schon mehrere seiner Ideen zur Patentreife geführt, als er am 5. März 1885 erneut eine Konstruktion beim Kaiserlichen Patentamt in Berlin anmeldete: einen »Federknopf-Verschluss, dazu bestimmt, das Öffnen und Schließen der Herrenhosen mit Latz zu vereinfachen«. Die neue Technik schlug in der Blütezeit der industriellen Revolution ein wie eine Bombe, machte sie doch das zeitaufwendige Nähen von Knopflöchern überflüssig.

Aus zweierlei Gründen wurde der Ur-Druckknopf des Pfälzers trotzdem nie in größeren Mengen produziert. Zum einen war er noch nicht wirklich ausgereift: Er klemmte gerne mal, war nicht rostfrei oder ging dann auf, wenn er gar nicht sollte. Zum anderen gehörte es nicht zu Heribert Bauers Stärken, seine Erfindungen unter die Leute zu bringen.

So traf es sich gut, dass der Kurzwarenfabrikant ***Hans Prym*** am 25. Juli 1903 erstmals in einem Brief seinen Gedanken Ausdruck verlieh, wie man den Druckknopf entscheidend verbessern könnte. Die Lösung war ein rostfreier Bronzedraht in Form einer S-Feder, die Prym ins seitlich geschlitzte Oberteil einfügte. Hans Prym stammte aus einer Unternehmerfamilie und hatte mit der Vermarktung seiner Ideen keine Probleme. So wurde sein Druckknopf schon sehr schnell am 1901 erfundenen Fließband hergestellt. Parallel schaltete der gewiefte Kaufmann teure Werbung im ebenfalls gerade erst erfundenen Kino und lockte seine Kunden mit Druckknopf-Preisausschreiben und Rabattmarken.

Kein Wunder, dass unsere Druckknöpfe bis heute eng mit dem Namen Prym verbunden sind. An Heribert Bauer erinnert nicht viel mehr als eine verstaubte Akte im Archiv des Deutschen Patentamts.

Den Druckknopf gab es vermutlich schon lange vor der christlichen Zeitrechnung. Das belegt sein Vorkommen an den Bronzewagen der berühmten chinesischen Terrakotta-Armee (210 v. Chr.).

15 Millionen Druckknöpfe täglich produziert die William rym Holding heute. Die Familie Prym ist seit dem 16. Jahrhundert in der Messingherstellung und -verarbeitung tätig und damit vermutlich das älteste industrielle Familienunternehmen Deutschlands.

Duden (1880)

Konrad Duden war Lehrer – wer sonst hätte solch ein Nachschlagewerk erfinden können?

Wir befinden uns im Jahre 1829: *Konrad Duden* wird auf Gut Bossigt am Niederrhein geboren, als Sohn eines Gutsbesitzers und Branntweinbrenners. Später besuchte Konrad das Gymnasium in Wesel, wo ein Lehrer seinen Abituraufsatz 1846 mit den Worten kommentierte: »Sein deutscher Stil ist korrekt und zeugt von Nachdenken.«

Danach studierte er vier Semester Geschichte, Germanistik und klassische Philologie in Bonn, promovierte in Marburg, entschied sich für die Lehrerlaufbahn und arbeitete als Hauslehrer in Genua. 1859 kehrte er nach Deutschland zurück, wo er in Soest als Oberlehrer und Prorektor sein Geld verdiente. 1869 wurde er Rektor am altehrwürdigen, 1656 gegründeten »Fürstlich Reußischen Gymnasium« in Schleiz im damaligen Fürstentum Reuß.

Deutschland bestand zu dieser Zeit noch aus vielen kleinen Einzelstaaten. Von einer einheitlichen Rechtschreibung konnte nicht die Rede sein. Die Regeln variierten von Landstrich zu Landstrich, teilweise sogar von Schule zu Schule. Auch im Fürstentum Reuß bedurfte das veraltete Bildungswesen dringend einer Reform. Umso mehr, als sich der Ort Schleiz, der heute zu Thüringen zählt, aufgrund der Nähe zu Franken und Sachsen auch damals schon durch ein munteres Dialektgewirr auszeichnete. Kein Wunder also, dass die Gymnasiasten recht unterschiedliche mundartliche Ausdrücke benutzten, je nachdem ob sie aus Thüringen, Sachsen oder Franken stammten.

Dem Lehrer stand es zu, zu urteilen, welches Wort wie geschrieben wurde, auch wenn das mitunter bei den Schülern auf wenig Verständnis stieß. Dem feinsinnigen Rektor Konrad Duden blieb nicht verborgen, dass es dadurch immer wieder zu Irritationen kam. Weshalb er dazu überging, während des Unterrichts anders klingende Begriffe in einem Heft festzuhalten, welches immer vor ihm auf dem Klassenpult lag. Ebendiese Wortsammlung führte bei den Schülern zu wilden Spekulationen: Was notierte sich ihr Rektor wohl im Laufe einer Unterrichtsstunde so alles über sie? Umso erstaunter waren sie, als Dr. Duden das geheimnisvolle Heft eines Tages einmal im Klassenraum vergaß und sie darin Aufzeichnungen über ihre Sprechweise entdeckten.

Je länger Duden in Schleiz unterrichtete, desto klarer wurde ihm, wie unabdingbar eine einheitliche und verbindliche Regelung für die deutsche Rechtschreibung war. Ohne sie liefen die Norddeutschen Gefahr, im Süden des eigenen Landes irgendwann nicht mehr verstanden zu werden, und umgekehrt.

Seine Erkenntnis deckte sich mit den politischen Veränderungen im Land: Im 1871 gegründeten Deutschen Reich, das auf dem Weg zur europäischen Großmacht war, wurden aufgrund der politischen Einheit gerade auch einheitliche Münzen, Maße und Gewichte eingeführt. Insofern war auch eine Angleichung der Rechtschreibung – trotz der kultusministeriellen Eigenständigkeit der deutschen »Bundesstaaten« – naheliegend.

Duden zog sich wochenlang in seine Schreibkammer zurück und verfasste 1872 anhand seiner schulischen Notizen sein erstes Werk mit dem Titel »Die deutsche Rechtschreibung«. Erst acht Jahre später erschien der sogenannte Ur-Duden unter dem Titel »Vollständi-

- In den folgenden Jahrzehnten wurde die deutsche Rechtschreibung von der Redaktion des »Dudens« weiterentwickelt und damit der jeweils vorherrschende Sprachgebrauch dokumentiert. Nach der letzten gemeinsamen 16. Auflage im Jahre 1947 wurde diese Tradition in Mannheim und Leipzig allerdings getrennt voneinander fortgeführt: Es gab den West- und Ost-Duden – in Letzterem fehlten Wörter wie zum Beispiel »Rechtsstaat«, »Weltreise« oder »Republikflucht«. Wiedervereint wurde der Duden 1991 mit seiner 20. Auflage.
- Die aktuelle, 2009 erschienene Auflage enthält 135 000 Stichwörter, darunter auch so skurrile wie das Adjektiv »dummstolz« oder Begriffe wie »Telefonjoker« und »Arschgeige«.

ges Orthographisches Wörterbuch der deutschen Sprache«. Er enthielt bereits 28 000 Stichwörter auf 187 Seiten, Duden war bei seiner Veröffentlichung 51 Jahre alt.

Obwohl der Duden heute aus unseren Bücherregalen nicht mehr wegzudenken ist, spürte der Pädagoge damals durchaus auch Gegenwind in Bezug auf seine orthografischen Verbesserungsvorschläge. Ausgerechnet Reichskanzler Otto von Bismarck als Ministerpräsident von Preußen war zum Beispiel ein erklärter Gegner des neuen Regelwerks und lehnte Dudens Idee als »unnötige Einmischung in die persönliche Freiheit des Einzelnen« ab. Doch Duden ließ sich von derlei Querschlägen nicht entmutigen. Er glaubte an die Richtigkeit seines Unterfangens, und als sein Ur-Duden 1880 erschien, fand dieser denn auch schnell und vor allem weite Verbreitung. Die von Bismarck einst angedrohte »gesteigerte Ordnungsstrafe« spielte da nur mehr eine untergeordnete Rolle.

Der siebenfache Vater und seine wissenschaftlichen Mitarbeiter hatten sich mit ihrem Regelwerk durchgesetzt – weil es sinnvoll aufgebaut war und den Alltag vereinfachte. Der Ratschlag »Schlag halt im Duden nach!« wurde zum geflügelten Wort bei Unsicherheiten in der deutschen Rechtschreibung und gilt heute noch für den mittlerweile virtuellen Duden.

Offiziell anerkannt wurde der Duden als Vorlage für eine einheitliche Rechtschreibung trotzdem erst 1902, als der deutsche Bundesrat Dudens »Regeln für die deutsche Rechtschreibung nebst Wörterverzeichnis« für alle Bundesstaaten des Deutschen Reiches als verbindlich erklärte.

Der gute Ruf von Konrad Duden bescherte dem Schleizer Gymnasium einen großen Aufschwung: den 90 Schülern aus dem Jahr 1868 standen 1875 bereits 200 gegenüber! Für die Bürger der Stadt war das mehr als erfreulich, denn die Zimmervermietung und die Verpflegung der Schüler wurden für sie zu einer wichtigen Einnahmequelle. Das ging so weit, dass in mancher Familie im Hochsommer gefragt wurde: »Halten wir uns im nächsten Jahr ein Schwein oder nehmen wir einen Schleizer Schüler?«

eBay (1995)

»Viel Spaß beim Kaufen und Verkaufen im Web!«, hatte eBay-Erfinder *Pierre Omidyar* den Kunden seiner Homepage »AuctionWeb« gewünscht. Insgeheim hatte der damals 28-Jährige, der ein Reihenhaus in Silicon Valley bewohnte, im September 1995 aber längst die Hoffnung aufgegeben, über seine selbst programmierte Homepage noch einen Käufer für seinen kaputten Laserpointer zu finden – als plötzlich doch noch ein paar Kaufinteressenten online für das defekte Teil boten.

Eine zweite Entstehungsgeschichte von eBay lautet, dass Pierre Omidyar 1995 die Sammelleidenschaft seiner damaligen Verlobten und jetzigen Ehefrau in Sachen »PEZ-Spender« unterstützen wollte – und deshalb eine Online-Seite für Flohmarktartikel erstellte.

Omidyar verschnürte den für ihn wertlosen Laserpointer und schickte ihn an den mit 13,83 US-Dollar Höchstbietenden. Und plötzlich erahnte er das Potenzial, das diese Website in sich trug. Der Amerikaner iranischer Abstammung, der 1988 an der Tufts University in Medford seinen »Bachelor of Science« in Informatik abgeschlossen hatte, träumte gar davon, mit ihr die Welt zu verändern. Kaufinteressierte würden auf seiner Website künftig mit Verkäufern Geschäfte machen, die sonst niemals in der Welt zustande kämen.

Zu dieser Zeit hieß eBay noch »AuctionWeb«, hatte gerade einmal sieben verschiedene Produktkategorien und war von dem unkonventionellen, stets in Shorts herumlaufenden Programmierer mit Pferdeschwanz, Bart und Brille rein zur Übung geschrieben worden. Die wenigen dort angebotenen Artikel waren in der Regel technische Geräte oder gebrauchtes Zubehör für Computerfreaks. Aus Kostengründen lief »AuctionWeb« vollkommen amateurhaft anmutend auf dem Server von Omidyars privater Homepage.

Selbst Omidyars Bekanntenkreis stand der Auktionshaus-Idee skeptisch gegenüber. Mitte der 1990er-Jahre war das Internet noch so unbekannt und wenig etabliert, dass selbst renommierte Unternehmen ihre jahrelangen Kunden nur mit größter Mühe dazu animieren konnten, Geld auf ihrer Homepage auszugeben. Wie viel schwieriger mutete es da an, Menschen davon zu überzeugen, auf einer kleinen,

An fast jeder eBay-Auktion verdient die eBay Inc. 1,5 Prozent bis 4 Prozent des Warenwerts.

völlig unbekannten Homepage mit Fremden mittels Online-Auktionen Geschäfte zu machen?

Trotzdem war die Plattform – mehr oder weniger durch Mundpropaganda – von Beginn an erfolgreich. Zwei Jahre später, 1997, wurde dort bereits der millionste Artikel verkauft. Omidyar war an jedem Verkauf mit einer kleinen Gebühr beteiligt und finanzierte damit den Ausbau der Internetseite.

Als 1999 die deutsche Plattform Alando mit eBay fusionierte, waren bereits zehn Millionen User registriert. Auch der Börsengang an der US-amerikanischen Technologie-Börse Nasdaq war 1998 ein voller Erfolg. Allein die Neuemission machte Pierre Omidyar zum Milliardär. Heute ist eBay mit rund 15 000 Mitarbeitern und ca. 1,8 Milliarden US-Dollar Jahresumsatz vermutlich die erfolgreichste Internetplattform der Welt. Neben dem weltweiten Online-Marktplatz verdient eBay sein Geld vor allem mit seinem Bezahldienst PayPal.

Eis am Stiel (1923)

Nicht immer bedarf eine Erfindung jahrelanger Tüftelei. Manchmal muss der Erfinder einfach nur ein wenig Glück haben, einen wachen Verstand und ein gutes Gefühl für die Alltagsbedürfnisse der Menschen.

Dies alles traf auf den Amerikaner ***Frank Epperson*** zu, der 1905, als elfjähriger Knirps, in San Francisco ein Glas mit aufgelöstem Brausepulver achtlos im Freien stehen ließ. Die Limonade, in der

- Speiseeis, das man in Waffeln oder aus Bechern isst, kannten schon die alten Chinesen vor 5000 Jahren.
- 1924 kam Eis am Stiel von den USA nach Deutschland und ist seitdem ein Renner bei Groß und Klein.

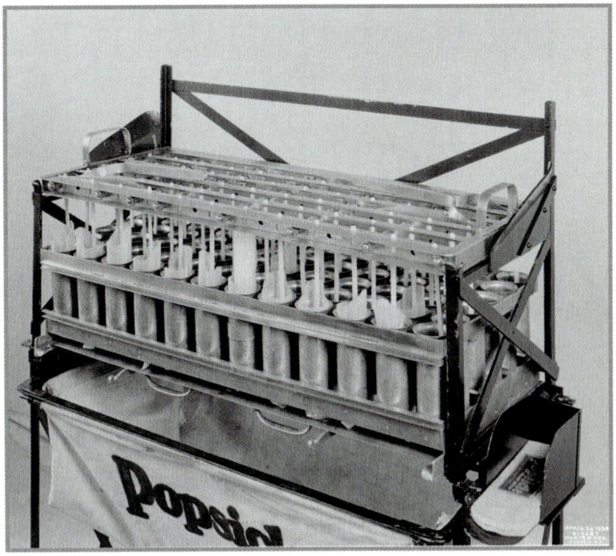

Popsicle-Eismaschine von 1930: Die Nachfrage war groß.

ein Löffel steckte, gefror über Nacht zu Eis, da es ausgerechnet in dieser Nacht extrem kalt geworden war. Als Epperson am nächsten Morgen den Löffel aus dem Glas nehmen wollte, hielt er das erste Eis am Stiel in der Hand. Er taufte es »Epsicle« und zeigte es seinen Freunden, die von dem Wassereis hellauf begeistert waren.

18 Jahre später, 1923, erinnerte sich Epperson, der mittlerweile sein Geld mit Immobilien verdiente, an seine zufällige »Erfindung« im Kindesalter und begriff, dass seine Entdeckung markttauglich sein könnte. Auf gut Glück produzierte er ähnlich aussehende »Eiszapfen mit Fruchtgeschmack« in sieben verschiedenen Geschmacksrichtungen und bot sie zunächst einmal Besuchern des kalifornischen Vergnügungsparks »Neptune Beach« an. Seine – später angeblich seinen Kindern zuliebe in »Popsicle« umbenannten – Eislutscher kamen bei den Leuten an. So gut, dass er seine »gefrorene Süßigkeit« 1924 zum Patent anmeldete und sie nun maschinell produzieren ließ. Vermarktet wurde »Popsicle« als »gefrorener Drink am Steckerl« – auf Englisch »a frozen drink on a stick«.

1925 verkaufte Epperson seine Erfindung, vermutlich aus Geldnot, an die »Joe Lowe Company« in New York, die das Wassereis am Stiel unter dem Namen »Popsicle« auf den amerikanischen Markt brachte – und damit einen wahren Hype auslöste! Drei Jahre spä-

!

Am 9. Oktober 1923, also bereits ein Jahr vor Frank Eppersons Patentanmeldung der »frozen confectionery«, ließ sich der Amerikaner Harry B. Burt Senior den sogenannten »Rahmeislutscher« patentieren. Allerdings galt das Patent dem Herstellungsprozess, und sein Eis am Stiel war auch kein Wassereis, sondern ein Vanilleeis mit Schokoladenüberzug. Dessen ungeachtet gilt Harry B. Burt Senior, ein Produzent von Lutschern aller Art, für viele als offizieller Erfinder von Eis am Stiel.

ter hatte die Firma angeblich bereits über 60 Millionen Popsicles verkauft.

Inzwischen gibt es Eis am Stiel fast überall auf der Welt, jährlich werden allein von der Sorte Popsicles zwei Milliarden verspeist.

Elektrogitarre (1950)

Es war der Beginn der 1930er-Jahre, als ein paar coole kalifornische Musiker auf die Idee kamen, mit elektrischen Tonabnehmern zu experimentieren. Ihr Ziel: der Gitarre als Band-Instrument mehr Gehör zu verschaffen, aus ihr vielleicht sogar ein Soloinstrument zu machen. Denn neben Klavier, Schlagzeug und Bläsern zogen die akustischen Gitarren meist den Kürzeren.

Eine flache E-Gitarre mit zum Teil massivem Korpus, die der Motorrad-Mechaniker und Instrumentenbauer Paul Bigsby als Auftragsarbeit für den Countrymusiker Merle Travis gefertigt hatte, inspirierte den Elektrotechniker ***Leo Fender*** 1950 zu seiner ersten E-Gitarre. Das Modell erschien unter dem Namen »Esquire«, wurde später in »Fender Broadcaster« und schlussendlich in »Telecaster« umbenannt. Es war die erste in Serie produzierte – und bis heute unverändert gebliebene – E-Gitarre.

Seit der irrtümlichen Verwechslung der Begriffe Tremolo und Vibrato in der Patentschrift der Fender-Gitarre 1950 benutzt die Firma diesen Irrtum als Markenzeichen: Die Verstärker, die tatsächlich über ein »Tremolo« (in Bezug auf mögliche regelmäßige Lautstärkeschwankungen) verfügen, werden mit dem falschen Zusatz »Vibrato« verkauft. Da Leo Fender selbst nie Gitarre gespielt hat und es sogar ablehnte, sich auch nur einen Akkord zeigen zu lassen, kann die Verwechslung tatsächlich auf seinem spielerischen Unvermögen beruhen.

Als Fender dann 1954 die sogenannte »Stratocaster« herausbrachte, besaß diese als eine der ersten Gitarren weltweit einen Tremolohebel. Doch Leo Fender verwechselte – ob gewollt oder versehentlich, ist nicht bekannt – die Begriffe Vibrato und Tremolo bei der Patentanmeldung am 10. April 1956. Das ursprünglich für Vibratos vorgesehene System kam daher irreführend unter dem Namen »Synchronized tremolo« auf den Markt.

Nach der »Fender Telecaster« war die »Gibson Les Paul« die zweite industriell in Serie gefertigte Solidbody-E-Gitarre. Erfunden hatte den Prototyp der Gitarrist Lester William Polfus (alias Les Paul), der 1941 einfach eine akustische Gitarre in zwei Hälften zersägt und den hohlen Klangkörper durch einen geschlossenen Holzblock ersetzt hatte. Über Jahre hinweg rannte Les Paul gegen verschlossene Türen – niemand wollte die scherzhaft auch »The Log« genannte Gitarre (deutsch: der Klotz) bauen.

Auch die Gibson Guitar Corporation in Nashville, Tennessee, konnte sich nicht auf Anhieb mit dem Modell anfreunden, bezeichnete es despektierlich gar einmal als »Besenstiel mit Saiten«. Doch der Gitarrist, der in den 1930ern unter dem Pseudonym »Rhubarb Red« Hillbillymusik veröffentlichte und in den 1940ern in Hollywood unter anderem mit Nat King Cole musizierte, gab nicht auf. 1952 war es dann so weit – 1952 brachte Gibson das Modell unter seinem Namen heraus. Keine schlechte Entscheidung, begeisterte die »Gibson Les Paul« doch so bekannte Musiker wie Frank Zappa, Eric Clapton, Jeff Beck, Pete Townshend oder Gary Moore – und ist heute die beliebteste E-Gitarre weltweit.

In den Goldenen Fünfzigern machten Musiker wie Bill Haley, Buddy Holly und Elvis Presley die E-Gitarre populär. In den 1960er-Jahren war sie aus Rock, Pop und Jazz nicht mehr wegzudenken, viele Titel von Bands wie Rolling Stones, Beatles, Byrds, The Who oder The Jimi Hendrix Experience verdanken der E-Gitarre ihren unverwechselbaren Sound. Die Nachfrage nach E-Gitarren war Mitte der 1960er-Jahre schließlich so groß, dass die Hersteller Produktionsprobleme bekamen. Die E-Gitarre war zum Kultobjekt avanciert.

Emoticons/Elektronische Smileys (1982)

☺😐☹

»Komm auf den Punkt, fass dich kurz!« Dieser oft bemühte Satz scheint für Emoticons geradezu prädestiniert, schaffen die auf der Computer- oder Handytastatur erzeugten Zeichenfolgen doch erstaunliche Klarheit – sofern man sie zu deuten weiß.

> **!**
> (^_^) ist das japanische Lachen für Schreibfaule!
> (@_@) das japanische Emoticon für verwirrter Blick.
> ó_ò bedeutet Trauer.
> 8-) heißt: ein Brillenträger lächelt.
> :-D drückt lautes Lachen aus.

Auf Unkundige wirken sie wie eine Geheimsprache, Insider wissen jedoch sofort, was es mit Zeichen wie :-) oder :-(auf sich hat – entweder: »mir geht es gut« oder »bin gerade schlecht drauf«.

Der Begriff Emoticon setzt sich aus den englischen Wörtern »emotion« (deutsch: Gefühl) und »icon« (Piktogramm im Computerbereich) zusammen und ist treffend gewählt, bieten die Zeichen ihrem Erzeuger doch eine ganze Palette an Möglichkeiten, das eigene Befinden in E-Mails, SMS oder beim Chatten zu beschreiben.

Und genau das ist ein großes Plus für manchmal sehr knapp gefasste elektronische Nachrichten, die bei uneindeutiger Formulierung sonst gerne einmal Missverständnisse erzeugen. Emoticons sorgen für Klarheit und geben den vielfach unpersönlich erscheinenden elektronischen Nachrichten einen persönlichen Touch.

Tausendfach werden die aussagekräftigen Zeichen heute um die ganze Welt geschickt, die sich der Amerikaner ***Scott Elliot Fahlman*** im Alter von 34 Jahren ausgedacht hat. Der 1984 zum Professor berufene Informatiker suchte im September 1982 in einem Onlineforum der Carnegie Mellon University nach einem Zeichen, das ganz eindeutig signalisiert: »Achtung, das ist nur Spaß!« Vorausgegangen waren tagelange, zermürbende Diskussionen der Fachschaft über das Kennzeichnen von ernsten und weniger ernst gemeinten Beiträgen, die täglich am virtuellen Schwarzen Brett der Uni eintrafen. Fahlman schlug daraufhin den elektronischen Smiley :-) als »joke maker« vor.

Fahlmans charmanter Vorschlag, den man mit schief gelegtem

Kopf ansehen muss, fand sofort so viele Freunde, dass er sich gleich an mehreren Universitäten durchsetzte. Weltweit bürgerten sich die Zeichen trotzdem erst Mitte der 1990er-Jahre durch den Boom des Internets ein. Mittlerweile ist ihre Zahl unüberschaubar geworden: Weinen, lachen, zwinkern, mitfühlen, umarmen, laut lachen, brüllen – mithilfe von Emoticons ist alles möglich. Fahlmans elektronische Smileys werden auf der ganzen Welt verstanden.

Nur in Japan lacht, tippt und fühlt man anders: Zum einen grinsen die japanischen Computer-Smileys den Lesern direkt ins Gesicht (^_^) – ohne 90-Grad-Drehung des Kopfes. Zum anderen versuchen Japaner, die Stimmung einer Person eher an den Augen abzulesen als am Mund, wie der Psychologe Masaki Yuki von der Universität Hokkaidō in Sapporo herausgefunden hat, und haben daher viel mehr Emoticons mit unterschiedlichem Augenausdruck.

Fahlmans erster Entwurf 1982 basierte auf dem 1963 vom amerikanischen Werbegrafiker Harvey Ball erfundenen gelben Smiley-Anstecker – zwei Punkten und einem gebogenen Strich in einem gelb ausgemalten Rund. Ball hatte den fröhlichen Anstecker für 45 US-Dollar für eine amerikanische Versicherungsgesellschaft entworfen, die damit ihr Betriebsklima heben wollte. Weil Ball den Entwurf nicht patentrechtlich schützen ließ, verdienten andere, gewieftere Geschäftsleute mit dem heute weltweit bekannten Motiv viel Geld.

Esperanto (1887)

Wenn Martin Lang aus Lübeck seine Tochter Marion nach der Schule mit »Kiel estis via tago?« begrüßt, snackt er nicht etwa Plattdeutsch. Was sich für viele fremd anhört, heißt in Esperanto einfach nur: »Wie war dein Tag?« Martin Lang ist Deutscher, aber seine ganze Familie spricht auch Esperanto, eine Kunstsprache, die der polnisch-jüdische Augenarzt ***Ludwik Lejzer Zamenhof*** 1887 der Öffentlichkeit vorstellte.

Ludwik Zamenhof ersann seine Kunstsprache bereits als Teenager.

Seine Vision war eine weltumspannende: Zamenhof sah alle Menschen als Brüder und Schwestern, die sich trotz ihrer unterschiedlichen kulturellen und sprachlichen Herkunft miteinander verständigen können sollten.

Zamenhof selbst stammte aus dem damals noch zu Russland, heute zu Polen gehörenden Bialystok, wo Ende des 19. Jahrhunderts Russen, Polen Juden und Deutsche ohne größeren Kontakt nebeneinanderher lebten – alle fixiert auf die eigene Sprache und die eigene Volksgemeinschaft.

Mithilfe der Kunstsprache Esperanto, die Zamenhof bereits als Teenager ausgearbeitet hatte, sollten sich die Völker endlich auf »sprachlich neutralem Boden« verständigen können. Jeder sollte daher die logisch strukturierte internationale Sprache zusätzlich zur eigenen Muttersprache erlernen, so die Vision des Arztes und Philologen.

Zamenhofs Leidenschaft für Fremdsprachen ergab sich bereits in seiner Kindheit: Sein russischer Vater arbeitete als Sprachlehrer, leitete phasenweise sogar eine eigene Sprachschule und beherrschte neben der russischen Muttersprache Deutsch und Französisch. Das faszinierte den wissbegierigen Sohn – und schulte sein Ohr für fremde Sprachen. Mit seiner traditionsverbundenen Mutter Rozalja sprach Ludwik Zamenhof hingegen Jiddisch. Und beim Spielen auf der Straße lernte er Polnisch.

In der Schule kamen dann Griechisch, Latein und Englisch hinzu. Außerdem muss Zamenhof auch noch Hebräisch-Kenntnisse gehabt haben – wie sich Jahre später zeigte, als er das Alte Testament in Esperanto übersetzte.

Zamenhof war gerade einmal 18, als er den ersten Anlauf nahm, eine Plansprache ins Leben zu rufen. Er nannte sie »Lingwe Uniwersale« und stellte sie seinen Freunden 1877 auf seinem 18. Geburtstag vor. Leider sind davon heute nur mehr Bruchstücke erhalten. Zehn Jahre später, am 26. Juli 1887, unternahm er dann einen zweiten, offiziellen Versuch und veröffentlichte eine 40-seitige Broschüre zum Thema »Internationale Sprache« auf Russisch.

Er wollte aber keinesfalls als Spinner abgetan werden und bangte um seine Seriosität als Arzt, deshalb veröffentlichte er das Ganze unter dem Pseudonym »Dr. Esperanto«, was in seiner neu erfundenen Plansprache wörtlich übersetzt »ein Hoffender« bedeutet.

Rasch sollte sich Zamenhofs Pseudonym jedoch als Synonym für die von ihm erdachte Sprache selbst einbürgern. Und da Zamenhof seine Schriften gerne in grün gebundenen Broschüren verteilte und Grün zudem die Farbe der Hoffnung ist, verwundert es nicht, dass die Esperantisten als Symbol für ihre Bewegung einen fünfzackigen Stern auf weißem Grund wählten. Es war etwa um die Jahrhundertwende, 1900 also, als sich Esperanto, von Russland kommend, auch in Schweden und in Westeuropa herumsprach. Rund 15 Jahre später hatte die Kunstsprache schließlich fast alle Kontinente erobert, es gab Ortsgruppen und Landesverbände in Asien, Afrika, Amerika, Australien und Europa – nur in der Antarktis gibt es wohl heute noch keine Esperantisten.

> Esperanto nutzt 28 lateinische Buchstaben und hat nur 16 grammatische Grundregeln. Substantive enden auf o, Verben in der einfachen Form auf i, Adjektive auf a. Viele Vokabeln sind eng verwandt mit den romanischen Sprachen. »Denaska Esperantisto« heißen diejenigen, die Esperanto von Geburt an sprechen. »Heute sprechen weltweit rund 100 000 Menschen fließend und regelmäßig Esperanto, rund 2000 davon leben in Deutschland«, laut dem Deutschen Esperanto-Bund (DEB).

1905 trafen sich zum ersten Mal Esperantisten aus aller Welt zum Weltkongress in der nordfranzösischen Stadt Boulogne-sur-Mer, und 1918, nach Beendigung des Ersten Weltkriegs, sollte die Sprache dann einen wahren Boom erleben: Auf einmal gab es Kinder, die Esperanto als Muttersprache mit der Milch einsogen, und Hunderttausende von Erwachsenen, die freiwillig Vokabeln lernten, obwohl ihre Schulzeit lange vorbei war. Die eifrigsten von ihnen übernahmen Fleißaufgaben und transferierten bändeweise klassische Literatur ins Esperanto. Zamenhof hatte geschafft, wovon er schon als Kind geträumt hatte: dass sich seine Plansprache ihren eigenen Weg bahnte und so weltweit zur Völkerverständigung beitrug.

Insbesondere für Arbeiter, die nie eine weiterführende Schule besucht hatten und keine Fremdsprache beherrschten, eröffnete Esperanto eine Chance, endlich auch mit Menschen aus anderen Ländern in Kontakt zu treten. Diese Chance währte allerdings nicht lange, Anfang der 1930er-Jahre verunglimpfte Hitler Esperanto als »Waffe des Weltjudentums«, Stalin ging noch weiter und veranstaltete sogar eine regelrechte Hetzjagd auf Esperantisten, die er aufspüren und in Arbeitslager stecken ließ.

- Der deutsche Geistliche Johann Martin Schleyer entwickelte 1879/80, also fast zur gleichen Zeit wie Zamenhof, die Plansprache »Volapük«, mit der Esperanto konkurrierte. Doch »Volapük« scheiterte bald an Streitigkeiten unter seinen Anhängern.
- Johannes Paul II. überbrachte seit 1994 als erster Papst die vielsprachigen Oster- und Weihnachtsglückwünsche auch in Esperanto. Papst Benedikt XVI. setzt diese Tradition bis heute fort.

Nach den Schrecken des Zweiten Weltkriegs 1945 war der weltumspannende Faden endgültig gerissen, die wenigen übrig gebliebenen Anhänger schafften es nicht, das Netzwerk wieder zu flicken. Längst standen sich Ostblock und Westmächte feindselig gegenüber, statt auf Kommunikation setzte man auf Konfrontation. Und als wiederum Jahrzehnte später der Kalte Krieg endlich vorbei war, hatte sich Englisch als weltweite Verkehrssprache etabliert.

Facebook (2004)

Im Juni 2011 nutzten laut Aussage der Internet-Plattform Facebook bereits 687 Millionen Menschen weltweit die Kontakt-Website, um mit anderen ihr Privatleben zu teilen. Das entspricht etwa einem Zwölftel der Weltbevölkerung. Allein in Deutschland »facebooken« aktuell rund 22 Millionen Menschen. Eine unglaubliche Entwicklung, wenn man bedenkt, dass die von ***Mark Zuckerberg*** erfundene Internetseite erst am 4. Februar 2004 online gegangen war.

Den 1984 geborenen Zuckerberg hat Facebook zum jüngsten Selfmade-Milliardär aller Zeiten gemacht. Der Sohn eines Zahnarztes und einer Psychiaterin besuchte die Elite-Universität Harvard in Cambridge und brach sein Studium mit 19 Jahren ab, um seine Idee im trendigen Silicon Valley in Kalifornien in die Tat umzusetzen.

Als Schüler hatte Zuckerberg bereits eine Musiksoftware entwickelt, die sogar Microsoft aufhorchen ließ. Und er hat die skandalträchtige Internetseite »FaceMash« geschaffen, auf der die User Fotos von Harvard-Studentinnen nach ihrer Optik bewerten konnten. Die Seite führte zu regelrechten Tumulten im Elite-College und machte Zuckerberg bei seinen Kommilitoninnen nicht eben beliebt. Zudem hätte sie fast zum Rauswurf des Computerfreaks aus Harvard geführt.

Doch die ganze Aufregung machte ihn auch zum Gesprächsthema Nummer eins an der renommierten Hochschule und verdeutlichte ihm, dass es ein ausgeprägtes Bedürfnis der Studenten nach einer neuen Art von Kom-

!

Mark Zuckerberg musste sich in Sachen Facebook schon mehrfach vor Gericht verantworten, zwei Klagen dürften den jungen Milliardär allerdings besonders heftig getroffen haben: zum einen der Vorwurf der ehemaligen Harvard-Kommilitonen, Cameron und Tyler Winklevoss, die behaupten, Zuckerberg habe ihnen ihre Idee gestohlen und klammheimlich sein eigenes soziales Netzwerk namens Facebook daraus gemacht. Zuckerberg ließ sich 2008 vor Gericht auf einen Vergleich mit den Brüdern ein, um den Rechtsstreit aus der Welt zu räumen. Die Zwillinge erhielten 20 Millionen US-Dollar in bar und 45 Millionen US-Dollar in Aktien.

Das zweite Mal war es die Klage von Eduardo Saverin, einem der Mitbegründer von Facebook und seinem ehemaligen besten Freund. Saverin klagte gegen sein plötzliches, von Zuckerberg initiiertes Ausscheiden aus der Firma. Auch mit ihm schloss Zuckerberg einen Vergleich und zahlte ihm eine Abfindung in unbekannter Höhe.

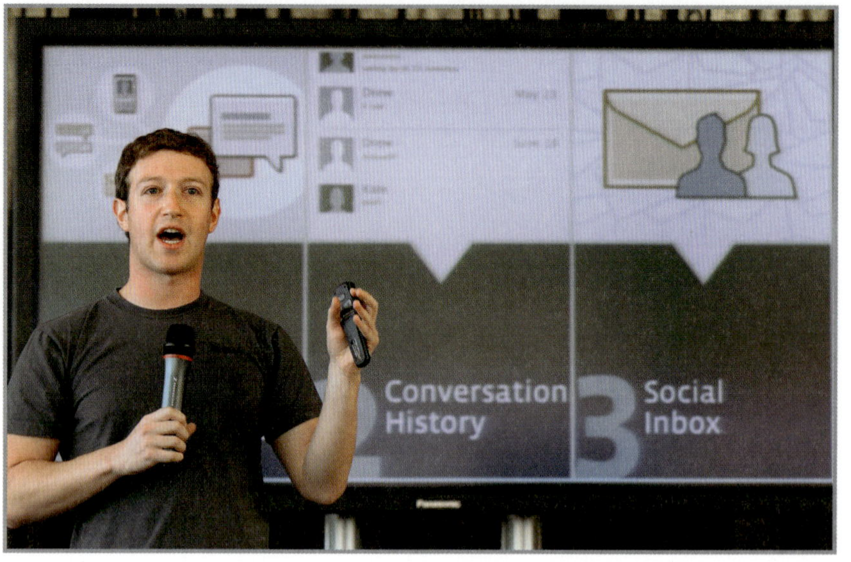

Mark Zuckerberg fing 2004 bei null an; 2012 taxieren Experten den Wert seines Unternehmens auf 100 Milliarden US-Dollar.

munikation gab. Und inspirierte ihn 2004 zu »The Facebook«, seinem größten Wurf: einer zusammen mit zwei Freunden entwickelten uni-internen Plattform, auf der Kommilitonen im Internet miteinander chatten und Freundschaften schließen konnten.

Der Zuspruch war auf Anhieb so groß, dass Zuckerberg sein Portal erst für andere Universitäten, dann für Schulen und 2006 für die ganze Welt öffnete. Aus der Studenten-Homepage entwickelte sich schon bald eine Internet-Plattform, die weit über Harvard hinaus Bekanntheit erlangte. In wenigen Monaten war Facebook zu einem weltweit genutzten sozialen Netzwerk herangewachsen. Und Zuckerberg verstand es, sich auf die Bedürfnisse der Facebook-User einzustellen: Heute kann man dort längst nicht mehr nur mit einem Freund oder

- Die Anmeldung bei Facebook ist kostenlos. Allerdings sind die Inhaber von Netzwerkseiten wie Facebook durchaus am Geldverdienen interessiert – und das tun sie über die Userdaten ihrer Klientel.
- Anfang November 2010 wurde sogar Königin Elisabeth II. Mitglied der Facebook-Gemeinde. Auf ihrer Seite informiert sie über offizielle Termine der königlichen Familie. Als potenzielle Facebook-Freundin eignet sich die Queen trotzdem nicht – das »Anstupsen« der Queen zwecks Kontaktaufnahme ist nämlich untersagt.

einer Freundin chatten, sondern auch Musiktitel mit anderen Usern teilen, posten, einen privaten Flohmarkt veranstalten, persönliche Fotos und Videos einstellen oder Freunde und Bekannte einfach mal virtuell »anstupsen«.

Bereits drei Jahre nach dem ersten Online-Auftritt, also 2007, war Facebook so erfolgreich, dass Microsoft für weniger als zwei Prozent des hippen Portals sagenhafte 240 Millionen US-Dollar hinblätterte! Und der Höhenflug des ehemaligen Studenten-Startups hält an. Sogar die amerikanische Investmentbank Goldman Sachs soll zum

2007 witzelte das US-Satireblatt »The Onion« noch über Zuckerberg und bezeichnete ihn als »aufgeblasenen kleinen Scheißer hinter dem jüngsten Internet-Phänomen«. Mittlerweile hat der Name Mark Zuckerberg unter Geschäftsleuten einen Ruf wie Donnerhall. 2010 wurde seine Karriere sogar als Kinofilm mit dem Titel »The Social Network« verfilmt. Spitzenmanager aus Wirtschaft und Politik lauschten in Davos 2008 seinem Vortrag. Selbst bei solch hochkarätigen Auftritten provoziert der Selfmade-Milliardär jedoch gerne durch unangepasstes Verhalten: In einer Fernseh-Talkshow trat er 2007 beispielsweise in Badelatschen auf, und bei der Risikokapitalfirma Sequoia, der Zuckerberg den Großteil seiner Anschubfinanzierung verdankt, präsentierte er sich sogar einmal im Schlafanzug!

Jahresbeginn 2011 laut US-Medienberichten mit 450 Millionen US-Dollar bei Facebook eingestiegen sein. Und das, obwohl Facebook bis zur Ankündigung seines Börsengangs Anfang Februar 2012 noch nie detailliert Auskunft über seine Finanzen gegeben hatte – was es als im Privatbesitz befindliches Unternehmen auch nicht musste.

Wie eine Bombe schlug daher die Pressemeldung ein, dass das soziale Netzwerk am 1. Februar 2012 die Unterlagen für seinen lang erwarteten Börsengang bei der US-Börsenaufsicht SEC eingereicht habe. Experten taxierten den Wert des gerade einmal acht Jahre alten Unternehmens bis dahin auf unglaubliche 100 Milliarden US-Dollar – was dem Wert aller börsennotierten Unternehmen des an Erdöl reichen Landes Saudi-Arabien entspräche.

Fahrrad (1817)

Auslöser für die Erfindung des Fahrrads war letzten Endes eine Naturkatastrophe: nämlich der extrem starke Ausbruch des Vulkans Tambora auf der Insel Sumbawa in der Nähe von Bali im Jahr 1815. Weil dabei rund 150 Kubikkilometer Staub, Asche und Schwefelverbindungen in die Atmosphäre gelangten, wirkte sich der Ausbruch gravierend auf das Weltklima aus, sodass nach mehreren Missernten auch in Deutschland die Menschen hungerten. In ihrer Not schlachteten sie deshalb alle Pferde. Doch nun fehlte ihnen ein wichtiges Transportmittel.

> ! Bis heute ist nicht einwandfrei geklärt, wer als Erster Pedale an das Zweirad montierte: Es kursieren die Namen des Schotten Kirkpatrick Macmillan, des Engländers Galvin Dalzell, der Franzosen Alexandre Lefebvre, Ernest und Pierre Mechaux sowie des Deutschen Philip Moritz Fischer.

Inmitten dieser Hungerkatastrophe entwickelte der badische Forstmeister und Erfinder ***Karl Freiherr von Drais*** ein sonderbares »pferdeloses« Gefährt, bestehend aus zwei hölzernen Laufrädern, einem hölzernen Gestell und einer ebensolchen Lenkstange.

Seine erste Ausfahrt auf dem Zweirad am 12. Juni 1817 mit 15 km/h vom Mannheimer Schloss zum Schwetzinger Relaishaus war der Badener Zeitung »Badwochenblatt« einen exklusiven Artikel wert. Drais musste sich, um vorwärtszukommen, immer wieder mit den Füßen vom Boden abstoßen – Pedale und eine Kette fehlten ja noch. Deshalb nannte Drais sein Gefährt damals auch – angelehnt an die vornehme französische Ausdrucksweise – »Loda« (»locomotion«, frz. für Fortbewegung, und »dada«, frz. für Steckenpferd).

Erst später erfand er den Begriff »Laufmaschine«, aus dem die Zeitungen dann in Anlehnung an den Namen des Erfinders die »Draisine« machten.

Seine zweite Zweiradfahrt der Geschichte unternahm Drais von Gernsbach nach Baden-Baden und erregte damit enorm viel Aufsehen. Um die Menschen für seine Erfindung zu interessieren und sein Laufrad in Baden und darüber hinaus bekannt zu machen, bot Drais öffentliche Fahrten an. Zudem schrieb er in der Zeitung über seine Ideen und Tüfteleien und beeindruckte so auch Großherzog Karl von Baden.

Dieser erklärte Drais 1818 nicht nur zum Professor für Mechanik, sondern erteilte ihm auch ein Patent für sein Vehikel. Denn in der damaligen Goethe-Zeit gab es in Baden noch kein Patentgesetz, die Vergabe von Patenten war ein großherzogliches Privileg. Ein lukratives noch dazu, musste doch ab jetzt jeder Draisinenreiter (so nannte man die Zweiradfahrer umgangssprachlich) im Großherzogtum für die nächsten zehn Jahre eine Drais-Lizenzmarke auf seiner Lenkstange kleben haben. Wer ohne Lizenz erwischt wurde, musste 10 Reichstaler Strafe zahlen, und die Laufmaschine wurde beschlagnahmt. Außerhalb von Baden wurde die Draisine allerdings tausendfach kostenlos (raub-)kopiert und verbreitete sich daher schnell in Deutschland und vielen anderen Ländern. Bis die Draisine 1861 die Grundidee für die Erfindung des pedalbetriebenen Zweirads lieferte.

Fahrstuhl (1853)

Fast wäre *Elisha Graves Otis* zum Goldsuchen in den Wilden Westen abgetaucht. Er hatte seine Habseligkeiten schon verstaut und sich von Familie und Freunden verabschiedet, als 1853 aus heiterem Himmel doch noch zwei New Yorker Unternehmen Interesse an seiner modernen Konstruktion bekundeten, die der damalige Angestellte einer Bettenfabrik in seiner Freizeit ausgetüftelt hatte: Um sich künftig das Matratzenschleppen über ganze Stockwerke zu ersparen, hatte der ausgebildete Mechanikermeister einen Lastenaufzug erfunden. Ähnliche Lastenaufzüge hatten zwar schon die Alten Ägypter genutzt, dafür allerdings auch jedes Mal ihr Leben riskiert. Denn im Unterschied zu Otis' Konstruktion gab es in der Antike für den Fall eines Absturzes noch keine automatische Sicherung. Das neue Aufzugsystem besaß an jeder der vier Seiten des Schafts eine gezackte Führungsschiene, die den Fahrstuhl im Falle eines Seilrisses sofort festgehalten hätte – ebendiese Neuerung war revolutionär.

Tatsächlich kann man wohl einen 300-Meter-Absturz mit einem Fahrstuhl überleben. Das beweist zumindest die Geschichte der Amerikanerin Betty Lou Oliver. Sie stürzte 1945 mit dem Aufzug vom 75. Stock des New Yorker Empire State Building in die Tiefe, überlebte und steht seither mit diesem ungewöhnlichen Rekord im Guinnessbuch.

1930 war es auch in Privathäusern noch üblich, vom Liftboy chauffiert zu werden.

Als Otis seine Erfindung 1853 auf der Weltausstellung in New York erstmals vor größerem Publikum präsentierte, führte er absichtlich eine Situation herbei, die bei so manchem Albträume auslöst: Meter um Meter ließ er sich von seinem Assistenten auf dem Lastenzug in die Höhe ziehen. Hunderte von Zuschauern, die Otis' Einladung in den Kristall-Palast gefolgt waren, beobachteten den Mann, der sich für seinen großen Auftritt in Frack und Zylinder geworfen hatte. Als er knapp unter der Decke angekommen war, bedeutete er seinem Assistenten wie abgesprochen, das Zugseil durchzuschneiden. Die Damen kreischten hysterisch, die Männer sprangen auf und schrien. Der Lastenaufzug war in der Zwischenzeit mit einem abrupten Ruck auf halber Höhe hängen geblieben. Er wackelte, doch er war nicht wie befürchtet abgestürzt. Otis stand sicher, nur ein wenig tiefer als zuvor. »All save, Gentlemen«, rief Otis, »alles sicher, meine Herren.«

Der Spruch sollte denn auch zeitlebens mit dem Farmersohn aus Vermont verbunden bleiben, dessen Name heute noch auf jenen Plaketten in Aufzügen steht, die ausweisen, wie viel Personengewicht in einem Aufzug zugelassen ist. Wer weiß, ob es ohne Otis' Erfindung heute überhaupt Wolkenkratzer gäbe?

Fallschirm (1797)

Neben dem Drachen ist der Fallschirm eines der ältesten Luftfahrtgeräte und hat eine entsprechend lange Entwicklungsgeschichte. Bereits im Jahr 1306 sollen Fallschirmkünstler den chinesischen Kaiser Fo-Kien bei dessen Krönungsfeier mit Sprüngen von Türmen belustigt haben.

Von 1470 stammt ein unsigniertes Manuskript aus Italien mit einem fallschirmähnlichen Entwurf, der technisch allerdings noch unausgegoren war. Diesen Vorwurf kann man der ausgefeilten Skizze von Leonardo da Vinci aus dem Jahr 1483 nicht mehr machen, die das Universalgenie in seinem Buch »Codex Atlanticus« anfertigte. Doch Leonardo blieb bei der reinen Theorie. Es sollte über ein Jahrhundert dauern, bis der gebürtige Ungar Fausto Vernio erstmals mit einem nach dieser Skizze gefertigten Fallschirm von einem venezianischen Glockenturm absprang.

1783 schwebte dann der Franzose Louis-Sébastien Lenormand in Montpellier mit einem Fallschirm vom Turm des Observatoriums.

Den Sprung mit einem selbst gebauten Fallschirm aus mehreren Hundert Metern Höhe wagte allerdings erst 1797 der Franzose ***André-Jacques Garnerin*** – und gilt daher als Erfinder des Fallschirms. Garnerin war Perfektionist und plante seine Aktionen generalstabsmäßig. Trotzdem war bei seinem ersten Versuch ein paar Wochen zuvor die Hülle des selbst konstruierten Wasserstoffballons, der ihn in die Lüfte heben sollte, noch vor dem Start zerplatzt.

Doch diesmal lief alles nach Plan: Punkt 17.28 Uhr erhob sich sein Ballon und entschwebte dem Park Monceau in Paris. In 700 Metern

Der Russe Gleb Kotelnikow meldete 1912 den Rucksack-Fallschirm zum Patent an. Den ersten Sprung aus einem Flugzeug wagte 1912 US-Army-Captain Albert Berry.

Die erste deutsche Berufsluftschifferin, Käthe Paulus, erfand 1913/14 das »Fallschirmpaket«: Der sogenannte »Paulus-Schirm«, der sich beim Absprung durch eine Sollbruchnaht öffnet und den Fallschirm entfaltet, rettete im Ersten Weltkrieg vielen Artillerie-Beobachtern das Leben. Noch heute kennt jeder Fallschirmspringer den ebenfalls von Käthe Paulus erfundenen »Paulushaken« am Fallschirm.

Der Franzose André-Jacques Garnerin wagte 1797 als Erster den Sprung mit einem Fallschirm.

Höhe nahm Garnerin schließlich allen Mut zusammen und stürzte sich mit seinem Fallschirm in die Tiefe. Er fiel schnell, ohne dass sich der Fallschirm öffnete – was unter den vielen Beobachtern zu Schreckensschreien führte. Erst in letzter Minute entfaltete sich der Schirm und Garnerin landete weich und sicher auf dem Boden.

Ähnlich risikofreudig wie Garnerin war auch seine Ehefrau Jeanne-Geneviève Labrosse. Sie lenkte 1798 als erste Frau ohne fremde Hilfe einen Ballon, 1799 wagte sie dann ebenfalls den riskanten Fallschirmsprung in die Tiefe – aus beachtlichen 900 Metern Höhe.

Fallschirmspringen ist seit den 1950er-Jahren »in«: Den Weltrekord in Sachen Höhe hält seit 1960 der US-Air-Force-Pilot Joseph Kittinger. Mit einem Spezialfallschirm wagte er den Sprung aus einem Ballon in 31 332 Metern Höhe und kam 9 ½ Minuten später wieder sicher auf der Erde an.

Fernrohr (1608)

Der Deutsche ***Hans Lipperhey*** war 1594 mit seiner Familie in die Kleinstadt Middelburg im Südwesten der Niederlande ausgewandert, um dort sein Glück als Brillenmacher zu versuchen. Eines Tages spielten seine beiden Kinder in der Werkstatt mit zwei Linsen, die eigentlich für Brillen geschliffen wurden: Die eine war konvex, dickbauchig, nach außen gewölbt, die andere konkav und nach innen gewölbt. Als die Kinder die Linsen beim Spielen zufällig hintereinander hielten und hindurchblickten, schien ihnen der ferne Kirchturm ihres Städtchens Middelburg plötzlich nur mehr ein paar Meter entfernt zu sein. Aufgeregt zeigten sie ihrem Vater ihre Entdeckung. Der erkannte das Potenzial, baute die zwei Linsen an je ein Ende eines hölzernen Rohres – und fertigte das erste Fernrohr der Welt, das er »looker« taufte (deutsch: »Instrument zum Sehen in die Ferne«). Nach einigen Monaten, in denen Lipperhey mit verbesserten Linsen und verschiedenen Rohrlängen experimentiert hatte, verkaufte er sein Fernrohr an die holländische Armee.

Tatsächlich wurde der »looker« erstmals am 25. September 1608 erwähnt: Der Rat von Seeland schrieb auf Bitten Lipperheys einen Brief an die Ständeversammlung in Den Haag. Dort wurde am 2. Oktober 1608 verhandelt, ob Lipperhey das Patent auf seine Erfindung erhalten sollte. Das ist der erste Nachweis des Fernrohres – und Lipperhey gilt damit als sein Erfinder.

Das Patent erhielt der deutsche Brillenmacher dennoch nicht. Denn schon kurz darauf gingen mehrere Patentanmeldungen auf Fernrohre in Den Haag ein: Auch Lipperheys Nachbar in Middelburg, der Optiker Zacharias Janssen, wollte das Fernrohr erfunden haben, ebenso der niederländische Instrumentenhersteller Jakob Adriaanszoon

Seine Kinder brachten den Brillenmacher Hans Lipperhey Anfang des 17. Jahrhunderts auf die Idee für ein Fernrohr.

(auch Metius von Alkmaar genannt). Daher entschied die Ständeversammlung, der so leicht nachzubauenden Erfindung – von wem auch immer sie stamme – kein Patent zu erteilen.

Die drei gängigsten Fernrohrtypen sind heute: das oben beschriebene holländische oder galileiische Fernrohr; das astronomische oder Kepler'sche Fernrohr und das Zugfernrohr.

Einer der Nachahmer verhalf der Lipperheyschen Erfindung dennoch zu großem Ruhm: In Italien hörte der Astronom Galileo Galilei 1609 von der niederländischen Errungenschaft, entwickelte die Idee weiter und baute ein eigenes, wesentlich besseres Fernrohr, das bereits 20- bis 30-fache Vergrößerungen ermöglichte (Perspicillum).

Galileo revolutionierte mit dem Blick durchs Fernrohr die Weltsicht: Er entdeckte neue Planeten, sah Berge und Täler auf dem Mond, entdeckte die Monde des Jupiter, die eigenartige Gestalt des Saturn und die Phasen der Venus. Wie die Holländer verwendete er ein konkaves Okular. Die spektakuläre Vorführung seines »Perspicillums« genannten Fernrohrs auf dem Campanile von San Marco in Venedig 1609 begeisterte die Italiener.

Fernseher (1923/1927)

Die Erfindung des Fernsehers war nicht die Tat eines Einzelnen, sondern ein Zusammenspiel von mehreren Projekten und Eingebungen. Maßgeblich entscheidend war für die Entwicklung der »Flimmerkiste«, wie der Fernseher gerne mal umgangssprachlich genannt wird, jedoch die Arbeit des Amerikaners ***Philo Taylor Farnsworth***. 1920, gerade einmal 14-jährig, hatte er nämlich im US-Bundesstaat Utah auf dem Kartoffelacker eine Eingebung: Plötzlich begriff er, wie die elektronische Bildübertragung funktionieren könnte. Ähnlich dem Lesen eines Buches, so seine Idee, könnte man auch ein Bild Zeile für Zeile übertragen – mit einem Elektronenstrahl in Kamera und Bildröhre. Exakt so funktionierte Fernsehen wenige Jahre später.

Sein allererstes Fernsehbild übertrug der technisch außergewöhnlich begabte junge Mann am 7. September 1927 in seinem Labor in San

Francisco: Es war ein geschwärztes Glas mit einer freigekratzten Linie in der Mitte, welches Farnsworth vor der Kamera drehte. George Everson, der Farnsworth finanziell unterstützte, saß derweil, reglos vor Ehrfurcht, zusammen mit Farnsworths Frau vor dem Bildschirm und sah die sich drehende Linie.

Erst nach dem Zweiten Weltkrieg zog der Fernseher auch in die privaten Wohnzimmer ein.

Der Erfinder selbst blieb cool, sagte in seiner trockenen Art nicht mehr als: »Bitte sehr: elektronisches Fernsehen.« George Everson hingegen schickte eindeutigere Worte per Telegramm an die anderen Geldgeber: »Das verdammte Ding funktioniert!«

Ein gerissener Schachzug seines Konkurrenten ***Wladimir Kosmitsch Sworykin***, der für die Radio Corporation of America (RCA) arbeitete, brachte Farnsworth jedoch um seine verdienten Meriten: Sworykin, US-Bürger russischer Abstammung, hatte schon 1923 eine Patentschrift für das erste brauchbare Gerät zur elektronischen Abtastung und Zerlegung von Bildern in elektrische Signale (Ikonoskop-Röhre) eingereicht. Obwohl er erst 1933 in der Lage war, den Prototyp tatsächlich zu bauen – sechs Jahre nach Farnsworth!

!

In Deutschland wurde unter den Nationalsozialisten Paul Nipkow als »deutscher Erfinder« des Fernsehens gepriesen. Er hatte bereits als Student 1883 eine rotierende Scheibe mit spiralförmig angeordneten Löchern entwickelt und zum Patent angemeldet (Nipkow-Scheibe), die Bilder mechanisch in Hell-Dunkel-Signale zerlegen bzw. wieder zusammensetzen konnte. Mit der Scheibe lieferte Nipkow die Basis für die Fernsehbildübertragung. Insofern könnte man das Geburtsjahr des Fernsehens auch 1883 ansiedeln. Das Patent für dieses »Elektrische Teleskop zur elektrischen Wiedergabe leuchtender Objekte« ließ Nipkow allerdings nach 15 Jahren verfallen und das entsprechende Gerät zum Patent hat er niemals wirklich gebaut.
Manfred von Ardenne präsentierte 1931 auf der Berliner Funkausstellung auf dem Messestand der Firma Loewe die erste industriell gefertigte elektronische Fernsehanlage. Daher wird auch dieses Datum gerne als »Weltpremiere des elektronischen Fernsehens« gefeiert.

Farnsworth gewann Ende der 1930er-Jahre den Patentprozess gegen Sworykin und die übermächtige RCA trotz deren Großaufgebot an Anwälten – entscheidend war für die Richter, dass Farnsworths ehemaliger Chemielehrer Justin Tolman vor Gericht die Konstruktion wiedergeben konnte, die sein Schüler schon mit 15 Jahren zu Highschool-Zeiten im Kopf gehabt und ihm als komplexes Blockschaltbild an die Tafel gezeichnet hatte.

Doch der Streit zog sich über viele Jahre und mehrere Instanzen. Als Farnsworth endlich recht erhielt, begann der Zweite Weltkrieg, und der Bau von Fernsehgeräten zur Unterhaltung war plötzlich unwichtig geworden. Und nach dem Krieg 1945, als die Leute wieder Zerstreuung suchten und die Nachfrage nach Fernsehern deutlich anstieg, war das Patent von Farnsworth abgelaufen.

Anfang der 1930er-Jahre fehlte dem Fernsehen das Publikum, denn es gab nur einige wenige Fernsehgeräte. Man behalf sich mit »gemeinsamem Glotzen« in sogenannten »Fernsehstuben«, die sich zunächst in Berlin etablierten. Ähnlich unseren heutigen Kinos gab es dort 25 bis 30 Sitze und ein bis zwei Fernsehgeräte. Während der »Vorführung« wurde das Licht ausgeschaltet. 1939 konnte man dann die ersten Modelle für zu Hause kaufen, allerdings noch zu horrenden Preisen. Durch den Beginn des Zweiten Weltkriegs wurde die Produktion aber bald wieder eingestellt. Erst anlässlich der Krönung der englischen Königin Elisabeth II. 1953 und zur Fußball-WM 1954 leisteten sich mehr und mehr Privatleute einen Fernseher, obwohl es zu dieser Zeit in Deutschland mit der ARD nur ein Programm gab. 1963 kam das ZDF (Zweites Deutsches Fernsehen) hinzu. Farbfernsehen konnte erst ab 1967 empfangen werden.

Da die RCA außerdem nicht von ihrem Kurs abwich, RCA-Chef David Sarnoff und Wladimir Sworykin als die Erfinder des Fernsehens zu preisen, zog sich Farnsworth mit seiner Familie deprimiert zurück. Er verfiel dem Alkohol und wandte sich komplett von seiner Erfindung ab, von der er sich ursprünglich erhofft hatte, dass sie ein universales Lehrmittel für Kinder und Eltern sein könnte sowie ein Beitrag zu einer friedlicheren Welt. Als er sah, wohin sich seine Erfindung in wenigen Jahren entwickelte, duldete er in seinem Haus kein Fernsehgerät mehr. Bis zu seinem Tod 1971 erfand Farnsworth, der in Armut starb, über 100 weitere Geräte wie zum Beispiel einen Brutkasten für Babys.

Fieberthermometer (1867)

Zu verdanken haben wir die Errungenschaft unseres Fieberthermometers dem deutschen Physiker und Erfinder Daniel Gabriel Fahrenheit. Die Messgeräte waren zu seiner Zeit allerdings noch an die 60 Zentimeter lang und dadurch – wie man sich unschwer vorstellen kann – sehr unhandlich. Was wiederum recht ungenaue Messergebnisse zur Folge hatte.

Erst gut 130 Jahre später, 1867 nämlich, gelang es dem britischen Arzt ***Sir Thomas Clifford Allbutt***, die wirklich erschreckend großen Vorläufer des Fieberthermometers – die noch dazu fast eine halbe Stunde in den After gesteckt werden mussten, um annähernd auf Körpertemperatur anzusteigen – auf die heutige Länge von vielleicht 15 Zentimeter zu minimieren.

Allbutt war der Sohn eines Geistlichen, arbeitete von 1864–1892 im Krankenhaus von Leeds und dozierte ab 1893 an der Universität Cambridge als Medizinprofessor. Für ihn bedeutete das für uns heute so selbstverständlich existierende Fieberthermometer den absoluten Fortschritt in der Medizin, waren seine Patienten doch zum Großteil Industriearbeiter mit derber Ausdrucksweise. Kamen Allbutt oder seine Assistenten noch zu Zeiten der Monsterthermometer nicht umhin, bei den Arbeitern Fieber zu messen, hörten sie oft »Kommentare, die ich nicht weiter ausführen möchte«, wie Allbutt in seinen Memoiren schrieb.

Die Funktion eines klassischen Quecksilber-Fieberthermometers beruht auf der Ausdehnung von Quecksilber bei Wärmezufuhr. Dann steigt das Quecksilber vom Ausdehnungsgefäß in eine Kapillare auf, die vor einer Messskala befestigt ist.

Die Messwerte seines handlichen und effektiven Minithermometers gaben ab 1867 hingegen mit einem deutlich geringeren

Da die Entsorgung von Quecksilber sowohl bei zerbrochenen als auch bei ausgedienten Thermometern problematisch ist, haben sich mittlerweile Alkohol bzw. Galinstan als Thermometerflüssigkeiten etabliert. In der EU ist der Verkauf quecksilberhaltiger Messgeräte im Gesundheitsbereich seit April 2009 verboten.

Aufwand innerhalb von fünf Minuten genaue Auskunft über den Gesundheitszustand jedes Patienten. Plötzlich standen den subjektiven Krankheitsschilderungen objektiv messbare und einschätzbare Zahlen gegenüber: Über 37,8 ° Celsius auf der Quecksilberskala hieß »krank«, ein Strich darunter war zumindest fiebertechnisch alles in Ordnung.

Das kleine Gerät revolutionierte den Klinikalltag und katapultierte Allbutt und seine Patienten in ein »neues medizinisches Zeitalter«. Systematisch beschrieb er fortan Fieberkurven, Arterien- und Nervenleiden und führte noch ein weiteres Diagnose-Instrument im Klinikalltag ein: das Ophtalmoskop zur Augenuntersuchung, für das ihn 1907 der englische König Eduard VII. zum Ritter schlug.

Fischstäbchen (1955)

Eigentlich gibt es gar keinen Alaska-Seelachs. Den Namen hat die Fischindustrie erfunden: Als die Kabeljau-Bestände überfischt waren, taufte sie den Fisch »Köhler« in Alaska-Seelachs um, weil das hübscher klingt.

Nein, der weißbärtige Käpt'n Iglo ist nicht der Erfinder der Fischstäbchen! Es waren Angestellte der englischen Firma ***»Birds Eye«***, die 1955 auf die Idee kamen, Fisch in Streifen zu schneiden, mit einer Panade zu versehen, zu frittieren und tiefgefroren zu verkaufen.

Hintergrund war, dass man mithilfe von neuen Produkten den kontinuierlich sinkenden Fischkonsum in Großbritannien wieder gezielt erhöhen wollte. Speziell Kinder sollten früher an Fisch gewöhnt werden und ihre Angst vor Gräten überwinden.

Das neuartige Produkt nannte man »Herring Savoury«, was im Deutschen so viel heißt wie »schmackhafter Hering«. Wie bereits der Name verrät, verwendete man ursprünglich Heringsfilets zur Herstellung. Leider mit mäßigem Erfolg, denn die Herings-Fischstäbchen kamen gerade bei den Kids überhaupt nicht an. Als man deshalb dazu überging, stattdessen Kabeljau zu panieren, begann der

Sieben Millionen Fischstäbchen produziert das deutsche Unternehmen Iglo pro Tag. Aneinandergereiht könnte man mit dieser täglichen Produktion eine Strecke von 700 Kilometern Länge bestücken!

Siegeszug der Fischstäbchen, die übrigens erst durch den Fortschritt in der Kühltechnik realisiert werden konnten.

Der Amerikaner Clarence Birdseye hatte 1929 ursprünglich einen Schnellgefrierer entwickelt. Als er seine Firma wenig später verkaufte, behielt diese trotzdem den Namen »Birds Eye« und stellt noch heute unter diesem Namen tiefgekühlte Lebensmittel her. In Deutschland war es die Firma Iglo, die 1959 zum ersten Mal Fischstäbchen verkaufte.

Ein Fischstäbchen ist 9 Zentimeter lang, 2,6 Zentimeter breit und 1,1 Zentimeter hoch und wiegt etwa 20 Gramm. In der Fischfabrik durchlaufen die fertig verpackten Fischstäbchen als letzte Station den Röntgenscanner, der sie auf Metallteile oder andere Fremdkörper durchleuchtet. Im Schnitt vergehen 250 Tage, bis der Fisch nach dem Fang zu Hause bei uns auf dem Teller liegt. Durchschnittlich 23 Stück verspeist jeder Deutsche pro Jahr. Im Laufe der Zeit hat sich der Inhalt mehrmals geändert: Nach Hering, Kabeljau und Alaska-Seelachs wird jetzt der Zuchtfisch Pangasius aus Vietnam verwendet.

FKK-Verein (1891)

FKK ist die Abkürzung für »Freikörperkultur«, was angestaubt klingt und deshalb heute auch Naturalismus oder Nudismus (lat. nudus, »nackt«) genannt wird. Der Grundgedanke dahinter ist gemeinschaftliches Nacktsein, meist in freier Natur. Die FKK-Bewegung gründet auf einer Lebenseinstellung, nach welcher der nackte Körper kein Grund für Schamgefühle ist, sondern vielmehr für Wahrhaftigkeit steht.

Den ersten FKK-Verein der Welt namens »Fellowship of the Naked Trust« (FNT) gründete 1891 der britische Richter ***Charles Edward Gordon Crawford***. Ein Witwer, der in Thane, Indien, für den Bombay Civil Service arbeitete. Der Verein hatte – so schrieb es Crawford einem Freund – nur drei Mitglieder (Crawford sowie die Brüder Andrew und Kellogg Calderwood, die Söhne eines Missionars) und

verfolgte das Credo »Vincat Natura« – lasse die Natur gewinnen. Beitreten konnte jeder, der von mindestens zwei Clubmitgliedern abgenickt worden war und sich bereit erklärte, die Clubregeln einzuhalten. Die besagten, dass alle Mitglieder den Clubsitzungen splitternackt beizuwohnen hatten – nur Brillen, falsche Zähne und Ringe waren erlaubt. Frauen mussten ihr Haar offen tragen und auf Rouge und Gesichtspuder verzichten.

Kollektives Nacktsein: Vor allem in der DDR hatte dieses Lebensgefühl Hochkonjunktur.

Der erste deutsche FKK-Verein entstand 1898 in Essen, wurde damals allerdings noch als beginnender Sittenverfall geächtet. Kein Wunder, war doch vielerorts selbst noch das gemeinsame Baden von Männern und Frauen in der Öffentlichkeit verboten bzw. galt als unmoralisch – obwohl die Badeanzüge der Damen damals noch vom Hals bis über die Knie reichten! Erst 1900 bürgerte sich im Raum Berlin und an Nord- und Ostsee immer mehr das Schwedisch-Baden (»oben ohne«) ein. 1913 gab es in Preußen bereits 50 FKK-Vereine. 1920 wurde der erste offiziell erlaubte Nacktbadestrand auf Sylt eröffnet. Am Ende der Weimarer Republik im Januar 1933 hatten die FKK-Vereine rund 100 000 Mitglieder. Im selben Jahr wurden alle FKK-Vereine per Reichsverordnung aufgelöst bzw. als Sportverbände in den »Bund für Leibeszucht« integriert, also unter staatliche Aufsicht gestellt. Nach dem Zweiten Weltkrieg kam FKK wieder in Mode, wurde aber gerne noch als Spinnerei verspottet. 1953 öffneten schließlich erste FKK-Frei-

1931 fand in Leipzig das erste öffentliche FKK-Schwimmfest statt und im August 1939 gab es in der Schweiz die ersten naturistischen »Olympischen Spiele«. Seit 2001 existiert der Welt-Nackt-Radel-Tag, bei dem nackte Radfahrer weltweit in 25 Ländern und 70 Städten für die Umwelt demonstrieren.

zeitanlagen, aber erst durch die 68er-Bewegung (»Wer zweimal mit derselben pennt, gehört schon zum Establishment«) erhielt die FKK-Szene einen gewaltigen Schub. Plötzlich war öffentliches und gemeinschaftliches Nacktsein »in«, sowohl am Strand als auch auf der Theaterbühne – nur die ältere Generation schüttelte verständnislos den Kopf. Heutzutage sind FKK-Angebote selbst auf Werbeseiten von Reisebüros und Fremdenverkehrsämtern völlig normal.

Der längste deutsche FKK-Strand existiert in Kampen auf der Insel Sylt und genießt bei FKK-Anhängern Kultstatus.

Flashmob (1992/2003)

Typisch. Twitter, das öffentliche Tagebuch für Kurznachrichten im Netz, weiß es wieder mal als Erstes: »Am 4. Dezember findet Flashmob statt! Um 17 Uhr vor dem Hamburger Rathaus«, vermelden alle Smartphones, die mit Twitter per Du sind. Und schon gerät die Masse in Bewegung.

Flashmobs, zusammengesetzt aus dem englischen Begriff »flash« für »Blitz« und »mob« für »Volksmenge, Pöbel«, gibt es seit Anfang der 1990er-Jahre. Sie organisieren sich über Mail, Twitter, Flugblatt oder über soziale Netzwerke im Internet – ohne Anführer und ohne Hierarchie. Es ist eine »Blitzmeute«: Eine Versammlung wildfremder Menschen, die den öffentlichen Unsinn proben: Mal sind es 30, mal 400 Leute.

Zwei Sorten von »Mob« sollte man sich merken, den Flashmob (den spaßorientierten Mob) und den Smart Mob (den schlauen Mob), der die politische Variante bezeichnet und als Protestform gilt. So riefen zum Beispiel im Januar 2001 auf den Philippinen Tausende Menschen blitzschnell mittels Handy und Internet zu einer Demonstration gegen den damaligen Präsidenten Estrada auf. Sobald der korrupte Politiker öffentlich auftrat, erschienen alle ganz in Schwarz. Estrada wurde dadurch schließlich aus dem Amt gejagt. Auch die Handelsgewerkschaft »ver.di« setzte gezielt »Smart Mobs« zur Besetzung und Blockade von Geschäften bei Tarifauseinandersetzungen im Einzelhandel ein.

Am 20. März 2011 flogen am Brandenburger Tor in Berlin die Federn – Tausende waren dem Aufruf zur Flashmob-Kissenschlacht gefolgt.

An verabredeter Stelle führen sie dann zum Beispiel nach Erklingen einer Trillerpfeife einen Indianertanz auf, erstarren zur Salzsäule, ziehen grüne T-Shirts über, rufen »Yeah! Yeah! Yeah!« oder fallen sich laut lachend in die Arme. Nach der verabredeten Aktion verschwinden die Flash Mobber genauso schnell, wie sie gekommen sind.

Ein Schlüsseldatum für dieses Phänomen war der 3. Juni 2003. An diesem Tag lotste der Journalist ***Bill Wasik*** über einhundert Menschen in die Teppichabteilung des New Yorker Kaufhauses »Macy's«, wo sich alle rund um einen teuren Teppich versammelten, dem völlig verdutzten Verkäufer erklärten, dass sie alle zusammen in einer WG lebten und Kaufentscheidungen grundsätzlich gemeinsam träfen – weshalb auch die Anschaffung eines »Liebesteppichs« ein wichtiger Gemeinschaftsakt sei. Nachfolgend betraten etwa 200 Leute die Lobby des Hyatt-Hotels, wo sie alle zusammen 15 Sekunden lang applaudierten, um das Hotel sofort danach wieder zu verlassen. Und zum Schluss strömten die Teilnehmer in ein Schuhgeschäft und gaben sich dort als Touristen aus.

Die Flashmob-Welle schwappte von den USA nach Europa über, wo es im Juli 2003 erste Aktionen in Zürich, Rom und Wien gab. Das Phänomen erlangte für einige Monate große Medienaufmerksamkeit, man sprach auch von »Blinddates unter Selbstdarstellern«.

Der selbst ernannte Erfinder der Flashmobs, Bill Wasik, begründete seine Aufrufe 2006 folgendermaßen: Er wolle zeigen, dass Menschen durchaus nach Konformität streben und gerne Teil der »nächsten großen Sache« werden, wenn diese nur Spaß mache.

Im Herbst 2003 ging das Interesse zurück, erst im Sommer 2007 wurde die Idee wiederbelebt. Anfänglich von Organisationen, die mit Aktionen auf gesellschaftliche Ziele aufmerksam machen wollten. Videos der jeweiligen Events stellen die Akteure heute gerne bei »YouTube« ein.

Fliegenklatsche (1953)

Während das tapfere Schneiderlein der Brüder Grimm Ende des 18. Jahrhunderts die sieben Fliegen noch »auf einen Streich« mit einem Tuch erschlug, »schlappte« bei Wilhelm Busch hundert Jahre später bereits einem Baby die Fliegenklatsche ins Gesicht.

Vielleicht ein Exemplar, das bereits dem ähnelte, das Markus Heidbreder 1922 als »gewehrartige Fliegenklatsche« zum Patent anmelden sollte.

Die heute noch gebräuchlichste Form der Fliegenklatsche stammt allerdings von dem schwäbischen Unternehmer ***Erich Schumm***, der nach dem Zweiten Weltkrieg die Schumm Zuckerwarenfabrik in Murrhardt gründete sowie das Schumm Plasticwerk. Was ihn 1953 zur Erfindung eines Geräts bewegte, das allein dazu dient, summenden Insekten den Garaus zu machen, ist nicht genau bekannt. Vielleicht hatte der findige Fabrikant einfach genug von zerquetschten Fliegen auf Büchern oder Zeitschriften, die ihm bisher zum Töten dienten – und wollte Abhilfe schaffen.

So wie drei andere Männer, die die Insektenplage erfinderisch werden ließ: 1996 meldete Slavko Schön eine Fliegenklatsche zum Patent an, mit welcher »die Berührung zerdrückter Insekten im Rahmen

> Erich Schumm meldete im Laufe seines Lebens über 1000 Patente an. Darunter einen Münzhalter oder auch den nach ihm benannten »Erich Schumms Brennstoff in Tablettenform«, kurz Esbit. Die Würfel, die zum Beispiel beim Campingausflug oder in Modelldampfmaschinen konstant brennen, wurden ein weltweiter Verkaufshit.

ihrer Entsorgung« überflüssig wird. 1998 konstruierte Bodo Maier eine Fliegenklatsche, die auch »an engen Stellen« gegen Insekten eingesetzt werden kann. 2004 meldete Georg Draser eine Fliegenklatsche als Gebrauchsmuster an, bei der die Elastizität der Klatsche ein Ausbluten des Insekts vermeidet – sodass auf dem »Hinrichtungsort« keine Körperflüssigkeiten zurückbleiben. Es gibt inzwischen sogar »Insekten-Klatschen«, die batteriebetrieben sind und mit Strom arbeiten.

Fließband (1901)

»Das geht ja wie am Fließband!« – dieser Ausspruch ist uneingeschränkt positiv gemeint und verdeutlicht, wie sehr das Fließ- oder Förderband die gesamte industrielle Produktion revolutionierte.

Hauptelement des Fließbandes ist der Gurtbandförderer, ein auf Gleitrollen oder auf einer glatten Oberfläche laufendes Band in einer Endlosschleife. Das Fließband arbeitet mithilfe der kinetischen Energie (Bewegungsenergie).

Verwandte Konstruktionen wurden schon im späten 15. Jahrhundert in der staatlichen Schiffswerft »Arsenale Novissimo« in Venedig eingesetzt, wo Schiffe fließbandartig gefertigt wurden. Aber auch in England verwendete man 1833 bereits eine Art Fließband bei der Herstellung von Schiffszwieback und in den USA wurden 1870 die Hälften geschlachteter Schweine in den Schlachthöfen von Cincinnati ebenfalls mittels hochgelegter Transportbänder von einem Arbeiter zum nächsten befördert. Diese Technik fand ihre Perfektion in den Schlachthallen der Union Stockyards in Chicago.

Skurrilerweise dienten die sogenannten »disassembly lines«, wo die geschlachteten Tiere Schritt für Schritt weiterverarbeitet wurden, auch als Vorbild für die »assembly lines« (Montagebänder) der Autoindustrie, die etwa der Autobauer Henry Ford bei der seriellen Fertigung des beliebten Ford T in Detroit (USA) ab 1908 einsetzte.

Tatsächlich war es aber der Gründer der amerikanischen Autofirma Oldsmobile, ***Ransom Eli Olds***, der um 1900 als Erster moderne Formen der Fließbandproduktion in seinem Betrieb in Michigan

Eines der ersten Montage-Fließbänder der Welt stand bei Ford in Detroit.

nutzte. Sein Ziel war es, die Automobilproduktion durch technische Unterstützung zu beschleunigen und die menschliche Arbeit erheblich zu erleichtern. Als er von 1901–1907 das mit einem Benzinmotor ausgestattete Oldsmobile »Curved Dash« erstmals in Großserie bauen ließ, zog er die Fahrgestelle während der Fertigung auf Holzkonstruktionen von Arbeitsstation zu Arbeitsstation. Allein durch diese Maßnahme konnte Ransom Eli Olds seine Produktion in den USA binnen eines Jahres vervierfachen.

Und auch in Deutschland gab es einen Unternehmer, der Ford noch eine Nasenlänge voraus war: Der Bremer Kaufmann Ludwig Roselius produzierte seine Kaffeesorte »Kaffee Hag« ab 1907 im Holzhafen von Bremen ebenfalls mithilfe eines Fließbands.

Flipflops (1997)

Fachverkäuferinnen sprechen gerne mal von »Zehengreifern«, Jugendliche sagen cool »Zehentanga«, während ältere Semester sie meist simpel als »Badelatschen« titulieren. Wie auch immer, die zur Gruppe der Zehenstegsandalen gehörenden Flipflops gibt es seit Jahrtausenden. Sie galten schon im Alten Ägypten als eine der Sandalenurformen. Auch in Japan werden die dort »Zori« genannten Sandalen seit Jahrhunderten als klassische Fußbekleidung getragen. Den Prototyp der Flipflops gibt es also beinahe seit Menschengedenken – wenn auch nicht unter dieser Bezeichnung.

Die korrekte Beschreibung von Flipflops lautet: Badesandalen aus wasserunempfindlichem Kunststoff mit Zehensteg und Schrägriemenbefestigung.

Vermutlich ist der Name »Flipflop« als lautmalerischer Begriff entstanden, der das Geräusch bezeichnen soll, das diese Art Schuhe beim Gehen erzeugen: Beim Ausschreiten mit der Zehenriemensandale gibt es das Flip, das an die Ferse hochklappende Schaumstoffgemisch erzeugt das Flop.

Den Begriff in der Schreibweise »Flip*Flop« ließ sich die Triathletin *Stefanie Schulze* jedenfalls 1997 als deutsche Marke beim Marken- und Patentamt schützen. Ein kluger Schachzug, verkaufte die Marke seither jährlich doch mehrere 100 000 Paar. 2300 Prozent Umsatzsteigerung in fünf Jahren sprechen für sich!

Auf die Idee zu ihren hochwertigen Flip*Flops kam die gebürtige Wiesbadenerin in Kalifornien, wo sie einige Zeit gelebt hatte. Dort sah Schulze bei Wettkämpfen und Hotelaufenthalten ständig Latschen, die jeder trug, sogar an der Hotelbar. Aber die Dinger sahen nicht gut aus, hatten keine angenehme Passform und waren billig gemacht. Doch sie brachten sie auf die Idee, einen Kult zu inszenieren – mit hippen, hochwertigen Kunststofflatschen. Sie suchte und fand eine Firma in Osteuropa, die mit ihr ins Labor ging und so lange Materialien testete, bis sie mit der Konsistenz zufrieden war.

In englischsprachigen Ländern ist der Begriff »flip-flop« kein geschützter Markenname, sondern seit den 1960er-Jahren ein Sammelbegriff für Zehensandalen.

Flipflops – auch Dianetten, Badesandalen oder Zehentanga genannt.

»The shoe must go on«, textete die studierte Werbefachfrau dann 1999 in einer Pressemitteilung, sandte 185 Paar direkt an Modejournalisten, deren Adressen sie sich aus Sparsamkeitsgründen an Zeitungskiosken herausgesucht hatte. Der ganzseitige Bericht eines auflagenstarken Frauenmagazins brachte ihr schließlich den Durchbruch – zur Jahrtausendwende wurden die Flip*Flops zum Kultartikel erklärt und seither nicht wieder ausgezogen.

Frisbee (1955/1967)

Lustigerweise verdankt der Frisbee-Sport seinen Namen und seine Entstehung runden Kuchenblechen. Und zwar den leeren Einwegblechen des amerikanischen Großbäckers William Russel Frisbie aus Connecticut, welche sich die Arbeiter seiner Tortenfabrik »Frisbie Pie Company« spaßeshalber zuwarfen. Später machten es ihnen die

Ein neuer Trendsport in den 1950er-Jahren: das Frisbeespielen.

Studenten der von »Frisbie« belieferten Yale University nach. Um ihre Kommilitonen vor einem heranfliegenden Blech zu warnen, riefen sie angeblich »Frisbie«.

Der Ursprung des Namens ist also geklärt. Doch gleich zwei Männer erheben Anspruch auf den Erfindertitel der Frisbee-Scheibe: zum einen der amerikanische Bastler und Pilot **Walter Fredrick Morrison**, der sich die runden Bleche ebenfalls schon in seiner Jugend mit seiner zukünftigen Frau Lu am Strand zugeworfen haben will. Daraufhin experimentierte er nach dem Zweiten Weltkrieg mit Plastikscheiben und taufte diese »Flying Saucer« (Fliegende Untertasse). 1955 versah Morrison dann seine »Pluto Platter« mit einem breiteren Rand und verkaufte die Rechte an dem Spielzeug 1957 an die Spielzeugfirma »Wham-O« von Richard Knerr; der Erfinder des Hula-Hoop-Reifens machte die fliegenden Untertassen unter dem Namen »Frisbee« zum Verkaufsschlager.

Über 200 Millionen Kunststoffscheiben sind seither als Spiel- und Sportgerät über den Ladentisch gegangen. Einige Millionen davon an amerikanische Studenten, die seit den 1960er-Jahren an ihren Universitäten Frisbee-Meisterschaften austragen.

Der zweite, bereits verstorbene Erfindertitel-Aspirant, **Ed Headrick**, konnte im Gegensatz zu Walter Fredrick Morrison ein Patent

»Ultimate«, die am weitesten verbreitete Frisbee-Disziplin, entstand 1969 an der Columbia Highschool in Maplewood, New Jersey. Der wettkampforientierte Mannschaftssport wird mit einer 175 g schweren Plastikwurfscheibe (Frisbee) in mehr als 40 Ländern gespielt, weltweit dürfte es mehr als fünf Millionen Spieler geben.

vorweisen und gilt daher offiziell als Erfinder des Frisbees. Er wurde 2002 in Kalifornien auf eigenen Wunsch zusammen mit einigen seiner Lieblings-Frisbees eingeäschert.

In den 1960er-Jahren hatte »Steady Ed«, wie sein Spitzname lautete, die »Pluto Platter« von Morrison überarbeitet und mit Rillen versehen. Dadurch flog die Scheibe wesentlich stabiler. 1967 ließ sich Headrick das Frisbee mit Rillen patentieren und wurde so ein reicher Mann.

Seine Faszination für die fliegenden Plastikscheiben erklärte er in einem Interview kurz vor seinem Tod 2002 folgendermaßen: »Das Frisbee hat eine Art Seele. Es steckt mehr dahinter, als etwa einen Ball zu fangen. Es kann Kurven ziehen und wunderschöne Flüge machen.«

> Frisbee ist ein eingetragenes Warenzeichen, das nur Produkten der Firma »Wham-O« zusteht. Sportartikelhersteller werben daher für »Sportdiscs« oder auf Deutsch »Flugscheiben«. Umgangssprachlich hat sich das Wort »Frisbee« aber längst eingebürgert.

Führerschein (1909)

Den ersten Führerschein der Welt, ausgestellt am 1. August 1888 vom Großherzoglich Badischen Bezirksamt, erhielt Karl Benz. Der Autobauer hatte drei Jahre zuvor mit dem dreirädrigen Fahrzeug »Tricycle« das erste Benzinauto mit Verbrennungsmotor und elektrischer Zündung erfunden und 1886 als Benz-Patent-Motorwagen zum Patent angemeldet. Die Fahrerlaubnis berechtigte den Automobilerfinder nun »zur Durchführung von Versuchsfahrten mit einem Patentmotorwagen«.

Auf den noch sehr baufälligen Straßen im ausgehenden 19. Jahrhundert sah man nun vermehrt Kutschen mit einem Verbrennungsmotor, die mit ihren 2 PS aber kaum schneller vorankamen als normale Pferdedroschken. Trotzdem stieg die Nachfrage nach dem neuen Automobil stetig. Daher wurde 1909, als immer mehr Autos die Straßen bevölkerten, ein für ganz Deutschland gültiger Führerschein eingeführt.

Nötig gemacht hat ihn das kaiserliche »Gesetz über den Verkehr

Alter Lappen: Führerschein von 1934.

mit Kraftfahrzeugen vom 3. Mai 1909«, das die Geburtsstunde des amtlichen Führerscheins markiert. Es war die erste rechtsverbindliche Fahrerlaubnis-Regelung für das gesamte Deutsche Reich, verordnet von **Kaiser Wilhelm II**. Aus der bisher gültigen »Chauffeur-Befähigung« bzw. dem »Prüfungsattest für Explosionsmotoren« wurde nun per Gesetz der »Führerschein«.

Ausgerechnet der Chauffeur Kaiser Wilhelms II. hat nie einen »echten« Führerschein, also eine »Chauffeur-Befähigung«, besessen.

Die ersten Exemplare waren allerdings in erster Linie dafür gedacht, die Autofahrer namentlich auszuweisen. Über das Fahrvermögen sagte der Führerschein so gut wie nichts aus.

Das Auto war zu Beginn ein Spielzeug der Reichen. Da die Hersteller den Käufern ihrer Autos aber meist nur eine unzureichende Gebrauchsanweisung mit auf den Weg gaben, etablierte sich bald der Beruf des Chauffeurs. Dessen Aufgabe umfasste neben dem Chauffieren auch Technik, Wartung und Reparatur, was bei den anfälligen Automobilen von damals kein Zuckerschlecken war.

Die »Erste deutsche Autolenkerschule«, 1904 von einem Architekten in Aschaffenburg gegründet, bot zukünftigen Chauffeuren – neben ein paar Fahrstunden – daher in erster Linie mehrwöchige Lehrgänge in Automobillehre, Reparatur, Montage, Elektrotechnik und Physik. Da die Ausbildung bei vielen Fahrschulen aber absolut unzureichend war, erließ man 1910 eine Verordnung, dass Fahrlehrer in Deutschland eine behördliche Zulassung benötigen. Außerdem wurde die Fahrprüfung vereinheitlicht, das Mindestalter von 18 Jahren festgelegt und angehende Fahrer ohne Gesundheitszeugnis und Fahrstunden nicht mehr zur Prüfung zugelassen. Zur Fahrprüfung mussten die Schüler oftmals noch ihr eigenes Fahrzeug mitbringen.

Seit 1910 hat der Führerschein sein Aussehen mehrfach verändert, der »große graue Lappen« wurde erst kleiner und rosa (1986) und mutierte dann zur Plastikkarte (1999). 1986 wurde der »Führerschein auf Probe« eingeführt, 2007 der »Führerschein mit 17«. 2013 soll nun der einheitliche EU-Führerschein kommen.

Bis Ende der 1950er-Jahre galt Autofahren in der Bundesrepublik als Männersache. Frauen mussten ihren Ehegatten um Erlaubnis fragen, wenn sie einen Führerschein machen wollten. Das änderte sich erst am 1. Juli 1958.

Frankreich schrieb 1899 als erstes Land eine einheitliche Führerscheinprüfung vor. In allen anderen europäischen Ländern war der Erwerb des Führerscheins lokal unterschiedlich geregelt – und glich eher einer Formalität denn einer Prüfung: So mussten die Briten zum Beispiel nur eine Gebühr von 25 Pence entrichten, die Niederländer verzichteten ganz auf eine Prüfung. Und in der Schweiz gab es zwar ab 1890 eine Fahrprüfung, ebenso in Österreich ab 1901, doch das Bestehen war keine große Kunst. Erst als sich die Unfälle häuften, wurden strengere Maßstäbe angelegt.

Fußball-Weltmeisterschaft (1930)

Als Mutterland des modernen Fußballspiels gilt England. Der älteste erhaltene Fußball der Welt, der aus einer Schweinsblase und Leder besteht, stammt aus dem Jahr 1540 und war einst im Besitz der schottischen Königin Maria Stuart.

Die FIFA-Fußball-Weltmeisterschaft (WM), die alle vier Jahre Menschen rund um den Globus in ihren Bann zieht, ist allerdings deutlich

Stefan Reuter mit dem WM-Pokal 1990.

jünger: Es gibt sie gerade einmal 80 Jahre. Sie heißt offiziell auch FIFA World Cup (Veranstalter ist der Weltfußballverband FIFA) und ist ein Fußballturnier für Nationalmannschaften, bei dem der Fußball-Weltmeister ermittelt wird.

Als geistige Väter der Fußball-WM, die das erste Mal 1930 in Uruguay stattfand, gelten der langjährige französische FIFA-Präsident ***Jules Rimet*** und ***Enrique Buero*** aus Uruguay. Rimet gründete schon 1897 mit einigen Freunden den französischen Traditionsverein »Red Star Paris«, dem er auch einige Zeit als Präsident vorstand. Als er 1919 außerdem zum Präsidenten des neuen französischen Fußballverbandes (FFFA, später FFF) gewählt wurde, zählte der gerade einmal 20 Mitglieder.

Es waren die Olympischen Sommerspiele in Amsterdam, die Rimet 1928 veranlassten, zusammen mit dem Rinderzüchter Enrique Buero aus Uruguay, der als Geldgeber fungierte, erstmals ein Fußball-Weltturnier zu initiieren.

24 Mannschaften traten an, und Uruguay wurde Olympiasieger – weshalb das Land auch den Zuschlag für die Ausrichtung der ersten Fußball-WM 1930 erhielt. Noch im selben Jahr wurde auf dem FIFA-Kongress mit 25:5 Stimmen festgelegt, die WM ab 1930 alle

- Seit der Fußball-WM 1970 in Mexiko wird der Ball nicht mehr vom Gastgeberland gestellt, sondern es gibt einen offiziellen WM-Ball.
- Die meisten Fußbälle der Welt (ca. 80 %) kommen aus Pakistan, die dortigen Näher verdienen je nach Ballqualität 30 bis 60 Cent pro Ball und schaffen am Tag (neun Arbeitsstunden) maximal drei Bälle. Sie werden pro Ball bezahlt und sind in der Regel nicht fest angestellt.

Kurz vor der WM 1966 in England wurde die ihrem geistigen Vater zu Ehren »Coupe Jules Rimet« genannte WM-Trophäe auf einer Ausstellung gestohlen. Einige Tage später fand ein Hund namens Pickles den vergrabenen Pokal jedoch wieder. Beim zweiten Diebstahl 1983 blieb das Happy-End aus: Die Trophäe, die 1970 nach dem dritten WM-Sieg der Brasilianer in deren Besitz übergegangen war, wurde in Rio de Janeiro erneut gestohlen und von zwei später gefassten Dieben eingeschmolzen.

vier Jahre zu veranstalten. Sodass mit der Turniereröffnung am 18. Juli 1930 in Montevideo eine neue Epoche im Weltfußball eingeläutet wurde.

Zu dieser Zeit lag Lateinamerika, was Technik und Eleganz des Spiels betraf, unangefochten an der Spitze und hatte für Europa Vorbildfunktion. Allerdings nahmen bei der ersten WM nur 13 Länder teil, darunter vier aus Europa (Frankreich, Belgien, Rumänien, Jugoslawien). Der Grund: Die Anreise mit dem Schiff dauerte im Schnitt drei Wochen und war extrem teuer. Verdienter Sieger im damals weltgrößten Stadion wurde Gastgeber Uruguay (4:2 gegen Argentinien). Trotzdem waren die »Urus« schwer enttäuscht, dass trotz ihres hohen Werbeeinsatzes nur so wenige europäische Staaten den weiten Weg auf sich genommen hatten.

Man mag es angesichts der heute üblichen Siegprämien im Fußball gar nicht mehr glauben: Die deutschen Nationalspieler erhielten bei der Fußball-WM 1954 eine geradezu bescheidene Siegprämie: einen Goggo-Roller und 2000 Mark! Damals galt es beinahe als »unanständig«, Sportler für ihre Leistungen zu bezahlen. Die Spieler erhielten von ihren Vereinen eine Anerkennungsprämie, die bei einem Spitzenspieler wie Fritz Walter monatlich 150 Euro entsprach und damit 30 Euro unter dem damaligen Durchschnittslohn lag.

Gameboy (1989)

Die japanische Firma »Nintendo« startete 1889 als kleiner Familienbetrieb, welcher jahrzehntelang die traditionellen Blumen-Spielkarten »Hanafuda« herstellte. Der Firmenname besteht aus drei Schriftzeichen: »nin« für Pflicht, Aufgabe, Verantwortung; »ten« für Himmel und »dō« für Tempel, Halle. Die Übersetzung, die Nintendo selbst favorisiert, lautet: »Lege das Glück in die Hände des Himmels.«

Öfter als der Gameboy wurde nur dessen Nachfolgerkonsole verkauft: der Nintendo DS, der über 130 Millionen Mal über den Ladentisch ging.

1969 stieß der junge Elektroingenieur ***Gunpei Yokoi*** zur Firma. Kurz darauf begann Nintendo 1970 mit der Herstellung von Spielzeug: Yokoi entwickelte in ihrem Auftrag das digitale Steuerkreuz »D-Pad«, welches heute standardmäßig bei nahezu allen Gamepads vorhanden ist. Ebenso sind die Spiele »Ultra-Hand«, »Teufelstonne« sowie die »Game & Watch-Spiele« seine Schöpfung. Yokois mit Abstand erfolgreichste Erfindung für Nintendo war aber der Gameboy: eine Handheld-Konsole, die 1989 auf den Markt kam und weltweit über 118 Millionen Mal verkauft wurde.

Wer weiß, was der pfiffige Japaner noch alles erfunden hätte, wäre er nicht 1997 bei einem Autounfall ums Leben gekommen. Yokoi saß als Beifahrer im Auto von Etsuo Kisō, einem Kollegen aus Kyoto. Als Kisō einen leichten Auffahrunfall verursacht hatte, stiegen beide Männer aus, um den Schaden zu begutachten. Dabei wurden sie von einem weiteren Fahrzeug angefahren. Während Kisō zwei Knochenbrüche erlitt, wurde Yokoi schwer verletzt und starb im Krankenhaus.

Zu Beginn konnte man den Gameboy nur zusammen mit dem russischen Spiel Tetris kaufen, das damit zu einem der erfolgreichsten Computerspiele aller Zeiten wurde. Später gab es auch eine Version ohne Tetris.

Gartenzwerg (1690)

Man erkennt ihn sofort – an der roten Zipfelmütze und seinem weißen Bart. Die Rede ist vom »nanus hortum vulgaris«, dem gemeinen Gartenzwerg. Schätzungen zufolge tummeln sich rund 25 Millionen der zumeist lustig dreinblickenden Wichte in deutschen Gärten. Wenngleich der von seinen Gegnern als »spießiger Geselle« verschriene Zwerg seine beste Zeit hinter sich hat.

Die ersten deutschen Gartenzwerge konnte man 1898 auf der Messe in Leipzig erwerben.

Bei einer repräsentativen Forsa-Umfrage, die 2008 nach dem besten Erzeugnis »aus deutschen Landen« fahndete, landete der Gartenzwerg mit sieben Prozent auf einem der letzten Ränge – weit hinter deutschen Autos und deutscher Wurst, aber noch vor der Kuckucksuhr.

Die knubbelnasigen Zwerge aus schlag- und wetterfestem Kunststoff gehörten vor allem in den 1970er- und 80er-Jahren zum festen Inventar deutscher Vor- und Schrebergärten. In allen Größen und Variationen, mit Spaten, Laterne, Angelrute, Ziehharmonika, Schubkarre oder anderen Gerätschaften in der Hand. Heute sieht man sie nur noch ab und zu einmal – meist bei Sammlern, dann aber in geballter Ausführung.

Die goldigen Wichte leben gefährlich – immer wieder hört man vom »Kidnapping« ganzer Zwergenfamilien. 2007 wurde zum Beispiel einem Paar in Euskirchen ein Gartenzwerg entwendet. Der Täter schickte im Namen des Gartenzwergs alle paar Wochen eine Ansichtskarte mit dessen Aufenthaltsort. Mittlerweile existiert sogar eine selbst ernannte »Befreiungsfront für Gartenzwerge«, die europaweit die begehrten Wichtel aus umzäunten Gärten entführt, um sie in freier Wildbahn auszusetzen.

Die ältesten noch erhaltenen barocken Gartenzwerge stammen aus dem Salzburger Zwergelsgarten von Schloss Mirabell. Sie sollen von dem in Graz geborenen Architekten ***Johann Bernhard Fischer von Erlach*** entworfen worden sein und sind um 1690 entstanden. Gut 50 Jahre später, zwischen 1744 und 1750, gab es in der Manufaktur Meißen und der Kaiserlichen Hofmanufaktur Wien dann einen regelrechten »Boom« an Bestellungen für derartige Zwerge. Stets handelte es sich damals um teure Einzelanfertigungen aus Porzellan, die Adelige für die Zwergen-Galerien ihrer Ziergärten orderten.

Um 1800 entstanden erste Zwergen-Serien in England. Als Vorläufer der deutschen Zwerge gelten Tierkopf-Figuren aus Terrakotta-Manufakturen in Thüringen.

Die Serienproduktion der Zwerge in Deutschland begann 1872/74, als August Heissner und Philipp Griebel in Gräfenroda ihre Fabriken für Terrakotta-Waren gründeten. Es dauerte allerdings noch ein gutes Jahrzehnt, bis die Zwerge erstmals 1898 auf der Leipziger Messe angeboten wurden – und ganz schnell ausverkauft waren. Zur Jahrhundertwende, also 1900, galt es in Deutschland, England, Österreich und der Schweiz als schick, sich einen Gartenzwerg in den bürgerlichen Vorgarten zu stellen. Von nun an eroberte der Gartenzwerg weltweit immer mehr Terrain, bis er in den 1970er-Jahren zum international bekannten (Garten-)Kultobjekt aufgestiegen war.

> ! Eine andere Quelle besagt, dass der Gartenzwerg ursprünglich aus der Gegend um Erfurt stammt. Ein »Thierkopfmodelleur«-Lehrling aus Gräfenroda, der in einem Schlosspark eine große Zwergenfigur gesehen hatte, soll diese im Kleinformat und in großer Stückzahl für die Leipziger Messe 1884 hergestellt haben.

Geocaching (2000)

Ein Amerikaner, ***Dave Ulmer***, erfand im Jahr 2000 »Geocaching«: eine Art elektronische Schnitzeljagd – bei der statt Papierschnipsel GPS-Daten zum »Schatz« führen. Auch der Schatz heißt nicht mehr Schatz, sondern »Geocache«, abgekürzt: »Cache«. Seine geografischen Koordinaten werden von den Anhängern dieses Frei-

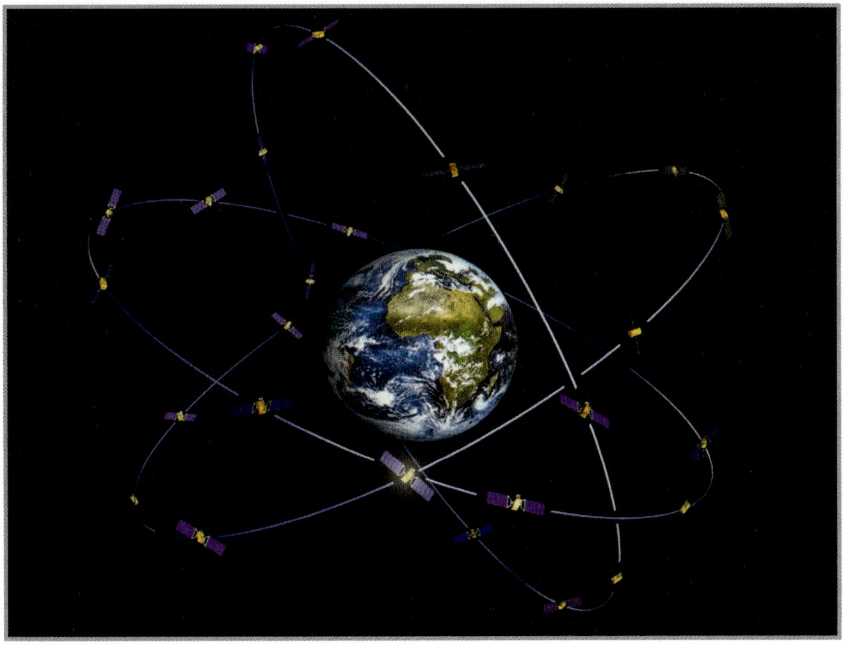

Für ein funktionierendes GPS sorgen 24 GPS-Satelliten in 20 000 km Höhe.

zeitvergnügens im Internet bekannt gegeben und sollen dann mithilfe von Landkarten bzw. eines GPS-Empfängers gesucht werden.

Ulmer veröffentlichte seine Vision eines weltweiten Spiels für Jung und Alt exakt einen Tag, nachdem Präsident Clinton angekündigt hatte, die künstliche Verrauschung des GPS-Signals für private GPS-Empfänger abzuschalten. Die metergenaue Ortsbestimmung per GPS war nun möglich.

Unter dem Betreff »The Great American GPS Stash Hunt!« schrieb Dave Ulmer am 3. Mai Folgendes ins Netz: »Nun können wir ein weltweites Versteckspiel beginnen, es sollte gut möglich sein, ein Versteck anhand seiner waypoint-Infos zu finden. Waypoints geheimer Verstecke könnten über das Internet verteilt werden, Leute könnten

GPS ist die Abkürzung für Global Positioning System und bezeichnet ein weltweit funktionierendes Navigationssystem, das vom amerikanischen Verteidigungsministerium betrieben und gewartet wird. Jeder GPS-Empfänger erhält direkte Signale von mehreren der insgesamt 24 GPS-Satelliten, die sich auf sechs Umlaufbahnen in ca. 20 000 km Höhe bewegen.

zu den Verstecken navigieren und dort irgendwelchen Krimskrams bekommen. Die einzige Regel lautet: Nimm irgendwas heraus und lasse dafür etwas anderes drin! (…) Bald wird es Tausende von Verstecken über die gesamte Welt verteilt geben, die man suchen kann. Viel Spaß! Dave.«

Dort wo Dave Ulmer den ersten Geocache hinterließ, erinnert seit dem 7. September 2003 eine Gedenkplakette (»Original Stash Tribute Plaque«) an dieses Ereignis.

Noch am selben Tag versteckte Dave Ulmer in der Nähe der Stadt Portland im US-Bundesstaat Oregon an der Position 45°17'28"N, 122°24'48"W einen schwarzen Plastikeimer, den er mit CDs, einer Konservenbüchse, einer Videokassette, einem Buch und einer Steinschleuder sowie ein wenig Geld füllte. Kurz darauf gab er die Koordinaten des Verstecks im Internet bekannt. Nur einen Tag später wurde der »Stash« (Deutsch: »Geheimversteck«) erstmals gefunden.

Nach nur einem Monat hatte das Spiel schon sehr genaue Regeln und Formen angenommen und eine Website erhalten. Seither ist Geocaching weltweit ein beliebter Freizeitsport geworden. Laut der Datenbank des größten Geocache-Verzeichnisses »geocaching.com« existieren heute auf der Erde insgesamt über 1 100 000 aktive Caches, 152 000 davon in Deutschland. Die USA führen mit etwa 522 000 Caches.

Der erste deutsche Geocache wurde vom Geocacher mit dem Pseudonym »Ferenc« am 2. Oktober 2000 in Brandenburg versteckt. Gefunden wurde er erstmals 17 Tage später, am 19. Oktober. Heutzutage braucht der Erstfinder in der Regel nur ein paar Stunden für die Suche.

Geschirrspülmaschine (1886)

Die US-Amerikanerin *Josephine Garis Cochrane* musste nach ihren zahlreich ausgerichteten Dinnerpartys nie selbst ihr Geschirr spülen. Ihr Mann William Cochran (sie hängte an ihren Nachnamen ein e an, um europäischer zu klingen) verdiente als Händler von Trockenfrüchten und als Politiker so gut, dass sich das Ehepaar Personal leisten konnte.

Da die gut situierte Dame aber nicht nur davon träumte, berühmt zu werden, sondern sich auch eine Maschine wünschte, die ihr Porzellan schneller und sorgsamer reinigen würde als ihre Angestellten, wurde sie selbst tätig. Anlass war eine Dinnerparty, nach der ihr Personal wieder einmal einige Stücke ihres ererbten chinesischen Familienporzellans aus dem 16. Jahrhundert zerschlagen hatte. Angeblich soll sie erbost geäußert haben: »Wenn keiner eine Geschirrspülmaschine erfindet, mache ich es eben!«

Kurzerhand vermaß Josephine Cochrane, deren Vater Ingenieur gewesen war und von dem sie handwerkliches Geschick geerbt hatte, also ihr Geschirr. Sie stellte Drahtkörbe her, in die entweder Teller, Gläser oder Besteck passten, und befestigte diese Körbe an einem Rad, das mittels eines Motors gedreht wurde. Das Rad lag in einem kupfernen Wasserkessel und wurde von unten mit heißem Seifenwasser bespritzt.

Heutzutage gibt es »intelligente« Geschirrspüler: Mikroprozessoren in ihrem Inneren erkennen den genauen Beladezustand und richten danach Wasser- und Energieverbrauch. Ist die Ladung blitzblank sauber, schaltet sich das Gerät automatisch ab.

Cochranes Geschirrspüler, bei dessen Entwicklung ihr der Mechaniker George Butters von der »Illinois Central Railroad« half, arbeitete nicht mit Bürstentechnik, sondern mit Wasserdruck. Das war revolutionär. Nach jahrelanger Tüftelei in ihrem Geräteschuppen – ihr Mann William war zwischenzeitlich 1883 verarmt gestorben – hatte sie es schließlich geschafft: Der erste mechanische Geschirrspüler war erfunden.

Im Dezember 1886 erhielt Josephine Cochrane das Patent für ihre Erfindung. Als zahlreiche Restaurants und Gaststätten aus Illinois Interesse bekundeten, gründete sie eine florierende Firma, aus der das heutige Unternehmen »KitchenAid« erwuchs.

Auf der Weltausstellung in Chicago 1893 gewann die »Garis-Cochrane-Dish-Washing-Machine« den ersten Platz und wurde fortan auch von amerikanischen Privatleuten gekauft.

Erst gut 40 Jahre später, 1929, konstruierte Carl Miele dann die erste Geschirrspülmaschine Europas.

Glückskeks (1909)

Glückskekse sind nicht unbedingt ein Geschmackserlebnis, aber die eingebackenen Spruchzettel machen glücklich.

»Wer sich über des anderen Glück freut, dem blüht sein eigenes.« Diese und ähnliche Weisheiten findet man in Glückskeksen – krossen Keksen, in die stets ein Papierstreifen eingebacken ist, auf dem sich die sinnigen Sprüche befinden. In Europa erhält man sie vor allem in chinesischen Lokalen oder asiatischen Lebensmittelgeschäften.

Skurrilerweise handelt es sich bei den Keksen aber keineswegs um eine alte chinesische Tradition, sondern um eine Erfindung des 20. Jahrhunderts. Ausgedacht hat sie sich tatsächlich ein Gastronom aus den USA – so viel ist sicher.

Wo, wann und von wem die Kekse allerdings das erste Mal hergestellt wurden, ist hingegen nicht eindeutig geklärt. Eine verbreitete Theorie scheint der Wahrheit aber recht nahe zu kommen:

Es ist möglich, dass die in China heute noch zu vielen Gelegenheiten servierten »Mondkuchen« die Erfindung von Glückskeksen unterstützt haben. Diese mit Extrakten der Lotuspflanze aromatisierten Kuchen dienten chinesischen Widerstandskämpfern im Kampf gegen die Mongolen im 13. und 14. Jahrhundert als Kommunikationsmittel: Wichtige Botschaften wurden in Mondkuchen eingebacken verschickt.

Danach war der japanische Baron und Landschaftsarchitekt ***Makato Hagiwara***, der in San Francisco den japanischen Teegarten im Golden Gate Park errichtet und auch bis zu seinem Tod betreut hatte,

Die Erfindung der Glückskekse wird unter anderem auch dem chinesischen Einwanderer und Unternehmer David Jung aus Los Angeles nachgesagt. Der Inhaber der »Hong Kong Noodle Company« verteilte 1918 ebenfalls Glückskekse an seine Gäste. Ob er die nette Geste allerdings von Makato Hagiwara abkupferte oder zufällig auf dieselbe Idee kam, ist umstritten. Eine selbst ernannte historische Kommission mit Sitz in San Francisco entschied deshalb vor einigen Jahren zugunsten von Hagiwara – wurde daraufhin aber der Parteilichkeit bezichtigt.

der Glückskeks-Erfinder. Seit 1909 soll Hagiwara die Kekse mitsamt Sprüchen in Handarbeit hergestellt und zum Tee gereicht haben; eine andere Version besagt, dass der einstige Emigrant seinen Gästen die Kekse mit der Rechnung überreichte – um ihnen Diskussionsstoff für die Heimfahrt zu liefern, aber auch als Erinnerung an einen schönen Abend. Mit Sprüchen wie: »Das Herz hat seine Gründe, die der Verstand nicht kennt« mag ihm das auch sehr gut gelungen sein.

Nach China, das die meisten Menschen fälschlicherweise als Herkunftsland der Glückskekse betrachten, gelangten die ersten Exemplare erst um 1990. Paradoxerweise wurden sie dort wiederum als »Glückskekse amerikanischer Herkunft« beworben (»Genuine American Fortune Cookies«).

Google (1998)

Das Online-Unternehmen »Google Inc.«, 1998 von ***Larry Page*** und ***Sergey Brin*** gegründet, gilt als Lizenz zum Gelddrucken. Denn seit die Internetsuchmaschine Google existiert, kann man in Erfahrung bringen, welche Ereignisse die Menschen auf unserer Erde am meisten bewegen. Jeden Tag bearbeitet das Programm rund 200 Millionen Suchanfragen weltweit, die meistgesuchten Begriffe stehen auf der »Google-Zeitgeist«-Liste, wie zum Beispiel 2009 der Sänger Michael Jackson.

Die beiden Gründer begegneten sich 1995 bei ihrem Informatik-Studium an der Universität Stanford. Damals dominierte Yahoo! die Suche im Netz, die dortigen Angestellten katalogisierten die Seiten des seinerzeit noch jungen Mediums von Hand. Im September 1998 riefen Page und Brin in einer Garage die »Google Inc.« ins Leben und brachten die erste Testversion der Suchmaschine auf den Markt. Der Name war aus einem Wortspiel mit dem mathematischen Begriff »Googol« entstanden, der die Zahl 10^{100} bezeichnet, also eine 1 mit 100 Nullen.

Ihr Startkapital von umgerechnet 810 000 Euro hatten sie sich von Familienmitgliedern und Freunden geliehen. Fünf Monate später besaß die Firma bereits ein anständiges Büro in der Stadt Palo Alto, acht Angestellte und verzeichnete an die 500 000 Suchanfragen täglich.

Als Google sich zur Kooperation mit AOL und Netscape entschloss, versechsfachten sich die täglichen Suchanfragen. Am 21. September 1999 beendete Google dann offiziell seine Testphase, die Firma zählte mittlerweile 40 Angestellte – darunter einen firmeneigenen Koch!

Sergey Brin und Larry Page rangieren beide auf der Forbes-Liste der reichsten Bürger weltweit auf dem 24. Platz mit einem Vermögen von jeweils 17,5 Milliarden Dollar.

Im August 2000 beinhaltete der Google-Index mehr als eine Milliarde Seiten – Google wurde zur führenden Suchmaschine auf dem Markt und bot seine Dienste bereits in über 15 Sprachen an, darunter Chinesisch, Französisch, Deutsch und Japanisch.

Der Börsengang 2004 machte Larry Page und Sergey Brin zu Multimilliardären. Auch der Umzug in das Hauptquartier »Googleplex« im kalifornischen Mountain View erfolgte 2004. Zusätzlich eröffnete Google ein europäisches Hauptquartier in Dublin sowie ein Technologiezentrum in Tokio. Das Unternehmen zählte mittlerweile über 3000 Angestellte und hatte viele Dienste bei sich eingegliedert (zum Beispiel den Picasa Bilderdienst). Die Zahl der indexierten Websites und Bilder war im November 2004 auf über acht Milliarden angestiegen. Das verblüffende Wachstum des Suchmaschinen-Marktführers scheint seither beständig zuzunehmen – eine Lizenz zum Gelddrucken eben.

Der Firmenname von Google brachte sogar ein Verb hervor, das man seit 2004 im Duden finden kann: »googeln«. Damit wurde Google zu einem Synonym für die Suche im Internet, sosehr sich Google auch dagegen wehrte, in Wörterbüchern aufzutauchen, um die eigene Marke zu schützen.

Greencard (1945)

Wer die Greencard besitzt, galt und gilt noch immer vielen als ausgemachter Glückspilz. Denn die »grüne Karte« gewährt eine unbefristete Aufenthalts- und Arbeitserlaubnis für die Vereinigten Staaten von Amerika. Ihr jeweiliger Inhaber darf in das Land der unbegrenzten Möglichkeiten einreisen und sich dort so lange aufhalten, wie er möchte. Über zehn Millionen Ausländer leben aktuell aufgrund einer Greencard in den USA. Insgesamt gesehen haben die USA mehr legale

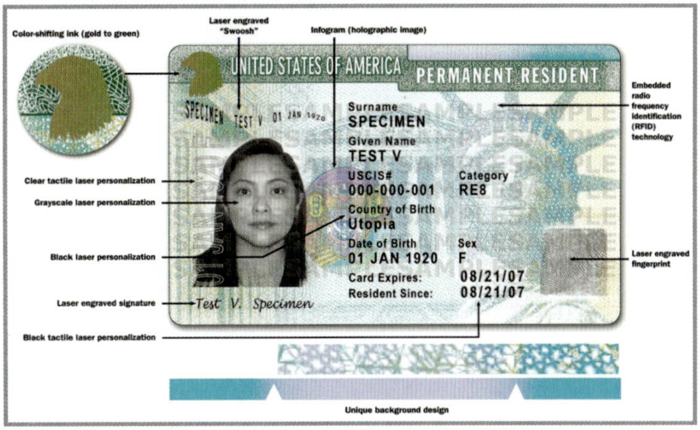

Oft überarbeitet und daher fälschungssicher: die Greencard.

Einwanderer aufgenommen als jedes andere Land der Welt.

Das unbefristete Visum gibt es seit Mitte der 1940er-Jahre. Damals wurde es noch vor dem Ende des Zweiten Weltkriegs als »Alien Registration Receipt Card« vom »Immigration and Naturalization Service« (INS) ins Leben gerufen (heute: U.S. Citizenship and Immigration Services, USCIS).

Die wörtlich übersetzte »Fremden-Registrierungs-Empfangsbestätigungs-Karte« war zunächst ein Formblatt auf grünlichem Grund, das dazu diente, emigrierte Ausländer zu registrieren.

Seinen heutigen Namen verdankt die Greencard der Tatsache, dass auch die ersten kreditkartengroßen Ausweise, die die Leute nach dem grünen Formblatt erhielten, eine grüne Schrift und ein grünlich gefärbtes Foto trugen. Im Laufe der Jahre hat die Greencard zwar mehrmals die Farbe gewechselt, war zwischendurch sogar einmal pink, bis sie 1999 wieder einen dezenten grünlich-schlammigen Ton erhielt – ihren Namen behielt sie trotzdem über all die Jahre. Nur ihre Modalitäten mussten sich ändern, als man zur Kenntnis nahm, dass vermehrt Menschen aus armen südamerikanischen Ländern wie Mexiko ins Land drängten, dazu viele Chinesen und Philippiner, während andere Nationen ganz ausblieben.

Um die nationale Vielfalt der Einwanderer, auf die das Land so stolz ist, auch weiterhin zu gewährleisten, führten die USA 1987 neben dem formalen Antrag auf Einreise – zum Beispiel für Personen von besonderem nationalen Interesse für die USA – das Lotterie-Prinzip

Am 14. Mai 2011 wurde bekannt, dass der Zufallsalgorithmus zur Auswahl der Greencard-Bewerber für 2012 nicht korrekt gearbeitet hatte. Das US-Innenministerium erklärte deshalb die kurz zuvor veröffentlichten Ergebnisse für nichtig und kündigte die Bekanntgabe neuer Ergebnisse an. Das Programm hatte früh eingereichte Bewerbungen zu Unrecht bevorzugt.

Die Chance auf eine Greencard liegt laut langjährigen Berechnungen bei etwa 1:25 bis 1:50 (je nach Region/Jahr) – für Europäer bei ca. 1:25. Dies bedeutet, dass jeder 25. Bewerber tatsächlich eine Greencard erhält. Da seit 2004 alle Unterlagen für die Greencard-Bewerbung elektronisch eingereicht werden müssen, Anträge in Briefform also nicht mehr erlaubt sind, hat sich die Zahl der Anmeldungen um 1,5 Millionen verringert. Die Chancen auf eine Greencard haben sich also deutlich erhöht.

ein: 55 000 Greencards sollten künftig nach dem Zufallsprinzip vergeben werden (Diversity Visa = DV-Programm).

Die Idee stammt vom damaligen US-Präsidenten Ronald Reagan, der zuvor zwei Millionen illegal im Land lebenden Mexikanern eine Arbeitserlaubnis zugestanden hatte.

Aus Angst vor einseitiger Immigration und zu vielen unqualifizierten Einwanderern schlug der ehemalige Schauspieler und Republikaner das Lotterieprinzip vor, das seither an folgende Bedingungen geknüpft ist: Zur »Greencard Lottery« anmelden können sich nur Kandidaten, die aus einem zugelassenen Geburtsland stammen, über eine gewisse schulische Bildung (in Deutschland: Realschulabschluss) verfügen, ein tadelloses polizeiliches Führungszeugnis vorweisen können sowie ein Startkapital bzw. Jobangebot in den USA und eine ärztliche Untersuchung, die den einwandfreien Gesundheitszustand attestiert.

Guinnessbuch der Rekorde (1955)

In Los Angeles zeigt das »Hollywood Guinness Museum« Exponate zu anerkannten Rekorden.

Wer ist der größte Mann der Welt, wer die kleinste Frau? Welcher Mensch wurde am häufigsten vom Blitz getroffen? Wer hat die größte Pizza gebacken? Das erste Buch, das Antworten auf derartige Fragen liefert, das Guinnessbuch der Rekorde, wurde 1955 in Irland veröffentlicht. Und zwar vom Geschäftsführer der Guinness-Brauerei, ***Sir Hugh Beaver***.

Der passionierte Jäger war bei einem Jagdausflug in North Slob im County Wessex 1951 in eine Diskussion verstrickt worden: Zwei Männer stritten darüber, wer der schnellste Vogel Europas sei: der Goldregenpfeifer oder der Wanderfalke? Doch auch sämtliche am Abend bemühten Nachschlagewerke lieferten den Kontrahenten kein eindeutiges Ergebnis.

Die Amerikanerin Chris Walton schaffte es 2012 mit den längsten Fingernägeln der Welt ins Guinnessbuch der Rekorde.

Das brachte den geschäftstüchtigen Beaver auf die Idee: Warum nicht ein Nachschlagewerk über die verrücktesten Rekorde weltweit erstellen? Ein Buch also, mit dem man obendrein die Wettleidenschaft der irischen Bierkonsumenten befeuern könnte. Bestimmt wurden in den 81 400 britischen und irischen Pubs allabendlich doch Dutzende ähnlicher Fragen diskutiert – und kein Lexikon konnte bis dahin Aufschluss über die aufgestellten Behauptungen geben.

Je mehr Beaver über seine Vision nachdachte, desto mehr Gefallen fand er daran. Von einem Brauerei-Angestellten erhielt er den entscheidenden Ratschlag, für sein Vorhaben doch die Zwillinge Ross und Norris McWhirter einzuspannen. Die Brüder führten in London eine Agentur für Nachforschungen, waren also wie geschaffen dafür, ein derartiges Werk zu erstellen, wie es Beaver vorschwebte.

Man wurde sich einig, die Brüder machten sich an die Arbeit und am 27. August 1955 lag die 198 Seiten dicke Erstauflage des »Guinness Book of Records« in den Buchhandlungen aus. An Weihnachten führte das Buch bereits die britischen Bestsellerlisten an und auch in

!

- »Guinness World Records« ist heute eine Firma mit Sitz in London. Rund 50 Mitarbeiter bearbeiten die Rekordfälle übers Jahr. Der Name ist auch eine eingetragene Marke, unter der das Konzept vermarktet wird.
- Übrigens: Der schnellste fliegende Vogel Europas (und der ganzen Welt) ist der Wanderfalke, er erreicht im Sturzflug Geschwindigkeiten von bis zu 350 Stundenkilometern.

Das Guinnessbuch hält selbst einen kuriosen Rekord: Kein anderes Buch der Welt wurde öfter aus Bibliotheken gestohlen!

den USA verkaufte sich das Werk im darauffolgenden Jahr mit 70 000 Exemplaren prächtig.

Inzwischen ist das Guinnessbuch der Rekorde – mit 100 Millionen verkauften Exemplaren in 100 Ländern und in 37 Sprachen übersetzt – das weltweit am häufigsten verkaufte copyrightgeschützte Buch. Lediglich die Bibel und der Koran wurden noch häufiger verkauft.

Gummibärchen (1922)

Alles begann mit einem ganz ordinären Sack Zucker. Mit diesem entwickelte 1922 der Bonbonkocher Hans Riegel in Bonn jene Süßigkeit, für die Thomas Gottschalk seit vielen Jahren die Werbepatenschaft übernommen hat – den Gummibär. Ein Jahr zuvor hatte sich ***Hans Riegel*** mit seiner eigenen Firma selbstständig gemacht und sie unter »Ha-ri-bo« (Hans Riegel Bonn) ins örtliche Handelsregister eintragen lassen. Seine Fabrikationsstätte war eine geflieste Hinterhofwaschküche, seine Arbeitsgeräte eine Marmorplatte, ein Hocker, ein gemauerter Herd, ein Kupferkessel sowie eine Walze – mehr hatte der Bonbonkocher nicht zur Verfügung. 1921 heiratete er Gertrud Vianden, die auch gleich seine erste Mitarbeiterin wurde. 1922 hatte Riegel dann die Idee mit dem Tanzbär – eine Bärenfigur aus Fruchtgummi, die später als Haribo-Goldbär die ganze Welt erobern sollte.

Zugegeben: Der Ur-Bär war etwas schlanker und größer als seine heutigen Nachfahren. Dafür waren die Tanzbären aber auch nur im Doppelpack erhältlich und kosteten zusammen einen Pfennig. Sie bestanden aus Zucker, Gummi arabicum (wurde später durch Gelatine ersetzt), Säuerungsmittel und Aromen. Die Gummibären kamen in Bonn und Umgebung derart gut an, dass sich Hans Riegel bereits 1923 den ersten Lieferwagen mit Werbeschildern leisten konnte. In all den Monaten zuvor hatte seine sportliche Frau Gertrud

die gesamte Tagesproduktion der Tanzbären stets noch mit dem Fahrrad ausgeliefert.

Lange hätte sie das aber nicht mehr durchgehalten, denn die Firma wuchs rapide: 1930 beschäftigte »Haribo« bereits 160 Mitarbeiter, 1950 waren es 1000. Heute produziert Haribo rund 100 Millionen Goldbären täglich!

Hans Riegels Söhne, Hans junior und Paul, erbten nach dem Tod des Erfinders 1945 jeweils eine Firmenhälfte und Hans Riegel junior, Jahrgang 1923, führt die Firma bis heute. Seine Geschäftszahlen hält er allerdings ebenso geheim wie das vom Vater hinterlassene Rezept der Bärchen. Und er hält an Traditionen fest: Die einprägsame Werbebotschaft »Haribo macht Kinder froh« hatte Hans Riegel senior bereits Mitte der 30er-Jahre für zehn Reichsmark einem fliegenden Händler abgekauft. Sie ist bis heute gültig und wurde in den 60er-Jahren mit Beginn der Fernsehwerbung nur durch den Halbsatz ergänzt: »… und Erwachsene ebenso.« Tatsächlich finden sich Liebhaber der Gummibären in allen Alters- und Berufsschichten. Selbst der letzte deutsche Kaiser, Wilhelm II., soll laut Haribo-Archiv geäußert haben, die Gummibärchen aus Bonn »seien das Beste, was die Weimarer Republik hervorgebracht habe«. Aber auch der erste deutsche Bundeskanzler Konrad Adenauer, der Schriftsteller Erich Kästner, der Nobelpreisträger Albert Einstein und der Schauspieler Heinz Rühmann haben angeblich für ihr Leben gerne Gummibären genascht.

Albert Einstein, Konrad Adenauer, Erich Kästner: Sie alle aßen gerne Gummibärchen.

Hamburger (1904)

Der Hamburger kommt aus Hamburg! Klare Sache? Nicht so ganz. Zur Erfindung des Hamburgers gibt es zahllose Geschichten und Vermutungen. Viele von ihnen beginnen tatsächlich in Hamburg. Aber auch die Amerikaner erheben den Anspruch, den ersten Burger hergestellt zu haben. Kein Wunder, schließlich wurde der Hamburger für die weltweite Esskultur zum Symbol für eine vereinte Welt, in der die Menschen nicht nur friedlich an einem Tisch sitzen, sondern auch das Gleiche essen. Ganz nach dem Motto: »One dish fits all« – ein Gericht, das allen schmeckt!

Der Amerikaner Fletcher Davis verkaufte 1904 auf der Weltausstellung in St. Louis die ersten Hamburger.

Will man in Hamburg die Ursprünge des Burgers entdecken, lohnt sich der Weg zum Hafen. Dort wo früher viele Seeleute aus dem Baltikum haltmachten, sollen sich im 14. Jahrhundert auch die Sitten und Bräuche verwässert haben – es könnte also sein, dass die Vorliebe der baltischen Stämme für rohes, gehacktes Rindfleisch von den Hamburgern übernommen wurde. Wobei die Hamburger Bürger das Hackfleisch offenbar lieber in Fett anbrieten, als es roh zu essen. Tatsächlich könnte dies die Geburtsstunde des Ur-Hamburgers gewesen sein, der im Norden Deutschlands heute »Frikadelle« heißt.

Wie die Frikadelle aber den weiten Weg über den Atlantik nach Amerika fand, ist trotz dieser einleuchtenden Theorie noch ungeklärt. Ebenso der Sprung ins Brötchen. Eine These, die ihren Ursprung ebenfalls in Hamburg hat, ist folgende: Im 17. Jahrhundert gab es nicht wenige, die Europa enttäuscht den Rücken kehrten und voller Hoffnung und mit vielen Träumen im Gepäck nach Amerika übersetzten. Da fast alle großen Schiffe in Hamburg ablegten, trieben sich vor der Abfahrt viele dieser Auswanderer im Hamburger Hafen herum. Da sie ihren meist knapp bemessenen Lohn für die neue Heimat gut einteilen mussten, sparten sie auch am Essen und begnügten sich mit der einfachsten Hausmannskost. Zu dieser zählte – und zählt bis heute – das »Rundstück warm«: eine Scheibe Schweinebraten, die auf eine oder zwei Brötchenhälften gelegt und mit ein wenig Soße übergossen wird. Auf dem Schiff klappte man die Brothälften zum besseren Verzehr wahrscheinlich zu – und da niemand gutes Essen so schnell vergisst, könnte sich dieser Snack langsam auch in Amerika herumgesprochen haben.

Jedenfalls taucht die »Ur-Frikadelle« nachweislich 1842 erstmals in einem US-amerikanischen Kochbuch auf. Unter dem Begriff »Hamburger Steak« wird dort die Zubereitung eines Steaks aus Rinderhackfleisch beschrieben. Wurde dieses Fleisch in ein Brötchen gelegt, bezeichneten es die Amerikaner als »Hamburger Sandwich«.

Zum endgültigen Durchbruch in den USA verhalf dem Snack ein Artikel in der »New York Tribune«: Zur Weltausstellung in Saint Louis 1904 berichtete die Zeitung hymnisch über den dort von dem Texaner ***Fletcher Davis*** (»Uncle Fletch«) angebotenen »Hamburger« – ein Hacksteak mit Senf und Zwiebeln im Brötchen. Von der Zeitung derart überzeugend angepriesen und gelobt, wurde das Sandwich mit Fleischeinlage bald im ganzen Land nachgeahmt. Fletcher Davis galt ab diesem Tag als offizieller Erfinder des Hamburgers, der bis heute untrennbar mit der Geschichte Amerikas verbunden ist. Dass man den Hamburger auch problemlos essen kann, während man mit der anderen freien Hand seinen Wagen lenkt, hat sicher viel zu seiner Beliebtheit in den USA beigetragen.

!

Lassen sich die Anfänge des Hamburgers auch nicht mit letzter Gewissheit rekonstruieren, so ist seine Verbreitung in den USA doch gut dokumentiert. Das erste richtige Hamburger-Lokal mit einer Theke und drei Stühlen wurde 1921 im amerikanischen Ort Wichita im Bundesstaat Kansas von Billy Ingram und dem Koch Walter Anderson eröffnet. 1921 wurde dann auch die erste Hamburger-Fast-Food-Kette namens »White Castle« gegründet. Die Firma mit ihren viereckigen Burgern gibt es heute noch, auch wenn sie neben den Branchen-Riesen »McDonald's« oder »Burger King« mittlerweile wie ein Zwerg erscheint.

Erst Mitte des 20. Jahrhunderts, mit Aufkommen der Fast-Food-Lokale, bürgerte sich sowohl in den USA als auch später in Deutschland umgangssprachlich der Begriff »Burger« ein.

Handy (1973)

Segen oder Fluch? Martin Cooper erfand 1973 das Handy.

Es war der Amerikaner *Martin Cooper*, der 1973 das Handy auf und in die Welt brachte. Der seit 1954 bei Motorola angestellte promovierte Elektroingenieur arbeitete in Chicago an einem Gerät für den Polizeifunk, welches zunächst eigentlich fest im Streifenwagen installiert sein sollte. Während seiner »Feldversuche« kam Cooper allerdings die Idee für eine mobile Version dieses Funksystems – die er daraufhin in gerade einmal drei Monaten zusammen mit seinen Motorola-Kollegen realisierte. Das rasante Tempo war der Konkurrenz geschuldet, die es zu schlagen galt. Den Prototypen eines tragbaren Handys, das die Beamten nun auch außerhalb des Streifenwagens benutzen konnten, präsentierte Cooper am 3. April 1973 in New York vor geladenen Gästen, zufällig vorbeilaufenden Passanten und Journalisten auf der Sixth Avenue.

Die erste und auch noch überraschend exakte Beschreibung des Mobiltelefons in der Literatur stammt aus Erich Kästners Kinderbuch »Der 35. Mai oder Konrad reitet in die Südsee« von 1932: »Ein Herr, der vor ihnen auf dem Trottoir langfuhr, trat plötzlich aufs Pflaster, zog einen Telefonhörer aus der Manteltasche, sprach eine Nummer hinein und rief: ›Gertrud, hör mal, ich komme heute eine Stunde später zum Mittagessen. Ich will vorher noch ins Laboratorium. Wiedersehen, Schatz!‹ Dann steckte er sein Taschentelefon wieder weg, trat aufs laufende Band, las in einem Buch und fuhr seiner Wege.«

Aus heutiger Sicht war dieses erste Handy Motorola DynaTAC allerdings völlig unbrauchbar: Es war groß, unhandlich und mit 1,5 Kilo Gewicht so schwer, dass man es nicht länger als 20 Minuten ans Ohr halten konnte – genauso lang war auch die maximale Sprechzeit. Die Verbindung war noch recht schlecht und das Gerät extrem teuer.

Es dauerte noch zehn Jahre, bis das Handynetz auch für den amerikanischen Otto-Normal-Verbraucher betriebsbereit war. 1983 verkaufte sich das 3995 US-Dollar teure erste seriell gefertigte Handy, das Motorola DynaTac 8000x, dann allerdings gleich hunderttausendfach. Der Reiz, überall erreichbar zu sein, war größer als die Scheu vor dem hohen Preis.

Eines der ersten Handys, das Motorola International 3200 von 1992, war so klobig, dass es den Spitznamen »bone« (deutsch: Knochen) erhielt. Heute gibt es die Geräte nur noch ganz selten – als Liebhaberstücke zu Liebhaberpreisen.

Heelys (2000)

An einem faulen Urlaubstag 1998 kam dem damals 45-jährigen Amerikaner ***Roger Adams*** am Huntington Beach in Kalifornien eine Idee, von der er in der ersten Sekunde Gänsehaut bekam und die ihn Jahre später zum Millionär machen sollte: Adams beobachtete Jugendliche auf ihren Inlinern und fühlte sich dabei an seine glückliche Kindheit in Tacoma im US-Bundesstaat Washington erinnert. Dort hatten ihn seine eislaufbegeisterten Eltern, die die »Adams-Tacoma Roller Bowl«-Eisbahn besaßen, bereits mit neun Monaten auf Rollschuhe gestellt.

Adams, der sich gerade in der Midlife-Crisis befand und mit seinem Alter und der Scheidung seiner Ehe nach 21 Jahren haderte, sah hinunter auf seine Turnschuhe, zückte kurzentschlossen ein Messer, erhitzte die Klinge und schnitt ein großes Loch in die Ferse (engl.: heel) seiner Markenlaufschuhe. Dort hinein montierte er je eine Skateboard-Rolle, die er mit einer Achse befestigte: Fertig waren die allerersten Turnschuhe, die auf Kommando allein durch das Verlagern des Körpergewichts zum fahrbaren Schuh wurden: Heelys also.

An Heelys fanden auch Prominente wie zum Beispiel der Sänger Usher oder der Basketballspieler Shaquille O'Neal Gefallen. Die Heelys für den 2,16 Meter großen Sportler waren allerdings eine Spezialanfertigung – in Schuhgröße 60!

Heelys – die Straßenschuhe, mit denen man rollen kann.

Einige Fehlversuche und Blessuren später hielt Adams tatsächlich den ersten Prototypen der Heelys in Händen. Bald darauf ließ er sich den Schuh mit dem herausnehmbaren Wheel-(Rad-)Design im Fersenteil, der Kinder und Jugendliche auch ohne Inliner, Skateboards oder Roller zur Schule oder durch Einkaufszentren flitzen lässt, patentieren. Im Dezember 2000 gründete er seine Firma Heeling Sport LTD.

Dass Heelys insbesondere bei Jugendlichen zum Hit wurden, ist die eine Seite des Erfolgs, die Adams nur erahnen konnte. Seinen Markteintritt bereitete der clevere Geschäftsmann allerdings perfekt vor: Über 77 Patente meldete er für seinen Schuh in 25 Ländern an. Anschließend suchte er sich zur Firmengründung einen finanzstarken Investor, organisierte einen zugkräftigen Werbefeldzug (»Wheel in the Heel!«) und verlegte die Produktion in Billiglohnländer wie China und Südkorea. Bereits 2005 verkaufte die Firma etwas mehr als eine Million Paar Heelys, in den ersten neun Monaten 2007 weltweit knapp acht Millionen. In Deutschland gibt es Heelys seit 2006.

Beflügelt von seinem Erfolg, ging Adams am 8. Dezember 2006 an die Börse, heute ist das Unternehmen mehrere Hundert Millionen US-Dollar wert.

Heißluftballon (1783)

Es war ein warmer Frühsommertag, der 4. Juni 1783, als ***Joseph Michel*** und ***Jacques Étienne de Montgolfier*** den ersten Start ihres Heißluftballons vor staunendem Publikum wagten. Viele Bürger ihrer französischen Heimatstadt Annonay hatten sich eingefunden, als

Als die Brüder Montgolfier 1783 mit dem ersten Heißluftballon in die Luft stiegen, hatten sich Tausende von staunenden Zuschauern eingefunden.

die Brüder das Experiment eröffneten und Papier unter der Öffnung eines aus Taft und Seide gefertigten Hohlkörpers entzündeten. Die entstandene heiße Luft blähte den riesigen Ballonsack mit 12 Metern Durchmesser planmäßig auf und ließ ihn nach oben schweben – weil sich Luft bei Wärmezufuhr ausdehnt, leichter wird und nach oben steigt. Im Inneren hatten die Brüder die Ballonhülle zur Stabilisierung mit einer dünnen Papierschicht versehen. Außen hatten sie ein Netz gespannt, das die gesamte Hülle in Form hielt. Der Start des noch unbemannten Ballons war so reibungslos vonstatten gegangen, dass die Brüder Montgolfier ihr Experiment am 19. September desselben Jahres vor den Augen des französischen Königspaares, Ludwig XVI. und Marie Antoinette, wiederholten.

Mit dem kleinen Unterschied, dass die Montgolfière (so lautete der Name des ersten Heißluftballons, benannt nach seinen Erfindern; im Deutschen wurden dafür die Wörter »Luftball« und »Freiballon« geprägt) diesmal »bemannt« war: In mehreren Käfigen schickten die Brüder einen Hahn, einen Hammel und eine Ente in die Luft; die

Reise dauerte nicht mehr als acht Minuten, dann standen die drei Tiere wieder wohlbehalten auf der Erde.

Das gelungene Experiment führte dazu, dass der König die Erlaubnis erteilte, Ballonfahrten künftig auch mit Menschen durchzuführen. Als offiziell erste Ballonfahrer der Geschichte gelten die Franzosen Jean-François Pilâtre de Rozier und der Gardeoffizier François d'Arlandes, die am 21. November 1783 aus dem Garten des

Vermutlich waren die Brüder Montgolfier nicht die ersten Ballonkonstrukteure auf dieser Welt. Es gibt Hinweise darauf, dass die Inkas in Südamerika bereits um das Jahr 250 nach Christus Heißluftballone eingesetzt haben. Auch die Inkas könnten ihr Wissen allerdings schon von Vorgängerkulturen abgekupfert haben. Dies ist aber nicht mehr nachweisbar, weil die Inkas die Errungenschaften ihrer Vorgänger stets gezielt zerstörten, um die Erfindungen ihres eigenen Volkes ins rechte Licht zu setzen.

Schlosses La Muette bei Paris mit einem Heißluftballon aufstiegen. Ihr Flug dauerte 25 Minuten und endete ohne Komplikationen im Süden von Paris, auf der Butte aux Cailles, einem bekannten Hügel im heutigen 13. Arrondissement.

Der gelungene Ballonflug fand weltweite Beachtung und rief noch im selben Jahr Dutzende von Nachahmern auf den Plan. Der offiziellen Geschichtsschreibung zufolge hatte der Mensch also 1783 mit der Eroberung des Luftraumes begonnen.

Herzschrittmacher (1958)

Die Idee eines Taktgebers für das Herz war nicht neu, als Paul Zoll, ein amerikanischer Arzt aus Boston, 1952 ein Gerät konstruierte, das bei Herzpatienten unaufhörlich die natürlichen Impulse des Herzens misst. Sobald das Gerät einen Stillstand registrierte, sendete es über zwei auf der Brust befestigte Metallplättchen Stromimpulse zum

Herzen. Der Haken an diesem Urtyp eines Herzschrittmachers war allerdings seine Größe: Die wuchtige Maschine musste auf einem Wagen neben dem Patienten hergerollt werden und beschränkte dessen Bewegungsradius so auf die Krankenhausflure. Zudem klagten die behandelten Patienten über Schmerzen, litten unter Hautverbrennungen und verkrampfter Brustmuskulatur.

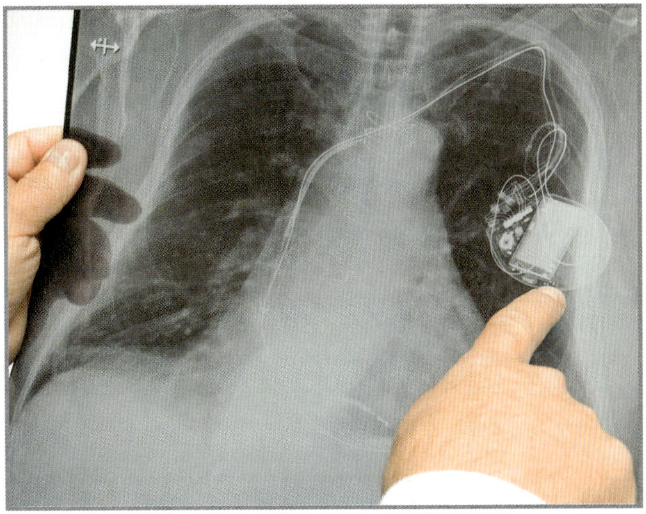

Auf einer Röntgenaufnahme kann der Arzt überprüfen, ob der Herzschrittmacher richtig sitzt.

Eine nur mehr streichholzschachtelgroße Version eines Herzschrittmachers, der nach der Implantation im Körper des Patienten eigenständig dessen Herzschlag steuert, erfanden erst die schwedischen Ärzte Professor ***Åke Senning*** und ***Dr. Rune Elmqvist*** – und retteten damit dem Schweden Arne Larsson im Herbst 1958 das Leben. Larsson litt an schlimmen Herzrhythmusstörungen. Sein Herz schlug nur mehr 28 Mal pro Minute – nicht einmal halb so oft wie ein gesundes Herz mit 70 Schlägen. Dadurch verlor der 43-Jährige ständig das Bewusstsein, musste täglich 20–30 Mal wiederbelebt werden. Die Heilungschancen waren gleich null. Doch genau das wollte und konnte Larssons Frau Else-Marie nicht akzeptieren. Sie gab nicht auf, setzte vielmehr alle Hebel in Bewegung, um ihren Mann zu retten. Und las in der Zeitung, dass der Kardiologe Professor Åke Senning im Karolinska Hospital in Stockholm gemeinsam mit dem Arzt und Ingenieur Dr. Rune Elmqvist einen implantierbaren Herzschrittmacher entwickelte. Bislang waren sämtliche Experimente der beiden Koryphäen allerdings nur an Tieren vorgenommen worden.

Trotzdem überzeugte die Schwedin ihren Mann, dass dies seine letzte Chance sei – und setzte durch, dass Arne Larsson am 8. Oktober 1958 in einer geheim durchgeführten Notoperation der erste Herzschrittmacher weltweit implantiert wurde. Gebaut hatte den Apparat Dr. Rune Elmqvist, mittlerweile Ingenieur bei Siemens-Elema, der zuvor Medizin studiert und auch kurze Zeit als Arzt praktiziert hatte. Da die Zeit drängte, soll Elmqvist die Komponenten des ersten Geräts noch in einer sechs Zentimeter großen runden Dose, ähnlich einer Schuhcremedose, mit Hartwachs ausgegossen haben. Zwei Elektroden, die mit dem Schrittmacher verbunden waren, gaben die Stimulationsenergie an Larssons Herz ab. Die Ärzte öffneten Larssons Brustkorb und pflanzten den Herzschrittmacher ein, die Elektroden nähten sie direkt auf sein Herz. Ähnlich einem Metronom, gab das Gerät Larssons Herz nun die Frequenz von exakt 72 Schlägen pro Minute vor. Zwar musste dieses erste Modell bereits nach drei Stunden gegen ein zweites Gerät ausgetauscht werden, der zweite Schrittmacher hielt Larssons Herz dann aber mit Unterbrechungen knappe drei Jahre in Schach. Arne Larsson wurde 86 Jahre alt, überlebte sogar seine Lebensretter Elmqvist und Senning und bekam bis zu seinem Tod 2001 insgesamt 24 Herzschrittmacher eingepflanzt. Dank der kleinen Geräte konnte er bald schon wieder Rad fahren, segeln und tanzen.

In den 1970er-Jahren wurden 284 deutschen Herzpatienten (weltweit 886) atombetriebene Schrittmacher eingesetzt, weil deren Batterien extrem lange halten. Solche Geräte enthalten bis zu 200 Milligramm Plutonium, das im Körper mit mehreren Schichten Metall ummantelt ist. Weil das strahlende und selbst in geringsten Mengen schädliche Schwermetall als sehr gefährlich gilt, sind diese Patienten beim Bundesamt für Strahlenschutz registriert.

Rasant entwickelte sich die Technologie weiter. Heute sind Herzschrittmacher mit einer Lebensdauer von acht Jahren Standard und werden in einer Routine-OP sogar ohne Vollnarkose eingesetzt.

Nach Auskunft der Deutschen Herzstiftung werden in Deutschland pro Jahr mehr als 65 000 Herzschrittmacher implantiert, Tendenz steigend. Moderne Herzschrittmacher sind nur mehr ein paar Zentimeter groß und wiegen etwa 20 Gramm. Anstelle der früher üblichen Nickel-Cadmium-Batterie verwendet man heute Lithium-Iod-Batterien, die nicht mehr wöchentlich aufgeladen werden müssen. Dafür wird nach einigen Jahren der ganze Herzschrittmacher ersetzt. Es gibt sogar Geräte mit Antenne, die technische Daten zur Routinekontrolle direkt an den behandelnden Kardiologen senden. 1994 veräußerte Siemens das komplette Herzschrittmachergeschäft an den amerikanischen Konzern St. Jude Medical.

Hula-Hoop-Reifen (1958)

Der Hula-Hoop-Reifen wurde bereits im 4. Jahrhundert vor Christus als Trainingsgerät in einer medizinischen Abhandlung von dem berühmten Arzt Hippokrates von Kos empfohlen. Allerdings nicht zum Kreisen über den Hüften – der Grieche ließ seine Patienten vielmehr hinter oder neben einem rollenden Reifen herlaufen. Er versprach sich bei seinen Patienten durch diese Leibesübung mehr Ausdauer und Geschicklichkeit.

Im 19. Jahrhundert besaß beinahe jedes Kind einen Holzreifen, den es spielerisch vor sich hertrieb.

Doch erst in den 1950er-Jahren begannen Millionen Menschen damit, sich einen Reifen um die Hüften zu schwingen. Als marketingtaugliches Sportgerät entdeckte den Reifen ***Richard Knerr***, der Inhaber der kalifornischen Firma »Wham-O«.

Ein Australier brachte Knerr auf die Idee, den sogenannten Hula-Hoop-Reifen zu produzieren und weltweit zu vertreiben. Er erzählte

Die kreisenden Bewegungen des Hula-Hoop waren schon in den 1950er-Jahren der letzte Schrei.

dem gewitzten Geschäftsmann, der immer auf der Suche nach neuen Geschäftsideen war, dass die Kinder in seiner Heimat im Sportunterricht Rattanreifen um die Hüften rotieren ließen.

Richard Knerr reagierte sofort. Sein geschäftlicher Spürsinn war immens – das hatte er zusammen mit seinem Firmenkompagnon Arthur Melin schon 1957 beim Erwerb der Patentrechte in Sachen Frisbee unter Beweis gestellt. Auch diesmal ging Knerr auf volles Risiko: Er kannte das australische Original nur aus den Erzählungen seines Bekannten, trotzdem gab er ein paar Hundert Plastikreifen in Auftrag. Als die Reifen geliefert wurden, ging er damit in die Grundschule seiner Heimatstadt Pasadena und bat die Kinder, die Reifen zu testen und zu beurteilen. Die Kinder waren begeistert und gaben Bestnoten ab.

Der Weltrekord im Hula-Hoop liegt bei 74 Stunden und 54 Minuten. Aufgestellt hat ihn 2009 der Amerikaner Aaron Hibbs. Hut ab!

Knerr war zufrieden und ließ mit seiner Firma »Wham-O« Anfang 1958 unter dem Namen »Hula-Hoop« (»Hula« für den hawaiischen Tanz und »Hoop« für englisch: Reifen) Millionen von Plastikreifen aus dem strapazierfähigen Plastik Marlex produzieren.

Was dann folgte, hatte auch Knerr nicht für möglich gehalten: Die Amerikaner waren süchtig nach den Hula-Hoop-Reifen! Unglaubliche 100 Millionen dieser Wunderreifen wurden allein 1958 weltweit verkauft, der Preis schwankte zwischen 75 Cent und 2,50 US-Dollar. Die Zeitung »The New York Times« berichtete von Menschenmengen, die sich in Kaufhäusern artig in meterlange Schlangen einreihten, nur um einen Hula-Hoop erwerben zu dürfen.

Doch ebenso jäh, wie der Reifenwahn begonnen hatte, endete er auch. Die Euphorie dauerte nur einen Sommer lang, im September 1959 blieb »Wham-O« auf Tausenden von Reifen sitzen. Trotzdem zählt der Hula-Hoop-Reifen bis heute zu den meistverkauften Sportgeräten aller Zeiten.

Ikea (1943)

Werbekampagnen von Ikea sind gerne auch mal provokant.

1943, als der Schwede *Ingvar Kamprad* 17 Jahre alt war, steckte ihm sein Vater zur Belohnung für den bestandenen Schulabschluss ein wenig Geld zu. Der zielstrebige junge Bauernsohn gründete damit seine eigene Firma: Ikea. Der Name steht für die Initialen des Gründers (I. K.) und die Anfangsbuchstaben von Elmtaryd (E) und Agunnaryd (A), des Bauernhofes und des Dorfes, in dem er aufwuchs.

Schon als kleiner Junge wusste der gelernte Tischler, dass er ein eigenes Geschäft aufbauen wollte. Im Alter von fünf Jahren verkaufte er bereits Streichhölzer an die nächsten Nachbarn. Mit sieben erweiterte er seinen Verkaufsradius mithilfe seines Fahrrads, die Streichhölzer erwarb er günstig in Stockholm. Im Alter von zehn Jahren umfasste sein »Sortiment« Blumensamen, Grußkarten, Weihnachtsbaumdekorationen, Bleistifte und Kugelschreiber.

Auch seine 1943 gegründete Firma Ikea verkaufte ursprünglich Bilderrahmen, Tischläufer, Uhren, Portemonnaies, Schmuck, Stifte und Nylonstrumpfhosen – und deckte so den Bedarf der Menschen an günstigen Alltagsartikeln. Schon bald überstieg das florierende Geschäft allerdings Ingvars Kapazitäten als Einzelhändler, er schaffte es kaum noch, individuelle Verkaufsgespräche zu führen. Deshalb begann der Schwede 1945 damit, in lokalen Zeitungen Anzeigen zu schalten und die verkaufte Ware vom örtlichen Milchwagen an den nächsten Bahnhof liefern zu lassen.

1948 nahm Kamprad auch Möbel in sein Ikea-Angebot auf. Sie wurden von lokalen Herstellern in den Wäldern rund um seinen Wohnort produziert. Die Nachfrage war so enorm, dass er die Möbelsparte ausbaute und 1951 den ersten Ikea-Bestellkatalog produzieren ließ, der zu einer überregionalen Expansion des Versandgeschäftes führte. 1953 gab es dann ein Novum: eine Verkaufsausstellung in Älmhult – mit 6700 Quadratmetern die damals größte Möbelausstellung Skandinaviens –, wo potenzielle Kunden die Ikea-Möbel erst einmal in aller Ruhe begutachten konnten, bevor sie eine Kaufentscheidung trafen. Damit war das erste Ikea-Einrichtungshaus geboren.

1959 zählte die Firma bereits 100 Mitarbeiter. 1963 öffnete die erste Ikea-Filiale außerhalb Schwedens in Oslo, 1974 das erste Ikea-Geschäft in Deutschland (Eching bei München), viele weitere Länder folgten.

Seit den 1970er-Jahren lebt und versteuert Ingvar Kamprad sein Geld in der Schweiz. Und obwohl der sparsame Schwede laut Forbes-Liste 2010 mit einem geschätzten Vermögen von 23 Milliarden US-Dollar der elftreichste Mensch der Welt ist, pflegt er sein Image vom schrulligen Alten, der statt eines Rolls-Royce einen alten Volvo lenkt und streng darauf achtet, dass auch seine Mitarbeiter kein Geld zum Fenster hinauswerfen. Auch seine drei Söhne, die alle bei Ikea arbeiten, sowie seine Adoptivtochter aus erster Ehe erzog er zur Sparsamkeit – und hat sie mit seiner Stiftung »The Stichting Ingka Foundation« gewissermaßen schon zu Lebzeiten enterbt. Hintergrund: Kamprad wollte wohl verhindern, dass sich seine Kinder eines Tages um das von ihm aufgebaute Vermögen streiten. Und sie sollten nicht mit der Einstellung groß werden, sich im Leben nicht mehr anstrengen zu müssen.

1986 zog sich Ingvar Kamprad aus der Konzernleitung zurück und wurde Berater der Muttergesellschaft. Mittlerweile ist Ikea zu einem Konzern mit 123 000 Mitarbeitern und 313 Einrichtungshäusern in 39 Ländern herangewachsen und machte 2009/10 einen Umsatz von 23,1 Milliarden Euro.

Kamprads Entscheidung, Möbel mit einem eigenen Design zu entwerfen, entstand übrigens skurrilerweise aus der Forderung seiner Mitbewerber an die gemeinsamen Lieferanten, Ikea zu boykottieren. Auch die platzsparenden Verpackungen entwickelten sich aus einem Zufall: Einer der ersten Mitarbeiter schraubte die Beine des »Lövet«-Tisches ab, um ihn besser in sein Auto laden zu können. Seit diesem Tag wurden flache Pakete und Selbstmontage Teil des Firmenkonzepts.

Die skandinavischen Namen der Ikea-Produkte gelten in allen 39 Ländern – was Mitarbeitern wie Kunden das lästige Suchen von Artikelnummern erspart. Seit den 1970er-Jahren folgen die Produktnamen einem Schema: Dekoteile wie Stoffe und Gardinen tragen klassischerweise schwedische Frauennamen (zum Beispiel »Britt«), Büroartikel wie Stühle und Schreibtische haben hingegen Männernamen wie »Jonas«. Sessel, Sofas und Couchtische tragen Ortsnamen wie »Göteborg« oder »Lund«. Badezimmerartikel werden – frischegerecht – nach schwedischen Flüssen bzw. Seen benannt. Tatsächlich haben die meisten Schweden die Ikea-Namen bereits verinnerlicht. Private Kleinanzeigen lauten dort oft nur: »Klippan zu verkaufen«, statt »Sofa zu verkaufen« – und (fast) alle wissen, was gemeint ist.

Inliner (1760)

Die Idee der Inlineskates ist – überraschenderweise – keine amerikanische Erfindung. Sie geht vielmehr auf die Erfindung der Rollschuhe zurück und an denen versuchte man sich bereits Anfang des 18. Jahrhunderts. Zu dieser Zeit nagelte ein unbekannter holländischer Erfinder Holzspulen an einen Holzblock und nannte sie »Skeelers«, ein Begriff, der heute noch Speed-Inlineskates in Holland bezeichnet.

Der erste namentlich bekannte Erfinder der Rollschuhe ist der Belgier ***Jean-Joseph Merlin***. Er schraubte 1760 unter die seinerzeit bereits bekannten Schlittschuhe jeweils zwei Metallrädchen und nannte seine Konstruktion »Patins à roues alignées« (Rollschuhe mit Rollen in einer Reihe). Der geschäftstüchtige Instrumentenbauer und Mechaniker aus der Provinz Lüttich hatte sogar die Erlaubnis für eine Vorführung seiner Erfindung am englischen Königshof erhalten. Bei einem Maskenfest im »Carlisle-House« von Soho spielte er Rollschuh laufend Geige und stürzte in einen wertvollen Kristallspiegel – seine Rollschuhe verfügten noch über keinen Stopper. Diese ersten Rollschuhe des Unglücksraben sind im »Cox-Museum« ausgestellt.

Doch Merlin sollte nicht der Letzte gewesen sein, den die Idee des

»Zeig mal, sind die Dinger auch wirklich nicht zu klein?«

gleitenden Rollens faszinierte. 1790 baute der Medaillenschneider van Lede in Holland seinen »Erdschlittschuh«: eine Metallplatte, an die unten zwei Holzräder und ein Fersenstopper montiert waren und oben ein Wadenschaft.

Anfang des 19. Jahrhunderts konstruierte der Franzose Jean Garcin einen Schienenrollschuh, bestehend aus drei Kupferrollen samt Fersenbremse. Sein Interesse war, die kurze Eislaufsaison zu verlängern – weshalb er die Kufe durch kleine Räder ersetzte. Seine Erfindung taufte er »Cingar«.

Das erste Patent für Rollschuhe erhielt 1819 schließlich ein Franzose: M. Petitbled hatte ein mit drei Kupferrädern ausgerüstetes Modell gebaut und ließ sich als erster französischer Erfinder des Rollschuhs feiern.

Auch in England versuchte man sich zu dieser Zeit an den berollten Schuhen: Es war ein Obsthändler namens John Tyer, der mit seinen wendigen »Volitos«, die auf der Schuhunterseite fünf Rollen in unterschiedlicher Höhe montiert hatten, die größte Aufmerksamkeit erzielte.

So entstanden im Laufe der Jahrzehnte bis weit ins 19. Jahrhundert hinein immer wieder neue Rollschuh-Konstruktionen, keinem der Modelle war jedoch der große Erfolg beschieden.

Bis 1849 der Franzose L. Legrand auf die Idee kam, Rollschuhe zu bauen, die ähnlich unseren heutigen Autos an zwei Achsen je zwei Räder trugen. Er wollte so die Standfestigkeit für die Rollschuhläufer erhöhen. Patentieren ließ sich die ersten Rollschuhe auf vier Rädern jedoch drei Jahre später ein unbekannter Londoner unter dem Namen Rollerskates bzw. Quads.

Bis 1880 war »Rollerskaten« in den USA zu einem populären Freizeitvergnügen geworden – und das bereits 110 Jahre vor dem großen Boom der Inlineskates unserer Neuzeit.

Als 1902 in Chicago die erste Rollschuhbahn »Coliseum« eröffnet wurde, war das ein gesellschaftliches Ereignis; Abend für Abend tummelten sich dort an die 7000 Besucher. Da wollte die Stadt New York nicht nachstehen und baute 1908 den »Madison Square Garden« von Stararchitekt Stanford White ebenfalls zur Rollschuhbahn um. Selbst während der Weltwirtschaftskrise, die 1929 begann und die 1930er-Jahre prägte, war Rollschuhfahren ein beliebter, da billiger Spaß.

Über die USA bahnten sich die heutigen Inlineskate-Schuhe schließlich ab 1980 ihren Weg: Auf dem Dachboden fand der Eishockeyspieler Scott Olson 1979 ein Paar alte Skates der »Chicago Skate Company«. Die Firma hatte in den 1960er-Jahren erstmals Rollerskates mit einem fest montierten Schuh angeboten. Scott Olson verbesserte die Skates zusammen mit seinem Bruder Brennan, indem er schmale Polyurethanrollen, wie man sie bei Skateboards verwendet, an die Schiene montierte, einen Fersenstopper hinzufügte sowie einen festen Schuh aus Kunststoff. Der Stiefel machte den Skate deutlich stabiler und die neuen Rollen ließen ihn flink und wendig erscheinen.

> Manche Quellen verweisen bei der Geschichte der Inliner auch auf die Erfindung der Schlittschuhe. Danach war die Erfindung der Inlineskates der über 200 Jahre währende Versuch, Schlittschuhe für den Sommer zu konstruieren. Bereits um 1000 vor Christus verwendete man Pferdeknochen zum Bau von Schuhen, mit denen man sich auf Eis fortbewegte. Sie wurden mit Riemen an den Füßen befestigt und der Läufer stieß sich mit einem Stock ab. Aus dem aus rein praktischen Gründen ersonnenen Schuh wurde im Laufe der Jahrhunderte ein Freizeitgegenstand.

Der Prototyp war geboren und damit auch die Grundlage für die

1983 von den Olson-Brüdern gegündete Firma »Rollerblade Inc.« gelegt. Doch Scott und Brennan waren keine Geschäftsleute. Erst als sie ihre Firma 1984 an den erfahrenen Kaufmann Robert Naegele jr. veräußerten, kam das Unternehmen ordentlich in Schwung. So sehr, dass der Firmenname »Rollerblade« heute gern als Synonym für Inlineskates benutzt wird.

Internet (1969) und World Wide Web (1989)

Das Internet haben Forscher des amerikanischen Verteidigungsministeriums und der Technischen Hochschule Massachusetts Institute of Technology entdeckt. Sie suchten ein neues System, um Daten auszutauschen, und vernetzten dafür Großrechner von vier verschiedenen Universitäten über die Telefonleitung.

Einer von ihnen war der Informatikprofessor Leonard Kleinrock aus Los Angeles. Am 29. Oktober 1969 experimentierte er mit einem Studenten – und stellte tatsächlich die erste Internetverbindung weltweit her. »Wir tippten das ›L‹ ein und fragten am Telefon: Seht ihr das ›L‹?«, erinnert sich Kleinrock. Es klappte. Er tippte das »O«, das »G« – und dann stürzte der Rechner ab.

Trotzdem war dies die erste vollständige Übertragung der Buchstaben »LOG« über eine Leitung zwischen einem Computer an der Universität von Kalifornien, Los Angeles (UCLA), und dem 500 Kilometer entfernten Stanford-Forschungsinstitut. Rückblickend war dies die Keimzelle des Internets: die allererste Vernetzung von Computern! Es dauerte lange, bis die heute so selbstverständliche Rund-um-Vernetzung erreicht war, denn die Computer in den rund 200 Ländern weltweit funktionierten alle unterschiedlich (oder waren noch gar nicht vorhanden).

Um alle Computer weltweit miteinander zu vernetzen, bedurfte es einer speziellen »Sprache«, die 1989 der Engländer *Timothy (Tim) John Berners-Lee* erfand. Erst seine geniale Idee der »Computersprache« HTML (Hypertext Markup Language) machte das Internet zum Massenmedium. Die englische Königin schlug ihn dafür 2004 zum Ritter.

Zurzeit gibt es rund 4,3 Milliarden registrierte Internetadressen weltweit, die über ein Internetprotokoll (IP) vergeben werden. Da jeder Computer so eine IP-Adresse (besteht bisher aus 32 Ziffern) braucht, wird der Platz bald knapp, wie die oberste Vergabestelle für diese Kennzahlen, die IANA, in Miami mitteilte. Es soll daher ein neuer Standard eingeführt werden – der mit 340 Sextillionen eine nahezu unendlich große Zahl von IP-Adressen (dann bestehend aus 128 Ziffern) zur Verfügung stellt.

HTML machte es möglich, Texte, Bilder und Videos auf den Internetseiten aller Computer einheitlich anzuzeigen. In Windeseile entstand ein großes Netzwerk von Seiten, die alle miteinander verbunden waren: das »World Wide Web«, auf Deutsch »weltweites Netz«.

Außergewöhnlich war, dass sich Tim Berners-Lee seine »Jahrtausend-Idee« nicht patentieren ließ, sondern aufgrund von philosophischen Grundsätzen allen Menschen frei zugänglich machte. 1994 gründete Berners-Lee das World Wide Web Consortium (W3C) am Massachusetts Institute of Technology. Die W3C-Maxime, nur patentfreie Standards zu verabschieden, ist ebenfalls vor allem seinem Einfluss zu verdanken.

Noch heute lenkt der 1955 geborene Brite unbeirrt die Evolution des weltumspannenden Netzes – von einer Ansammlung stiller grauer Büros aus, gelegen in einem unscheinbaren Bau des Massachusetts Institute of Technology (MIT). Dort hat er als Professor den 3Com-Founders-Lehrstuhl am »Laboratory for Computer Science« inne.

Die Erfindung von Berners-Lee hat viele Menschen reich gemacht, der bescheidene Erfinder, der freiwillig auf sein Patent verzichtete,

In den frühen Internet-Tagen ist etwas versäumt worden, was heute nicht wiedergutzumachen ist: »Wir haben damals keine Sicherheitsmaßnahmen eingebaut«, sagt der amerikanische Informatikprofessor Leonard Kleinrock und nimmt Bezug auf die Anonymität des Internets, für das sich jeder anmelden und das jeder nutzen kann, ohne sich vorher auszuweisen. »Heute ist das perfekt für die dunkle Seite«, so Kleinrock.

fährt hingegen noch immer einen alten VW. Sein Ziel war es nie, mit dem World Wide Web reich zu werden. Der zweifache Vater wollte sein Werk nur unbeschadet ins nächste Jahrtausend bringen. Das ist ihm bereits gelungen.

> ! Die erste Web-Server-Software, die Berners-Lee erstellte, lautete: http://info.cern.ch. Sie erläuterte unter anderem, was das World Wide Web sein sollte, wie man an einen Webbrowser kommt und wie man einen Webserver aufsetzt. Dies war der Ursprung des World Wide Web. 2010 wurde Tim Berners-Lee zusammen mit dem Ingenieur Larry Roberts und dem Mathematiker Vinton G. Cerf, der sich auch um das Internet verdient gemacht hat, für den Friedensnobelpreis vorgeschlagen.

iPod (2001)

Der iPod der Firma Apple ist einer der meistverkauften und beliebtesten tragbaren Musikplayer der Welt. Als sein Erfinder gilt der Amerikaner ***Anthony (Tony) Fadell***, der von 2001 bis 2010 für Apple als Hardware-Entwickler und Berater tätig war. Der von ihm entwickelte iPod wurde am 23. Oktober 2001 der Öffentlichkeit vorgestellt.

Vor seiner Anstellung bei Apple hatte Fadell in den 1990er-Jahren sein eigenes Silicon-Valley-Unternehmen geplant: Mit »Fuse« wollte Fadell einen festplattenbasierten Musik-Player auf den Markt bringen – unter seinem eigenen Label. Als die Finanzierung von »Fuse« scheiterte, trug Fadell seine Idee zunächst an die Firma Real Networks heran. Unstimmigkeiten mit Real-Manager Rob Glaser führten dazu, dass er die Firma nach nur sechs Wochen wieder verließ.

Daher klopfte Fadell mit seiner Idee im Februar 2001 als eigenständiger Unternehmer bei Apple an. Zwei Monate später wurde er zum Vorstand der Apple-Abteilung »iPod, iSight & Special Projects

Das Design des iPod gewann 2002 den »red dot design award«.

Group« ernannt, blieb aber Freiberufler. Mit einem 35-köpfigen Team entwickelte Fadell den iPod im Auftrag von Apple bis zur Marktreife und verkaufte seine bahnbrechende MP3-Kreation dann an den Apple-Chef Steve Jobs.

Zur Markteinführung des iPods im Oktober 2001 sagte Jobs: »Mit dem iPod hat Apple eine völlig neue Kategorie digitaler Musik-Player erfunden, die es möglich macht, Ihre ganze private Musiksammlung in die Tasche zu stecken und anzuhören, wo immer Sie sich auch befinden. Mit dem iPod erhält das Musikhören eine neue Dimension.«

Projektmitarbeiter sprachen nach dem Markteintritt des iPod von einer »Runderneuerung« der Marke Apple, die in den kommenden zehn Jahren von den Verbrauchern in erster Linie »als Musik-Unternehmen und nicht als Computer-Unternehmen« wahrgenommen werden dürfte.

Mittlerweile hat sich in Sachen iPod-Technik viel getan, zudem wurde der Ur-iPod durch den iPod mini und den iPod nano ergänzt. Neue Features wie das Abspielen von Videos oder Bildern kamen hinzu, der Speicherplatz wird fortlaufend erweitert. Das Design des iPod stammt übrigens von Apple-Designer Jonathan Ive und gewann 2002 den »red dot design award«.

Im März 2010 verließ Tony Fadell das Unternehmen Apple. Er will nach eigenen Angaben künftig der Umwelt helfen und mit Unternehmen arbeiten, die grüne Technik für Vebraucher herstellen. Der Grund: Seine Kinder und Enkelkinder sollen später einmal Geschichten von ihm erzählt bekommen, die über den iPod und das iPhone hinausgehen, das Fadell ebenfalls federführend mitentwickelt hat.

Jeans (1873)

Eine gute Idee reicht manchmal aus, um dem Leben eine völlig andere Wendung zu geben, als urprünglich gedacht. Diese Erfahrung machte auch der Kurzwaren- und Stoffhändler ***Levi Strauss*** (ursprünglich: Loeb Strauss). Der Sohn eines Hausierers stammte aus einer sehr armen jüdischen Familie im fränkischen Ort Buttenheim. Als er 1847, mit gerade einmal 18 Jahren, zusammen mit seiner Mutter nach Amerika auswanderte, suchte er sein Glück zunächst in New York als Textilhändler im Geschäft seiner älteren Brüder. Der Goldrausch an der Ostküste trieb ihn aber schon wenig später nach San Francisco, wo er mit seinem Bruder Louis und seinem Schwager einen Handel mit Kurzwaren und Stoffen betrieb. Ihr Sortiment umfasste unter anderem Zahnbürsten, Hosenträger, Knöpfe und Ausgehkleidung für die rauen Wildwestpioniere.

Strauss selbst schürfte nie Gold, beobachtete aber die Goldgräber und erkannte, dass diese Männer für ihren Job äußerst strapazierfähige Hosen benötigten. Geschäftstüchtig wie Strauss war, investierte er einige Dollar und ließ sich von einem Schneider Hosen aus braunen Zeltplanen anfertigen. Die Goldgräber waren begeistert und kauften seine »unverwüstlichen« Hosen, die sie entweder mit Hosenträgern oder als Overall trugen, in Mengen ein.

Die Idee, die Ecken der Hosentaschen und das untere Ende des Hosenlatzes mit Nieten eines Pferdegeschirrs zu verstärken, hatte schließlich der aus Lettland stammende Jacob Davis. Ihm fehlte jedoch das Geld dafür, seine 1872 in Reno, im Bundesstaat Nevada,

2001 bezahlte Levi Strauss & Co rund 46 000 US-Dollar für die angeblich älteste Jeans der Welt. Die Levi's soll angeblich seit den 1880er-Jahren in einer Kohlenmine gelegen haben. Wenig später kam ein Levi's-Retro-Modell auf den Markt, das große Ähnlichkeit mit der Jeans aus der Mine aufwies – kleine und größere Löcher, ausgewaschene Farbe –, und beendete die jahrelangen massiven Umsatzeinbußen des Konzerns, die durch die massive Konkurrenzsituation zustande gekommen waren.

geborene Idee patentieren zu lassen. Daher wandte er sich Hilfe suchend an Strauss, der seit 1853 die Firma »Levi Strauss & Company« besaß und ihn mit Tuchballen belieferte.

Strauss, inzwischen amerikanischer Staatsbürger, hatte den braunen Hanfstoff seiner Overalls mittlerweile durch blauen Denim-Stoff ersetzt, den man in Frankreich üblicherweise für Schiffssegel verwendete. Die Nähte seiner Hosentaschen waren aber immer noch nicht robust genug, um dem rauen Arbeitsalltag der Goldgräber, die ihre Hosentaschen auch noch mit allerhand Material aus den Minen vollstopften, standzuhalten. Davis' Idee mit den Nieten war das noch fehlende i-Tüpfelchen für die Arbeits-Overalls von Levi. 1873 ließen sich Davis und Strauss die blaue Denim-Hose mit Nieten daher gemeinsam patentieren.

Der Ausdruck »Jeans« kommt vom französischen Wort »Gênes«, das die italienische Hafenstadt Genua bezeichnet, woher Levi Strauss den Stoff für seine robuste Arbeitsbekleidung bezog. Aus dem französischen »Gênes« machten die Amerikaner »Jeans«. Hergestellt wurde der extrem haltbare, mit der Indigopflanze blau gefärbte Stoff Mitte des 19. Jahrhunderts aber im französischen Nîmes, von wo aus er ins italienische Genua gebracht und von dort nach Nordamerika verschifft wurde. Aus dem in ganz Europa bekannten »Serge de Nîmes« (Gewebe aus der Stadt Nîmes) wurde in den USA: Denim Jeans.

Ihre »waist overalls« – von Jeans sprach man erst ab 1920 – verkauften sich wie die warmen Semmeln. Auch Cowboys, Farmer und Holzfäller waren mittlerweile auf die strapazierfähigen Hosen aufmerksam geworden und ganz wild nach den Dingern. Als im Jahr 1890 für eine Serie der praktischen Arbeitshosen die Nummer »501« ausgegeben wurde, bürgerte sich die Zahl fortan als Synonym für diese Art von Hose ein.

Nach der Weltwirtschaftskrise 1929 änderte sich die Käuferschicht der Jeans in den USA: Die blaue Hose wurde nun zunehmend auch von Leuten aus der Mittel- und Oberschicht getragen. Das Firmenzeichen zeigte auch damals schon zwei Pferde, die versuchen, eine Levi's-Jeans zu zerreißen. Amerikanische GIs machten die »Cowboyhosen«, wie sie im Volksmund hießen, nach dem Zweiten Weltkrieg auch in Deutschland bekannt. Im schwäbischen Ort Künzelsau wurden 1948 in der Kleiderfabrik L. Hermann die ersten 300 Jeans hergestellt – das Schnittmuster hatte man von einer GI-Jeans kopiert. Die neuartigen »Nietenhosen« waren genau das Richtige für

Das kleine Fach rechts in der Hosentasche jeder Jeans ist für Kleingeld gedacht. Dort hinein steckten schon die Goldgräber ihr Münzgeld, um nach der Schicht nicht lange nach dem Geld suchen zu müssen, wenn sie sich noch ein Bier genehmigen wollten.

Jugendliche, die mit ihrem Aussehen gegen die Erwachsenen und das Establishment protestieren wollten. Als schließlich in den Fünfziger- und Sechzigerjahren der Rock'n' Roll und der American Way of Life immer mehr nach Deutschland herüberschwappten, schaffte auch die Jeans den Durchbruch als alltagstaugliches Kleidungsstück und ist seither bei Kindern, Jugendlichen und Erwachsenen gleichermaßen beliebt. Die Größenangaben der Jeans werden übrigens auch heute noch in Deutschland traditionell in amerikanischen Inches angegeben. Seit 2003 wird bei Levi's allerdings keine einzige Jeans mehr in den USA gefertigt, die Produktionsstätten sind fast alle in Asien.

Jo-Jo (1866)

Wusstest du, dass das Jo-Jo (manchmal auch Yo-Yo geschrieben) im Weltall nicht funktioniert? Weil dort keine Erdanziehungskraft herrscht und das Spielzeug sozusagen nicht weiß, wo oben und unten ist. Auf der Erde hat das Jo-Jo – bestehend aus zwei durch einen Mittelsteg miteinander verbundenen Scheiben und einer am Mittelsteg befestigten Schnur, mit der man die Scheiben auf und abwärts bewegen kann – hingegen schon vielen Kindern Freude bereitet. Vorläufer gab es vermutlich bereits in China, auf den Philippinen und im Alten Griechenland, wo der Rundkörper im Gegensatz zu den heutigen Kunststoff-Jo-Jos allerdings aus Terrakotta, Keramik oder Holz geformt war. Im griechischen Nationalmuseum in Athen kann man sogar eine Vase aus dem Jahr 440 vor Christus bestaunen, die einen Jo-Jo spielenden Jungen zeigt, so-

Seit 1932 findet alljährlich ein »World Jo-Jo Contest« statt (meist in Orlando, Florida), bei dem der Titel »Jo-Jo-Weltmeister« in sieben verschiedenen Kategorien vergeben wird.

wie eine genauso alte Terrakottascheibe, die als Jo-Jo diente.

In England und Frankreich war das Spielzeug im 18. Jahrhundert ebenfalls schon bekannt, was Abbildungen von Jo-Jo spielenden Frauen in Modemagazinen belegen. Selbst in Adelskreisen war das Bandalore-Spiel – wie es dort hieß – um 1790 populär und schwappte von dort auch nach Deutschland über.

Das erste Patent auf das bis heute in Spielzeuggeschäften geführte Jo-Jo meldeten aber 1866 zwei Amerikaner an: ***Charles Hettrich*** und der Unternehmer ***James L. Haven*** aus Cincinnati, Ohio. Haven hatte 1858 die Firma »James L. Haven & Co.« gegründet, die landwirtschaftliche Maschinen verkaufte. Das 1866 patentierte Jo-Jo vertrieben beide künftig unter dem Namen »whirligig«.

Schon im 18. Jahrhundert vertrieb man sich die Zeit mit Jo-Jo-Spielen.

Auf diesen Zug wollte auch Pedro Flores aufspringen, ein philippinischer Einwanderer, der 1915 als Teenager in die USA kam. Nach seinem Highschool-Abschluss an einer Wirtschaftsschule und einem Jura-Studium kam er auf die Idee, mit dem auf den Philippinen seit Jahrhunderten benutzten Spielgerät Jo-Jo Geld zu verdienen. 1928 gründete er also die Firma »Jo-Jo«, wo er die »whirligigs« unter demselben Namen produzierte. Er besaß dafür allerdings immer nur die Markenrechte, nie das Patent.

Zum Verkaufsknüller wurde sein Spielzeug jedoch erst, als der US-Geschäftsmann Donald F. Duncan sein Unternehmen übernahm und große Werbeaktionen für das Jo-Jo startete. Duncan war es auch, der sich 1932 das Prinzip des Freilauf-Jo-Jos unter dem Markennamen »yo-yo« patentieren ließ. Dies sollte sich 30 Jahre später auszahlen: 1962 verkaufte Duncan angeblich 45 Millionen Jo-Jos. Weil sich der Begriff für das Spielzeug an sich aber mittlerweile im Sprachgebrauch eingebürgert hatte, wurden Duncan

> **!** Das größte und mit 123 Kilo schwerste Jo-Jo der Welt ist aus Holz. Ausgestellt ist es im »National Yo-Yo Museum« in Chico, Kalifornien.

Die chinesische Jo-Jo-Variante ist das Diabolo – eine der ältesten Jonglier-Requisiten, die es bereits 1766 vor Christus in der Shang-Dynastie gegeben haben soll. Im Unterschied zum Jo-Jo wird das Diabolo auf ein Seil gesetzt, das an seinen Enden an zwei Handstöcken befestigt ist.

die Markenrechte 1965 per Gerichtsbeschluss wieder aberkannt – doch da war der clevere Geschäftsmann bereits ein reicher Mann.

Jugendherberge (1909)

Der deutsche Lehrer ***Richard Schirrmann*** war ein Pädagoge mit einer Passion: Immer wieder zog es ihn mit seinen Schülern hinaus in die Natur, weg vom Industriemief der Städte. »Das Wandern ist ein Gesundbrunnen für Jung und Alt und muss Volkssitte werden«, forderte er – und sorgte 1909 dafür, dass die »wanderfrohe Jugend« viele Dächer über die Köpfe bekam.

Ein achttägiger Wanderausflug von Altena nach Aachen Ende August 1909 gab die Initialzündung für Schirrmanns Idee der Jugendherberge.

Die erste Nacht verbrachten die Wanderer in einem Heuschober, ein Bauer lieh ihnen Wolldecken und spendierte sogar Pflaumen und frische Milch. Anders verlief die zweite Nacht im Bröltal, in der auch noch ein Gewitter aufzog. Der dort beheimatete westfälische Bauer wollte keine Übernachtungsgäste in seiner Scheune. Eine leer stehende Dorfschule bot Schülern und Lehrern schließlich Unterschlupf. »Das Unwetter tobte die ganze Nacht«, notierte Schirrmann später, dessen Wanderleidenschaft bei der Schulaufsicht auf wenig Gegenliebe stieß – »während die wandermüden Jungen fest schliefen, lag ich

In den originalen Räumen der Burg Altena befindet sich heute das Weltjugendherbergsmuseum. Die Jugendherberge (60 Betten) hat in den Burgmauern eine neue Bleibe gefunden, als eine von rund 550 Jugendherbergen in Deutschland. Die Mitgliedschaft im DJH ermöglicht den Besuch von weltweit über 4000 Jugendherbergen.

Auch gemeinsames Kartoffelschälen gehörte für Richard Schirrmann zum Jugendherbergsgedanken.

hellwach.« In dieser Nacht kam ihm der Gedanke, wie beruhigend es wäre, gäbe es an jedem »wanderwichtigen Ort in Tagesmarschabständen auch eine gastliche Jugendherberge zur Einkehr«.

Jener 26. August 1909 gilt seither als Geburtstag der deutschen Jugendherbergsbewegung, die in aller Welt Schule machen sollte. 1910 sinnierte Schirrmann in einem Aufsatz in der »Kölnischen Zeitung«: »Wie denke ich mir nun zweckmäßige und ausreichende Herbergen für das gewaltige Heer der Volksschüler? Fast jedes Dorf hat eine Volksschule, die in den Ferien mit leeren Räumen geradezu darauf wartet, in einen Schlaf- und Speisesaal für wanderlustige Kinder verwandelt zu werden. Zwei Klassenzimmer genügen, eins für Buben, eins für Mädel. (…) Jede Lagerstatt besteht aus einem straff mit Stroh gestopften Sack und Kopfpolster, zwei Betttüchern und einer Wolldecke.«

Schirrmanns Artikel fand Gefallen in ganz Deutschland. Viele Bürger sandten daraufhin Geld oder Sachspenden, um Schirrmanns Vision zu unterstützen, und die erste provisorisch eingerichtete Jugendherberge, die Nette-Schule in Altena, konnte wunschgemäß eröffnen.

1912 entstand auf der Burg Altena die erste offizielle Jugendherberge der Welt. Ihr Slogan lautete: »Unterkunft für alle«, und Schirrmann selbst war der erste Herbergsvater.

1919 gründete Schirrmann den Reichsjugendherbergsverband und 1922 ließ er sich ganz vom Schuldienst beurlauben. Von 1933–1936 war er Vorsitzender der International Youth Hostel Federation (IYHF). Nach dem Zweiten Weltkrieg machte er sich 1948 an den Wiederaufbau des deutschen Jugendherbergswerks, engagierte sich aber auch auf internationaler Ebene für die wandernde Jugend.

Jukebox (1889)

»Groschengrab« nannten die Amerikaner scherzhaft den Vorgänger der Jukebox: akustisch-mechanische Phonografen, die gegen Münzeinwurf Musik von einer Wachswalze abspielten. Die Geräte wurden seit 1889 in größeren Mengen produziert – genauer gesagt, seit der gelernte Telegrafist ***Louis T. Glass*** am 23. November 1889 im Restaurant Palais Royal in San Francisco einen »Edison Class M Electric Phonograph« ausgestellt hatte. Zusammen mit seinem Geschäftskollegen William S. Arnold hatte der General Manager der Pacific Phonograph Company den Phonografen zuvor mit einem Münzmechanismus versehen – das war neu! Und gemeinsam erhielten die beiden Männer dann auch das Patent auf den allerersten mit Münzgeld zu speisenden Phonografen.

Am 29. Mai 1890 hatte Glass bereits 15 der Musik-Maschinen in

Das Wort »Jukebox« kommt aus dem Kreolischen: »Jook« bzw. »juke« heißt dort »verrucht«. Der Begriff passte vermutlich zur neuartigen »verruchten Musik«, die gegen Geldeinwurf aus der Box drang. Ein »juke joint« (kurz: juke) war im ländlichen Südosten der USA eine einfache Kneipe für Afro-Amerikaner, in der es Alkohol, Tanzmusik und gelegentlich auch Glücksspiel und Prostitution gab.

Beliebter Szenetreff in den 1950er-Jahren: die Jukebox.

Restaurants, Clubs und auf einer Fähre aufgestellt und konnte in Chicago auf der Jahresversammlung der Phonografen-Industrie einen Umsatz von 4019 Dollar in nur sechs Monaten verkünden. Da Glass' Jukeboxes noch über Kopfhörer funktionierten, die das – unbezahlte – Mithören erschweren sollten, verwundert es kaum, dass Glass die Gegner der allmählich aufkommenden Lautsprecher vehement unterstützte.

Die ersten Phonografen waren technisch noch nicht sehr ausgefeilt: zweiminütige Stücke waren das Höchste der Gefühle und auch die Tonqualität ließ noch zu wünschen übrig. Rettung brachte in dieser Hinsicht die Schellack-Platte, die 1896 Emil Berliner in Deutschland erfand. Mit ihr erhöhte sich die Abspieldauer auf maximal dreieinhalb Minuten. Auch den lässigen Begriff »Jukebox« gab es nicht von Beginn an, er etablierte sich erst ab 1946 mit dem Modell AMI A (»Mother of Plastic«). In den 1930er- und frühen 1940er-Jahren sprach man offiziell vom »Coin-Operated Phonograph«.

Nach Deutschland kam die Jukebox erst in den 1950er-Jahren, im Gepäck von dort stationierten US-Soldaten. Interpreten wie Elvis Presley oder Bill Haley, deren Lieder unablässig gewünscht wurden, verhalfen ihr weltweit zum Durchbruch.

- Die bekannteste aller Musikboxen, die legendäre Wurlitzer 1015, wurde nach dem Zweiten Weltkrieg 1946 rund 56 000-mal produziert.
- Das klassische Design der Jukeboxes der 1940er-Jahre – auch »Golden Age Era« genannt – bestimmten US-Firmen wie die Rudolph Wurlitzer Company, J. P. Seeburg, Rock-Ola, Evans, Mills oder die Automatic Musical Instrument Corporation (AMI).

Kaugummi (1848)

Archäologische Funde beweisen, dass schon die Steinzeitmenschen bestimmte Baumharze gekaut haben. In Schweden und Finnland fanden Archäologen bei der Ausgrabung einer 5000 Jahre alten Siedlung den angeblich ersten Kaugummi der Welt – mit Zahnabdrücken! Er wurde aus der Rinde von Birken destilliert. Die Steinzeitmenschen kauten das ungenießbare Birkenpech aber vermutlich nicht zum Genuss, sie betäubten damit wohl Zahn- und Kopfschmerzen.

Auch die alten Ägypter verwendeten Kaugummis bereits 3000 vor Christus bei Riten, die alten Römer kauten das Harz des Mastixbaumes. Die Mayas in Mittelamerika bissen auf »chicle« herum, dem getrockneten Saft des 30 Meter hohen Sapotill- oder Breiapfelbaumes, die Indianer Nordamerikas trainierten ihre Kaumuskeln mit Fichtenharz.

> **!** Es waren die Amerikaner und Holländer, die nach dem Zweiten Weltkrieg mit den Kaugummis auch den Kaugummiautomaten nach Deutschland brachten. Anfangs waren die zumeist roten Kästen vor allem in Kinos oder an Bartresen zu finden. Erst später wurden die Automaten an Häuserwände gehängt, wo viele Kinder vorbeikamen. Doch mit der Euroumstellung 1999 wurden die meisten Automaten buchstäblich abgehängt, da sich das Ändern der Münzmechanik für die Vertriebe meist nicht lohnte.

Der erste Kaugummifabrikant weltweit war 1848 der US-Amerikaner ***John Curtis Jackson***, der zusammen mit seinem Sohn John Bacon Curtis gereinigtes Fichtenharz aus dem Wald erhitzte, es mit Zucker vermengte, ausrollte und erkalten ließ, bevor er es in Stücke schnitt. Seine Rezeptur basierte auf einer indianischen Formel und kam bei den Amerikanern so gut an, dass sein Sohn eine Maschine erfand, die Mitte des 19. Jahrhunderts erstmals die Massenproduktion von Kaugummi ermöglichte.

Den Anstoß zur Herstellung eines aromatisierten Kaugummis, wie wir ihn heute schätzen, gab aber ein Mitbringsel des mexikanischen

Generals und Staatspräsidenten Antonio López de Santa Anna. Bei einem Aufenthalt in New York begegnete ihm der amerikanische Erfinder Thomas Adams, dem er erzählte, dass sein Volk seit Jahrhunderten »chicles« kaue.

Adams witterte eine Geschäftsidee, kaufte dem General einen Klumpen Baumharz ab und versuchte, es zunächst einmal anderweitig einzusetzen. Nach einigen Fehlversuchen sann er darüber nach, warum jene »chicles« nicht die geschmacklosen Paraffin-Kaugummis verdrängen sollten, die sich die Amerikaner zu jener Zeit gerne in den Mund schoben – es war einen Versuch wert.

- Heute werden Kaugummis aus synthetischem Kautschuk und naturidentischen Harzen hergestellt.
- Kaugummi-Kauen verbraucht bis zu elf Kalorien pro Stunde und soll laut wissenschaftlicher Studien langfristig die Hirnaktivität steigern.

Tatsächlich gelang es Adams, aus dem kaubaren Latex Kaugummistreifen herzustellen, die er mit Geschmacksverstärkern wie zum Beispiel Hustensaft vermengte, in buntes Papier einwickelte und verkaufte. Als er sah, dass die Amerikaner seine Kaugummis liebten, kratzte er sein restliches Vermögen zusammen und produzierte große Mengen davon. Ab Februar 1871 wurde sein »Adams' New York Gum No.1« in Drogerien für einen Penny pro Stück verkauft.

Adams' zweiter Kaugummi »Black Jack« schmeckte nach Lakritz und verkaufte sich fast ein Jahrhundert lang. 1888 kam »Tutti-Frutti« auf den Markt, ein Kaugummi, den man erstmals auch aus Automaten in New Yorker U-Bahn-Stationen ziehen konnte.

Gegen Ende des 19. Jahrhunderts war Adams' Unternehmen die erste Kaugummifabrik in den Staaten. 1899 schlossen sich die sechs größten und bekanntesten Firmen der USA und Kanadas, auch jene von Adams, zu einem Monopol zusammen (American Chicle Company) und produzierten Kaugummi fortan unter dem Markennamen »Chiclets«.

Mit William Wrigley trat 1892 dann der wohl berühmteste Kaugummifabrikant der Geschichte auf den Plan. Wrigley startete 1891 als Seifenverkäufer und schnürte seinen Kunden jeweils ein Gratispaket Backpulver zur Seife. Er sattelte dann aber recht schnell auf Backpulver um, weil ihm das lukrativer erschien. Dem Backpulver legte der gewitzte Geschäftsmann wiederum als Kaufanreiz Kaugummi bei – der wiederum bald schon beliebter war als das Backpulver selbst.

Daraufhin setzte Wrigley abermals auf sein eigentliches »Dankeschönprodukt«, verbesserte dessen Mixtur und Verpackung und machte den Kaugummi mit den Marken »Wrigley's Spearmint« und »Juicy Fruit« in Amerika, Australien und Europa populär. Und zwar mit einer außergewöhnlichen Werbeaktion: 1915 kaufte Wrigley alle Telefonbücher der Vereinigten Staaten und schickte jedem der damals noch überschaubaren 1,5 Millionen Telefonabonnenten vier Gratisstreifen Kaugummi. Als er die Aktion vier Jahre später wiederholte, besaßen beinahe schon fünfmal so viele Leute ein Telefon: Tollkühn sandte Wrigley an sieben Millionen Amerikaner kostenlosen Kaugummi! Eine ausgefallene und aufwendige Idee, die sich aber voll ausgezahlt hat.

Kino (1895)

> ! Die meisten der 2000 selbst gedrehten Kurzfilme der Brüder Lumière sind heute noch im Lumière-Museum in Lyon erhalten.

Die Wiege des Kinos liegt nicht etwa in Hollywood, sondern in Paris. Was heute gerne als die »Geburtsstunde des Kinos« bezeichnet wird, war jedoch keineswegs der geniale Wurf von zwei Genies. Vielmehr gelang den französischen Brüdern ***Auguste Lumière*** und ***Louis Jean Lumière*** die letzte, allerdings entscheidende Verbesserung eines Verfahrens, an dem viele Erfinder in vielen Ländern zeitgleich tüftelten. Ihr 1895 zum Patent angemeldeter »Cinématographe« war Kamera, Kopiermaschine und Projektor in einem. Von diesem Gerät wurde später auch der Begriff »Kino« abgeleitet.

Die Filmvorführungen, die man bis dahin kannte, hatten wenig zu tun mit einem Kinobesuch der heutigen Zeit. Ende des 19. Jahrhunderts gab es noch keine Projektoren und keine Leinwand. Man warf fünf Cent in einen Automaten und konnte dann durch ein

Jahrelang hatten die Brüder Lumière an ihrem »Cinématographe« getüftelt, bis er 1895 das erste Mal zum Einsatz kam.

Guckloch einen filmischen »Zweisekünder« bestaunen. Das Gerät, das dies möglich machte, nannte sich »Kinetoskop« und war 1894 von dem berühmten amerikanischen Erfinder Thomas Edison entwickelt worden, der 1891 unter anderem den Vorläufer der Filmkamera, den »Kinetographen«, erfunden hatte.

Der Vater der Brüder Lumière, der Industrielle Antoine Lumière, bekam 1894 in Paris diesen »Wunderkasten« von Thomas Edison vorgeführt und brachte seinen Söhnen ein solches »Kinetoskop« der Konkurrenzfirma mit. Doch Edisons Erfindung konnte eben immer nur von einer Person benutzt werden.

Der auf der Erfindung des Amerikaners aufbauende »Cinématographe« der Brüder Lumière machte den Film hingegen zu einem Massenmedium. Jahrelang hatten die beiden Fototechniker fanatisch und geheim an der (Re-)Produktion bewegter Bilder geforscht, bis ihnen der große Wurf gelang: Am 28. Dezember 1895 fand die erste Filmvorführung statt. Im Indischen Salon des Grand Café am Boulevard des Capucines in Paris präsentierten die Brüder stolz einen selbst gedrehten Kurzfilm, der Arbeiter beim Verlassen einer Fabrik zeigte. Dies war die erste kommerzielle Filmprojektion, die einem großen, zahlenden Publikum vorgeführt wurde, und deshalb gilt sie seither als Geburtsstunde des Kinos.

Doch die Lumières waren nicht nur geniale Tüftler, sie waren auch gewiefte Unternehmer. In wenigen Monaten gelang es ihnen, mit ihrem »Cinématographe« die fünf Kontinente zu erobern.

Die erste Aufführung außerhalb von Paris fand am 1. März 1896 in Brüssel statt. Wenig später lief, dank guter Geschäftskontakte der

Brüder mit dem deutschen Süßwarenfabrikanten Ludwig Stollwerck, auch in Deutschland die erste Vorstellung des »Cinématographe Lumière«: in der Kantine von Stollwercks Kölner Firma.

Auch in den USA eröffneten Geschäftsleute landesweit Nickelodeons (zusammengesetzt aus »Nickel« für die Fünfcentmünze und »Odeion«, der griechischen Bezeichnung für ein überdachtes Theater). Das Publikum dieser ersten Lichtspielhäuser bestand aus einfachen Leuten: Zimmermädchen, fahrendem Volk und Hausierern. Rund 30 Minuten dauerten die Vorstellungen, in denen mehrere Kurzfilme hintereinander in abgedunkelten Räumen vorgeführt wurden. Dabei ging es hoch her: Mütter stillten ihre Babys, Kinder spielten Fangen und die Erwachsenen unterhielten sich lautstark und rauchten. Damit nicht genug, versuchten sich – zumeist heisere – Ansager, gegen all diesen Lärm Gehör zu verschaffen. Oder sie untermalten die Handlung der Stummfilme mit passenden Geräuschen.

Die Brüder Lumière wurden durch ihren »Cinématographe« zu Millionären. In ihrer Heimat Frankreich ließen sie in kürzester Zeit diverse dokumentarische Kurzfilme produzieren mit Titeln wie »Der begossene Gärtner« oder »Abbruch einer Mauer«. Als Filmmaterial diente ein – in der eigenen Trockenplattenfabrik in Lyon hergestellter – Zelluloidfilm in der bereits von Edison vorgegebenen Breite von 35 Millimetern. Oft genug mussten ihre Angehörigen und Fabrikarbeiter als Darsteller vor der Kamera agieren.

Einer ihrer Filme geriet zum »Aufreger« schlechthin, weil ein Zug auf der Leinwand frontal auf die Zuschauer zuraste. Ein Effekt, den die seinerzeit noch nicht an bewegte Bilder gewöhnten Zuschauer nicht einschätzen konnten. Fast alle gerieten durch den Anblick in Panik, sprangen auf und verließen fluchtartig den Kinosaal. Einige Frauen fielen vor Aufregung in Ohnmacht. Heute würde sich jeder Regisseur angesichts solch heftiger Zuschauerreaktionen die Finger schlecken, damals verstörte der Vorfall die Menschen eher. Dem Erfolg der Brüder Lumière tat dies keinen Abbruch. Die ursprünglich 1881 vom Vater in Lyon gegründete Firma, die mit der Produktion von Fotoplatten begonnen hatte, übernahmen die Brüder 1893 gemeinsam und betrieben sie bis 1905. Dann verkauften sie ihr Patent vom Februar 1895 an Charles Pathé, der die Kommerzialisierung des Kinos weiter vorantrieb.

Klettverschluss (1952)

Die Natur, sie »giebt geheimen Sinn zu kosten, wie 's den Wissenden erbaut«, schrieb schon Goethe 1815 in einem Brief. Und wenn er es auch nicht so herrlich blumig umschreiben konnte wie der Dichter, so tat der Schweizer Ingenieur ***Georges de Mestral*** 1942 doch nichts anderes: Er nahm die Natur als Vorbild für seine spektakulärste Erfindung – den Klettverschluss. Dieser sorgt nicht nur für das schnelle An- und Ausziehen von Jacken und Schuhen, sondern ist zum Beispiel auch bei Kissenüberzügen, Zelteingängen oder Geldbeuteln ein wichtiger Alltagshelfer.

1959 produzierte Georges de Mestral mit seiner Firma »Velcro Industries« den ersten Klettverschluss. Heute ist seine Erfindung aus unserem Alltag nicht mehr wegzudenken, sodass das Unternehmen im Jahr 55 000 Kilometer an Klettverschlüssen herstellt.

Auf die geniale Idee zum klettenhaften Verschluss kam der passionierte Jäger und Tüftler 1942 bei einem Waldspaziergang mit seinem langhaarigen Hund. Kaum war der in einem Dickicht verschwunden, hatten sich in seinem Fell wieder zahlreiche Früchte der »Großen Klette« verhakt. Lästige igelartige Samen, die Mestral seinem Vierbeiner regelmäßig mit der Hand entfernen musste, weil der Hund das nicht aus eigener Kraft schaffte – und dabei kam Mestral die Idee: Warum sollte man diese starke natürliche Haftkraft nicht auch für den Alltag nutzen?

Als Mestral sich die Kletten unter seinem Mikroskop genauer ansah, bemerkte er, dass die Borsten der Kletten winzige Häkchen tragen, die sich beim Kontakt mit fasrigen Materialien festsetzen. In der richtigen Dosierung sah Mestral darin eine Möglichkeit, auf einfache Weise zwei Materialien reversibel zu verbinden, und entwickelte nach dem Vorbild der Natur den Klettverschluss. Doch erst zehn

Jahre später, am 15. Oktober 1952, ließ Mestral seine Erfindung unter dem Namen »Velcro« patentieren – zusammengesetzt aus den französischen Begriffen »velours« (Schlaufe) und »crochet« (Haken). Im englischsprachigen Raum heißt der Klettverschluss heute deshalb auch »velcro«.

Bioniker, also Wissenschaftler, die sich mit der Entschlüsselung von Naturtechniken beschäftigen, um ihre Ergebnisse wiederum in unserer Alltagstechnik anzuwenden, arbeiten bereits an Klettverschlüssen der zweiten Generation: Diese sollen sich geräuscharmer öffnen lassen und weniger schnell verschmutzen, als das bisher der Fall ist.

Klopapierrolle (1890)

Holz für die Zellstoffherstellung wird vor allem aus Kiefern, Fichten und Birken und zu geringen Teilen aus Eukalyptusbäumen gewonnen.

Man hat sie täglich in der Hand. Doch wer die unverzichtbare Klopapierrolle erfunden hat, wissen wohl die wenigsten. Das erste Papier, das in einer Fabrik zur Verwendung als Toilettenpapier hergestellt wurde, produzierte der in Massachusetts geborene Erfinder Joseph C. Gayetty 1857 in New York. Verkauft wurde das sogenannte »medicated paper for the water closet« in Gayettys Geschäft in der Ann Street Nr. 41 in Lower Manhattan. In einer Schachtel Toilettenpapier, die 50 Cent kostete, lagen 500 einzelne Blätter. Sie waren mit Aloe-Extrakten getränkt, trugen alle ein Wasserzeichen mit dem Namen von Gayetty und wurden zunächst als medizinisches Produkt gegen Hämorriden verkauft. Doch Gayettys Erfindung brachte noch nicht den gewünschten durchschlagenden Erfolg. Die meisten seiner Landsleute benutzten auf dem »stillen Örtchen« weiterhin alte Zeitungen.

Auch in England hatte der Brite W.C. Alcock in den 80er-Jahren des 19. Jahrhunderts noch keinen Erfolg mit seinen zum selben Zweck erfundenen »Papierlockenwicklern«, wie er sein Toilettenpapier verschämt nannte.

Erst die 1890 maschinell in den USA hergestellten Klopapier-

»Verlangen Sie eine Rolle Hakle, dann brauchen Sie nicht Toilettenpapier zu sagen!«

rollen – ähnlich denen, wie wir sie heute kennen – setzten sich durch. Produziert wurden die Rollen in der 1879 in Philadelphia gegründeten Scott Paper Company. Deren Inhaber, die Brüder ***Edward Irvin*** und ***Clarence Scott***, hatten bereits seit 1867 mit einem Handkarren händisch aufgewickeltes Toilettenpapier verkauft. Die Serienproduktion machte die Brüder zu reichen Fabrikanten. Allerdings konnte erst *Arthur Hoyt Scott,* der Sohn von Edward Irvin Scott, die Seniorchefs um die Jahrhundertwende davon überzeugen, die Klopapierrollen auch zu bewerben. Weil man sich aber scheute, den eigenen Namen auf das als anrüchig empfundene Produkt zu drucken, wurde das Toilettenpapier als »Waldorf Tissue« unters Volk gebracht und mit dem Spruch »so weich wie altes Leinen« vermarktet. 1907 war die Scott Paper Company durch diesen Werbeschachzug in ganz Amerika bekannt und setzt noch heute Millionen Dollar um.

Die erste deutsche Toilettenpapierfabrik gründete 1928 der schwäbische Unternehmer Hans Klenk in Ludwigsburg. Der noch heute bestehende Markenname »Hakle« ergibt sich aus den ersten Buchstaben seines Vor- und Nachnamens.

In der Anfangsphase war es auch Hans Klenk noch sehr unangenehm, anderen zu beschreiben, womit er sein Geld verdiente. Wickelte der ehemalige Banker doch tatsächlich vormittags eigenhändig lange Papierstreifen auf eine Rolle, die er nachmittags für die dringenden Bedürfnisse eines jeden Menschen verkaufte.

Umso eindrücklicher, um nicht zu sagen revolutionär, war Klenks erster Werbeslogan, mit dem er das bis dahin bestehende Tabu der Toilettenhygiene brach. Der Slogan lautete: »Verlangen Sie eine Rolle Hakle, dann brauchen Sie nicht Toilettenpapier zu sagen!« Zu Beginn bestand eine Rolle aus 444 Blatt rauen Krepp-Papiers. Innovativ war neben dem Werbeslogan auch die garantierte Blattzahl: »Darauf kommt es an!« – stand auf jeder Rolle.

Die Alten Griechen (8. Jahrhundert vor Christus) putzten sich ihren Allerwertesten noch mit Steinen und Tonscherben ab. Im Alten Rom (ebenfalls etwa 8. Jahrhundert vor Christus) hingegen war man schon fortschrittlicher und benutzte auf den öffentlichen Latrinen an Stöcke gebundene Schwämme, die in Salzwasserkrügen aufbewahrt wurden. Die ersten Papierbögen auf dem stillen Örtchen verwendeten im ausgehenden 14. Jahrhundert chinesische Kaiser. Das kaiserliche Versorgungsamt orderte 720 000 Blatt für jedes Jahr, wobei ein Blatt etwa einen halben Quadratmeter groß war. Im europäischen Mittelalter benutzte man zur selben Zeit noch Heu, Stroh, Gras, alte Lumpen und manchmal sogar lebendes Federvieh – oft genug aber auch gar keine Hilfsmittel. In Amerika sollen die ersten Siedler im 17. Jahrhundert Maiskolben zweckentfremdet haben. Später tauschten sie diese gegen alte Zeitungen und Zeitschriften aus.

1954 meldete Klenk für seine Hakle-Rollen Preisbindung beim Bundeskartellamt an – und tatsächlich hielt er seine Preise über 20 Jahre lang stabil. Zudem gründete er eine Papierfabrik, zog mit seinen Umrollmaschinen aus den angemieteten Räumen des Ludwigsburger Proviantamtes nach Mainz und integrierte dort die Papierverarbeitung. Als 1958, nach amerikanischem Vorbild, das weichere Tissue-Papier in Mode kam – saugfähiges, feingekrepptes Hygienepapier aus Zellstoff –, stellte Klenk ebenfalls auf Tissue-Papier um und wuchs in den 60er-Jahren zur größten Papier-Spezialfabrik im damaligen EWG-Raum. Es spricht für den Humor des Hakle-Gründers, dass die ab 1960 herausgegebene Mitarbeiterzeitung der Firma den Namen »Die Rolle« trug. 1972 übertrug Hans Klenk die Firmengeschäfte auf seinen Sohn Hans Dieter, der das Familienunternehmen 1984 schließlich an den Schweizer Attisholz-Konzern verkaufte. Seit 1999 gehört Hakle zum US-amerikanischen Unternehmen Kimberly-Clark.

Die so oft zitierte Überkorrektheit der Deutschen fängt beim Klopapier an. Eine Studie des Konzerns »Hakle-Kimberly« brachte ans Tageslicht, dass rund 80 Prozent der Deutschen ihr Toilettenpapier vor dem Verwenden ordentlich falten. Ein Drittel der Frauen zählt es sogar ab und verwendet nie mehr als vier bis fünf Blatt pro Toilettengang. Die Männer langen da schon großzügiger hin: 34,1 Prozent verbrauchen laut Studie sechs bis zehn Blatt und 13,8 Prozent sogar mehr als zehn Blatt pro Toilettenbesuch!

Knigge (1788)

Den Namen ***Adolph Franz Friedrich Ludwig Freiherr von Knigge*** verbinden viele Menschen mit dem »modernen Erfinder von Tischkultur«. Doch das ist weit gefehlt! Zwar erschien 1788 die erste Auflage des wohl bekanntesten, soziologisch ausgerichteten Werks des adeligen Schriftstellers: »Ueber den Umgang mit Menschen« – heute einfach kurz als »Knigge« bekannt. Freiherr von Knigge schrieb

Fast alles, was Freiherr von Knigge schrieb, beruhte auf eigenen Beobachtungen und selbst Erlebtem. Und da der Schriftsteller ein sehr unternehmungslustiger Zeitgenosse war, liefert sein Werk ein gutes Abbild von Deutschland zu Zeiten des Wandels vom Absolutismus zur Aufklärung.

Adolph Franz Friedrich Ludwig Freiherr von Knigge war das zweite Kind von Philipp Carl Ernst Freiherr von Knigge und Louise Wilhelmine, ebenfalls eine geborene Freiin Knigge. Durch die Verwandtschaft seiner Eltern – die zur damaligen Zeit durchaus den Gepflogenheiten entsprach – war Adolphs Mutter zugleich seine Cousine zweiten Grades und sein Vater zugleich sein Onkel! Auch schien Knigge selbst sich gar nicht so perfekt benehmen zu können, wie man heute glauben mag: Etwa 1772 musste er gar sein Amt als Hofjunker und Assessor der Kriegs- und Domänenkammer zu Kassel verlassen, weil er sich »durch amtliche und gesellige Misshelligkeiten unmöglich« gemacht hatte.

Freiherr von Knigge schrieb kein Benimmbuch, sondern ein Buch über den achtsamen Umgang miteinander.

diese Aufklärungsschrift mit seinen 36 Jahren aber als Appell an Taktgefühl und Höflichkeit im Umgang zwischen den Generationen, Berufen und Charakteren. Sein Fokus lag auf dem achtsamen, anständigen Umgang miteinander. Höfische Manieren, der Umgang mit Messer und Gabel oder Kleiderordnungen interessierten ihn wenig.

Irrtümlicherweise wurde dieses Buch, das schon zu Lebzeiten Knigges ein Erfolg war und in fünfter Auflage im Jahr seines Todes 1796 erschien, später als Benimmbuch interpretiert. Dieses Missverständnis verstärkte der Verlag, indem er das Werk nach dem Tod von Knigge 1796 durch Benimm- und Anstandsregeln ergänzte.

Köchelverzeichnis (1862)

Es ist mit 626 registrierten Mozart-Kompositionen das umfassendste Verzeichnis aller Werke des österreichischen Ausnahmemusikers Wolfgang Amadeus Mozart (1756–1791). Erstellt und deshalb nach ihm benannt wurde es von dem österreichischen Juristen und Musikwissenschaftler ***Ludwig Alois Ferdinand Ritter von Köchel***, der es 1862, also rund 70 Jahre nach Mozarts Tod, erstmals unter dem Titel: »Chronologisch-thematisches Verzeichnis sämtlicher Tonwerke Wolfgang Amadé Mozarts« veröffentlichte.

Köchel unterrichtete und erzog von 1827–42 die vier Söhne von Erzherzog Karl in Wien (die 1829 ihre Mutter verloren), stieg 1832 zum Kaiserlichen Rat auf, wurde 1842 bei seiner Entlassung aus den Diensten des Erzherzogs als Ritter von Köchel geadelt und erhielt eine großzügige Abfindung, die er für ausgedehnte Reisen nutzte, die ihn u. a. zum Nordkap führten.

Seine Apanage hatte Erzherzog Karl aus Dankbarkeit gegenüber dem angesehenen Lehrer so großzügig bemessen, dass Köchel es sich leisten konnte, nur mehr seinen Lieblingsbeschäftigungen nachzugehen: dem Reisen, seinen botanischen und mineralogischen Studien, aber auch dem Schreiben von Gedichten.

Als Mitglied und seit 1867 sogar Ehrenmitglied des »Salzburger Mozarteums« hegte der herausragende Musiker aber noch eine vierte Leidenschaft: Er interessierte sich brennend für die Wiener Musikgeschichte, insbesondere für das Werk von Wolfgang Amadeus Mozart. Jahrelang sammelte Köchel Informationen und Fakten über den 1791 in Wien verstorbenen Komponisten und nummerierte dessen Werke in chronologischer Reihenfolge.

Ludwig Ritter von Köchel erstellte auch grundlegende Werke über die kaiserliche Hofmusikkapelle (1869) und gab die Briefe Ludwig van Beethovens an Erzherzog Rudolf heraus (1865).

Nach Köchels Tod im Jahr 1877 wurde die erste Auflage des Köchelverzeichnisses fortlaufend von namhaften Musikwissenschaftlern auf den jeweils neuesten Stand der Forschung gebracht. Mittlerweile liegt das Verzeichnis in der achten Auflage vor, die offizielle Abkürzung lautet KV (bzw. K im Englischen). Es enthält auf 551 Seiten alle Werke Mozarts sowie eine Reihe von Nachträgen. Die berühmte Oper »Die Zauberflöte« trägt beispielsweise die Bezeichnung KV 620, Mozarts Komposition »Eine kleine Nachtmusik« ist die Nummer KV 525.

Kondom (1855)

Die ersten Hinweise auf eine bewusste Verhütung stammen aus der Antike: Schon der griechische Philosoph Aristoteles empfahl, die Bevölkerungszahl zu begrenzen, damit die Bürger nicht verarmten. Doch die Verhütungsmittel aus dieser Zeit waren alle nicht effektiv. Die Alten Ägypter etwa sollen Kondome aus Leder verwendet haben, während man im Mittelalter Kondome aus gewebtem Stoff benutzte.

Casanova hat in heiterer Runde gerne mal ein Kondom aufgeblasen – besser hätte er es jedoch benutzt: Kondome hätten ihn vermutlich vor der Geschlechtskrankheit Syphilis bewahrt.

Erst als man dazu überging, Kondome aus Schafsdärmen, Blinddärmen von Ziegen oder getrockneten Schwimmblasen von Fischen herzustellen, stellte sich ein gewisser Empfängnisschutz ein. Diese Art Kondom wurde meist von Adeligen benutzt und bei Gebrauch mithilfe von Seidenbändern zugebunden. Da sie im 18. Jahrhundert noch in aufwendiger Handarbeit entstanden, wurden sie mehrfach benutzt, gewaschen, getrocknet und, falls sie beschädigt waren, sorgfältig mit Knochenleim und Tierdarm repariert.

Über die Namensherkunft des Kondoms gibt es diverse Theorien. Die verbreitetste ist, dass die Gummitüte ihren Namen vom englischen Oberst Dr. Condom erhalten habe, der Mitte des 17. Jahrhunderts Hofarzt des englischen Königs Charles II. war. Dr. Condom empfahl Hammeldärme zur Empfängnis- und Infektionsverhütung und wurde dafür, so die Legende, zum Ritter geschlagen. Eine andere plausible Variante bezieht sich auf die Kombination der Wortbestandteile »con« (ital. bzw. vom lat. »cum« abgeleitet für »mit«) und »doma« (vom lat. »domus« für »Haus« oder »Kuppel«).

1839 machte dann ***Charles Goodyear***, der eigentlich mit Eisenwaren handelte, eine bahnbrechende Erfindung: Eine Mischung aus Schwefel und Kautschuk fiel aus Versehen auf den Herd in seinem

Auch Frauenverführer Giacomo Casanova (1725–1798) soll bei seinen amourösen Abenteuern Kondome aus Tierdarm verwendet haben, die im 18. Jahrhundert vornehm als »English overcoats« tituliert wurden. Pikiert schrieb Casanova, der die Dinger gerne in Gesellschaft aufgeblasen haben soll, in seinen erhaltenen, autobiografischen Aufzeichnungen »Histoire de ma vie«: »Kondome sind ein Bollwerk gegen das Vergnügen, aber ein Spinnweb gegen die Gefahr.« Gemeint hat der Schwerenöter damit den Schutz vor der gefürchteten Geschlechtskrankheit Syphilis.

Labor und verwandelte sich in einen damals noch unbekannten Stoff: Gummi! Das wasserfeste, wärme- und kältebeständige sowie bruchsichere Material eignete sich für vieles – schnell entwickelte Goodyear zahlreiche Produkte aus seinem neuen Stoff.

Gummihandschuhe etwa, die er in einer eigens gegründeten Fabrik herstellte – bis er 1844 sein Patent für Gummiwaren anmeldete. 1855 produzierte er dort auch das erste Gummikondom, ein für heutige Verhältnisse viel zu klobiges, zwei Millimeter dickes Verhüterli mit Seitennaht. Doch für die damalige Zeit revolutionär.

Obwohl von der katholischen Kirche boykottiert, fanden die im Volksmund als »Glühwürmchen« bezeichneten Kondome immer mehr Abnehmer. Sechs Stück der Gummitütchen füllten eine Streichholzschachtel.

> Als 1914 der Erste Weltkrieg ausbrach, durften Kondome im Standardgepäck der deutschen, französischen und britischen Soldaten auf Geheiß der Militärführung nicht fehlen. Nur in der US-Armee galten andere Richtlinien, weshalb sich die US-Soldaten in der Kriegszeit wesentlich häufiger mit Geschlechtskrankheiten infizierten.

Doch erst 1916, als der jüdische Gummifabrikant Julius Fromm am Tag 150 000 dieser Überzüge für den Markt produzierte, wurden Kondome auch in Deutschland allmählich zur Massenware. Der von Konin im damaligen Russland nach Berlin ausgewanderte Fromm hatte eine Methode entwickelt, Kondome ohne störende Naht herzustellen, und perfektionierte die Produktion ständig. Schlussendlich wurden penisförmige Glaskolben zweimal in gelösten Naturkautschuk getaucht und dann in Spezialöfen vulkanisiert.

Als Ein-Mann-Betrieb hatte er 1914 begonnen, dazu kreierte er den Slogan: »Leiste Garantie – Umtausch jederzeit gestattet.« Vertrieben wurden seine Kondome für 72 Pfennige über den Drogeriehandel. 1916 brachte er mit seiner nun »Fromms Act Gummiwerke GmbH« genannten Firma sein erstes Markenkondom auf den Markt und gab dem damals Unaussprechlichen seinen Namen: »Fromms Act.« 1926 produzierten seine Gummiwerke über das Jahr bereits 24 Millionen »Fromms«, wie man umgangssprachlich sagte.

Dessen ungeachtet blieb der Verkauf von Kondomen bis zur Mitte des 20. Jahrhunderts in Deutschland vor allem in ländlichen Gegenden verboten. In Irland war ihr Verkauf gar bis Anfang der 1990er-Jahre untersagt.

Konservendose (1810)

12 000 Goldfrancs lobte Napoleon Bonaparte 1795 als Belohnung für die Kunst aus, Lebensmittel länger haltbar zu machen. Oder mit den Worten des gerade einmal 26 Jahre alten Oberbefehlshabers der französischen Armee ausgedrückt: »Alle animalischen und vegetabilischen Substanzen in voller Frische zu erhalten.« Napoleon sorgte sich nämlich um die Versorgung seiner Soldaten. Den ausgelobten Preis sicherte sich der Koch und Zuckerbäcker Nicolas Appert, dem es nach intensiver Forschungsarbeit tatsächlich gelang, den Wunsch des späteren Kaisers zu erfüllen. Jahrelang hatte sich Appert gefragt, wie man Lebensmittel dauerhaft haltbar machen könne. Er war besessen davon, eine Lösung zu finden, und verkaufte zu diesem Zweck sogar 1786 seine Confiserie in Paris. Von dem Erlös bezahlte er eine Versuchswerkstatt in Ivry-sur-Seine, wo er fortan experimentierte.

> ! Bis zum Jahr 1810 waren Lebensmittel zur Konservierung nur gesalzen, gepökelt und gedörrt worden, worunter aber stets der Geschmack der Speisen litt.

Es war schließlich ein wissenschaftlich-theologischer Disput, der Appert auf die richtige Spur brachte. Ein englischer und ein italienischer Jesuiten-Priester waren unterschiedlicher Meinung darüber, wo der Ursprung allen Lebens beginne. Der Engländer, Pastor John Turberville Needham, experimentierte mit Brühe, die er abkühlen ließ und anschließend zwar luftdicht, aber eben nicht steril verschloss. Die Tatsache, dass sich in den betreffenden Behältern Stunden später – scheinbar aus dem Nichts – Mikroben gebildet hatten, wertete Needham, als Beweis dafür, dass sich das Leben nicht ausschließlich durch naturwissenschaftliche Gesetze erklären lasse.

Dem widersprach Lazzaro Spallanzani, ein Geistlicher und Universalgelehrter aus Oberitalien, der exakt dieselbe Versuchsanordnung durchführte wie Needham – allerdings mit anderem Ergebnis. Als er 1768 Brühe abkochte und luftdicht und steril verschloss, hatten sich auch nach mehreren Tagen keine Mikroorganismen gebildet.

Der Streit der beiden Wissenschaftler inspirierte Appert, insbesondere Spallanzanis Entdeckung war die Lösung für sein Problem, Lebensmittel haltbar zu machen. Appert erhitzte also Lebensmittel auf 100 Grad und füllte sie in luftdichte Glasflaschen ab. Zu Prüfzwecken nahm die französische Marine seine Glasflaschen sogar mit auf See. Dort gingen bei Unwettern zwar einige von ihnen zu Bruch – der Inhalt der übrigen aber blieb frisch.

Der Brite Peter Durand ließ sich 1810 die Konservendose aus Blech patentieren.

Appert hatte Napoleons Belohnung gewonnen: 1810 wurden ihm daher nicht nur die 12 000 Goldfrancs überreicht, Napoleon ernannte Appert auch zum »Wohltäter der Menschheit« und zu seinem Leibkoch. Und noch einen Gefallen erwies der Kaiser dem Konditor, der 1804 die weltweit erste Konservenfabrik gründete. Er ordnete an, dass die für das Militär entwickelte Konservierung ausnahmsweise nicht der militärischen Geheimhaltungspflicht unterlag. Vielmehr musste Appert versprechen, sein Verfahren zu veröffentlichen. Das tat er in einem Kochbuch, das 1822 auch in deutscher Sprache erschien, und gab allen Hausfrauen damit einen wertvollen Tipp fürs Einkochen.

Als am 25. August 1810 schließlich der Brite ***Peter Durand*** seine Idee patentieren ließ, zur Aufbewahrung eingemachter Lebensmittel statt Glasflaschen Blechkanister zu benutzen, war die Konservendose geboren. Das Öffnen der Dosen gestaltete sich anfangs jedoch recht schwierig und gelang nur mit Bajonett, Beil oder Meißel. Denn der

1851, zehn Jahre nach Nicolas Apperts Tod, wurden auf der Weltausstellung in Paris Konserven geöffnet, die 1813 hergestellt worden waren, also 38 Jahre alt waren – ihr Inhalt war noch immer genießbar! »Der Erfolg dieser Erfindung war so durchschlagend, dass der europäische Adel sich ganze Menüs nur aus Konserven zusammenstellen ließ«, schreibt hierzu das Lebensmittel-Lexikon.

Dosenöffner wurde erst 1855 vom Engländer Robert Yeates erfunden!

Ein noch viel schlimmerer Nachteil der ersten Konserven aber war das damals noch zum Löten der Dosen verwendete giftige Blei: Dies kostete einige Soldaten das Leben, sie starben elend an Vergiftungen.

Kontaktlinsen (1949/1961)

1508 führte Leonardo da Vinci erste Versuche mit wassergefüllten Glasschalen durch, die er sich auf das Auge legte, um das Sehen unter Wasser zu untersuchen. Ob dem Universalgelehrten allerdings bereits bewusst war, dass sich so auch Fehlsichtigkeiten korrigieren lassen, bleibt offen. Auch René Descartes, ein französischer Naturwissenschaftler, skizzierte 1636 ein mit Wasser gefülltes Röhrchen, welches mit einem Ende an das Auge gehalten werden konnte, um Fehlsichtigkeiten auszugleichen – aber auch bei ihm handelte es sich um rein theoretische Überlegungen.

Bis die erste Kontaktlinse hergestellt wurde, sollte es noch gut 250 Jahre dauern. Erst Ende des 19. Jahrhunderts experimentierten Ärzte und Optiker in Deutschland, der Schweiz und Frankreich mit Kontaktlinsen aus Glas. Angeregt hatte sie der britische Astronom Sir John Herschel, der selbst unter einer starken unregelmäßigen Hornhautverkrümmung (Astigmatismus) litt. Er war wohl der erste Mensch, der eine »Kontaktlinse« zur Korrektur seines Augenleidens benutzte und somit den Beweis antrat, dass eine mit Gelatine unterfütterte Glasschale das Sehvermögen verbessern kann. Sein Trick war dabei, die Linse perfekt an die Oberfläche des Auges anzupassen, indem er die natürliche Form des Auges nachahmte.

Der Ocularist Friedrich Adolf Müller aus Wiesbaden, der eigentlich Augenprothesen fertigte, stellte 1887 als Erster harte Linsen aus mundgeblasenen Glaskugeln her. Einer seiner Nachkommen soll bereits 1890 die eigene Kurzsichtigkeit von -14,0 Dioptrien mit einer gläsernen Sklerallinse (Linse, die einen Großteil der Lederhaut mit bedeckte) korrigiert haben. Im gleichen Jahr startete der französische Augenarzt Eugène Kalt die ersten Versuche mit Linsen aus Glas. Diese waren aber weder so hauchdünn wie heute noch so extrem leicht, zudem ließen sie keinen Sauerstoff zur Hornhaut durch; daher konnten sie nicht länger als maximal 15 Minuten getragen werden, ohne das Auge zu schädigen.

1928 entdeckte man ein neues Material, das die Kontaktlinse erstmals markttauglich machte: Der glasklare Kunststoff Plexiglas war kratzunempfindlich, aber ebenfalls nicht sauerstoffdurchlässig.

Erst 1946 gelang dem extrem weitsichtigen Maschinen-Konstrukteur ***Heinrich Wöhlk*** (+8,0 Dioptrien) nach vielen (Eigen-)Versuchen die Herstellung einer Linse, die genau auf die Hornhaut passte und bis zu acht Stunden getragen werden konnte. Von 70 Personen hatte Wöhlk dafür unter Mithilfe des Direktors der Kieler Augenklinik Abdrücke genommen. Die daraus geformten Wachsmodelle verwendete er als Standardformen für Skleralschalen-Rohlinge – hauchdünne, übergroße Kontaktlinsen, die man heute noch zur kosmetischen Korrektur zum Beispiel nach Verätzungen oder Stichverletzungen einsetzt – in die bei Bedarf die entsprechende Optik eingeschliffen wurde.

Wöhlk setzte alles auf eine Karte, engagierte 1947 den ersten freien Mitarbeiter, inserierte in der Zeitung Anzeigen für seine Skleralschalen und meldete 1948 sein erstes Gewerbe an: »Heinrich Wöhlk, Gewerbe zur Herstellung unsichtbarer Haftgläser.« Als die meisten Käufer ihre Schalen allerdings wegen Unverträglichkeit reklamierten und den bezahlten Preis zurückforderten, meldete Wöhlk sein Gewerbe frustriert wieder ab. Er wollte sich schon nach einem neuen Gelderwerb umsehen, als ihm der Zufall zu Hilfe kam: Aus Jux setzte er sich eines Tages nur die aus der Skleralschale herausgelöste Corneallinse direkt aufs Auge. Sie hatte einen Durchmesser von nur

12 Millimetern und war im Randbereich abgerundet. Ohne Probleme war es ihm möglich, diese corneale Linse (die nur noch rund 2/3 der Hornhaut bedeckte, aber trotzdem die Sehfähigkeit deutlich steigerte) den ganzen Tag zu tragen. Er war begeistert, taufte seine Erfindung »Contactlinse« und eröffnete 1949 in der Kieler Innenstadt sein erstes Ladengeschäft für seine neuartigen Linsen. Verantwortlich für den Verkauf war anfangs ein Student, während Wöhlk selbst sich um die Produktion kümmerte. Wöhlks Durchhaltevermögen zahlte sich aus: 1961 zählte seine Firma – Chef inklusive – bereits ansehnliche zehn Mitarbeiter!

1953 beantragten die tschechischen Chemiker ***Otto Wichterle*** und Drahoslav Lím ein Patent für das erste Weichlinsenmaterial HEMA (Abkürzung für: 2-Hydroxyethylmethacrylat), aus dem sich an der Drehbank weiche Kontaktlinsen fertigen ließen.

Die ersten wasserhaltigen Hydrogel-Kunststoffe entwickelte Otto Wichterle dann 1961. Allerdings musste Wichterle einen großen Teil seiner Experimente zu Hause durchführen. Dort gelang ihm 1961 mit einer selbst gebauten Apparatur, die er aus einem Baukasten für Kinder hergestellt hatte, die Produktion von Kontaktlinsen aus Hydrogel. Die Akademie der Wissenschaften verkaufte die Patente jedoch ohne Wichterles Wissen in die USA.

Der Weg für weiche Kontaktlinsen, die den für die Hornhaut so wichtigen Sauerstoff durchließen, war frei.

Als Erfinder der harten cornealen Kontaktlinse gilt seither der 1913 geborene Heinrich Wöhlk aus Kiel, als Erfinder der weichen Hydrogel-Linsen der im selben Jahr geborene Otto Wichterle aus Proßnitz in Mähren.

Kreditkarte (1950)

»Plastikgeld« verführt so manchen zum Ausgeben von Geld, das er gar nicht hat.

Es ist skurril, aber wahr: Der schnauzbärtige, amerikanische Schriftsteller Edward Bellamy aus Massachusetts verwendete in seinem 1888 erschienenen utopischen Roman »Looking Backward« (»Ein Rückblick aus dem Jahre 2000 auf 1887«) das erste Mal den Begriff »Kreditkarte« für bargeldloses Zahlen.

Realität wurde sie jedoch erst 1950 – durch die Erfindung des Amerikaners ***Frank McNamara***. Der New Yorker Leihhändler hatte seine besten Freunde zum Abendessen in das Speiselokal »Major's Cabin Grill« in Manhattan eingeladen. Als die Rechnung kam, bemerkte er beschämt, dass er seinen Geldbeutel vergessen hatte. Es folgte ein für ihn recht peinlicher Diskurs mit diversen Restaurantangestellten vor allen Freunden, bis der Manager zubilligte, dass McNamara die Zeche am nächsten Tag bezahlen könne. Als Garantie hinterließ der bargeldlose Gast seine Visitenkarte, die er auf der Rückseite unterschrieb.

Noch am selben Abend schwor sich McNamara, nie wieder in seinem Leben in solch eine prekäre Situation geraten zu wollen – und brachte am 28. Februar 1950 die erste Kreditkarte der Welt auf den Markt: ein braunes Stück Pappe, das seinen Inhaber dazu berechtigte, in 27 Restaurants in New York anschreiben zu lassen. Er nannte die

> In den USA gab es bereits 1894 eine Art Kreditkarte in der Hotelbranche, sie sollte die Firmentreue festigen und Kreditkäufe beim jeweiligen Unternehmen ermöglichen. In den 1920er-Jahren folgten Mineralölkonzerne und Kaufhausgesellschaften, 1945 Restaurantketten und Fluglinien.
> 1958 brachte die Bank of America, die damals größte Bank Kaliforniens, neben dem Diners-Club-Typus eine »echte« Kreditkarte auf den Markt. Sie macht auch heute noch den Einkauf auf Pump möglich – das heißt: die Ausgaben müssen zum Monatsende nicht beglichen werden. Insofern wird die Geburtsstunde der Kreditkarte oftmals auch erst im Jahr 1958 angesiedelt.

Karte »Diners Club Card«, weil sie vorerst nur für Freunde und Bekannte der Gründer der Kreditkarten-Gesellschaft, Frank McNamara und dessen Anwalt Ralph E. Schneider, vorgesehen war.

Diners Club sammelte die Rechnungen und rechnete einmal monatlich ab. So funktioniert auch heute noch ein Großteil der in Deutschland benutzten Karten. Die Restaurants zahlten sieben Prozent pro Essensrechnung für die vom Club übernommene Abrechnung, die Kunden fünf Dollar Jahresgebühr.

Die Anfänge waren noch recht zaghaft: Nur 200 Karten konnte McNamara 1950 an den Mann bringen, bevor die Franklin Bank in New York 1951 die erste MasterCard auf den Markt brachte.

1952 trat mit dem New Yorker Millionär Alfred Bloomingdale ein prominenter Investor dem Diners Club bei. Er war ein Enkel der legendären Kaufhausgründer, der Brüder Joseph und Lyman Bloomingdale, und hatte deren Geschäftssinn geerbt. Bloomingdale erkannte die Möglichkeiten der Kreditkarte und integrierte daher Diners in sein frisch in Los Angeles gegründetes Kreditkartengeschäft »Dine & Sign«. Sein Kalkül ging auf: Mit seinem guten Ruf als Geschäftsmann verschaffte er der »Kreditkarte für Betuchte« einen enormen Zulauf.

Zwar war die Diners Card – die Urgroßmutter aller heutigen Plastikkarten – tatsächlich McNamaras Idee. Aber der Geistesblitz traf ihn wohl nicht unter besagten Umständen, sondern am Schreibtisch. Ausgedacht haben soll sich die zugkräftige PR-Geschichte auf Frank McNamaras Wunsch hin 1950 Matty Simmons, Pressesprecher des Diners Club. Selbst in der offiziellen Diners-Firmengeschichte ist die Episode aber als »First Dinner« (erstes Abendmahl) vermerkt.

Es dauerte nicht lange, bis ein Großteil der US-amerikanischen Restaurants die Diners Card akzeptierte, Hotels, Nachtclubs und Einzelhändler folgten. Bereits Ende des Jahres 1952 jubelte das Unternehmen über unglaubliche sechs Millionen US-Dollar Umsatz! Dem Leihhändler McNamara war das Erfolg genug – weswegen er seinen Anteil an Alfred Bloomingdale verkaufte und fortan ein zufriedenes Leben führte, ohne sich jemals wieder um Geld zu sorgen.

Ende der 1950er-Jahre war der Siegeszug der Kreditkarte nicht mehr aufzuhalten. Der Reise- und Finanz-Dienstleistungskonzern American Express stieg 1958 ebenfalls ins Kartengeschäft ein – mit

Das Marktforschungsunternehmen RAM Research in Maryland schätzt, dass es heute weltweit über 20 000 Versionen von Kreditkarten gibt. Branchenführer ist Visa (ca. 50% Marktanteil), es folgen MasterCard, American Express und – auf dem letzten Platz – Diners. In Europa waren die ersten Kreditkarten von Diners Club und American Express erst Ende der 1950er-Jahre erhältlich. 1964 führte die schwedische Bankiersfamilie Wallenberg mit der Eurocard eine Alternative zu den amerikanischen Karten ein. Vor dem Kreditkartenvertrag steht in Deutschland grundsätzlich die Schufa-Auskunft.
Die meisten Kreditkarten tragen übrigens nicht die Amerikaner (2415 Karten pro 1000 Einwohner) mit sich herum, sondern die Japaner: nämlich 4395 Karten pro 1000 Einwohner!

der American Express Card ohne Kreditlimit! Innerhalb der ersten drei Monate hatten 253 000 Amerikaner eine solche Karte beantragt, darunter Prominente wie Elvis Presley.

Mit immer neuen Angeboten bemühen sich die Konzerne seither, die Kreditkarte noch attraktiver zu machen. Mastercard führte 1981 zum Beispiel die »Gold Card« ein. Sie sichert dem Kunden ein höheres Kreditlimit und Zusatzleistungen wie Reise- und Diebstahlversicherung zu. Mittlerweile hat die Kreditkarte die ganze Welt erobert, selbst die antikapitalistische: China erlaubt die Benutzung von Kreditkarten seit 1987, die Sowjetunion zog 1988 nach.

Kreuzworträtsel (1913)

Es ist zum allgemeinen Kulturgut geworden und fasziniert quer durch alle Alters- und Gesellschaftsschichten; Zeitungen und Zeitschriften wären »ohne« heute undenkbar – die Rede ist vom Kreuzworträtsel.

Das allererste Kreuzworträtsel befand sich in der Wochenendbeilage der 1860 gegründeten Tageszeitung »New York World« und erschien am 21. Dezember 1913. Als sein Erfinder gilt der aus Liverpool stammende Journalist ***Arthur Wynne***. Sein New Yorker

Chefredakteur bat den damals 51-Jährigen, sich eine unterhaltsame Überraschung für die Leser der Weihnachtsbeilage auszudenken. Etwas, womit sie sich an den Feiertagen die Zeit vertreiben könnten. Zwei Tage und zwei Nächte dachte Wynne angestrengt nach, bis ihn das Spiel »Die magischen Quadrate« aus der Zeit seines Großvaters schließlich auf die zündende Idee brachte: Er schuf ein rautenförmiges Worträtsel mit 31 Suchbegriffen, das er »Word-Cross Puzzle« – übersetzt: Wort-Kreuz-Rätsel – nannte.

Die neue Rubrik schlug ein wie eine Bombe: Die Leser waren verrückt nach dem neuen Rätsel, und die Konkurrenzblätter hatten gar keine andere Wahl, als ebenfalls ein Wort-Kreuz-Rätsel nach dem Vorbild von Wynne abzudrucken. Nur die liberale US-Zeitung »The New York Times« verschmähte den neuen Leserspaß und schrieb hochnäsig über die plötzlich ausgebrochene »Word-Cross-Hysterie«: »Fünf Millionen Stunden gehen dem amerikanischen Volk täglich verloren (…) für eine sinnlose, läppische Sache.«

Das erste deutsche Kreuzworträtsel erschien 1925 in der »Berliner Illustrierten«.

Wynnes Kreuzworträtsel – der deutsche Name hat sich wohl aus dem englischen Wort-Kreuz-Puzzle entwickelt – hatte allerdings wenig Ähnlichkeit mit unseren heutigen Rätseln, allein das Prinzip ist dasselbe: Wynnes Rätsel war diamantförmig angelegt und verfügte über keine schwarzen Felder. Als Anfang der 1920er-Jahre der Kreuzworträtsel-Kult auch Europa ergriff und immer mehr Zeitungs- und Zeitschriftenleser nach dem neuen Rätselspiel verlangten, gab nach 29 Jahren Widerstand selbst die »New York Times« auf. Das erste Rätsel erschien dort am 15. Februar, noch verschämt im Innenteil

- Sogar Queen Elizabeth II. scheint ein Fan des Kreuzworträtsels zu sein, wie ein Adelsexperte ausplauderte. Bei Terminen, die ein wenig langatmig zu werden drohen, hat sie wohl stets gerne ein Kreuzworträtsel in der Handtasche.
- Charles Cilard tüftelte vier Jahre, bis er 1985 das größte Kreuzworträtsel der Welt veröffentlichte: Es war zwar nur 30 Zentimeter breit, dafür aber 870 Meter lang und besaß 2 610 000 Kästchen. Ein zweites Riesenrätsel erstellte 2005 das Ehepaar Beljajew aus Russland: Es maß 48 Quadratmeter und bestand aus 64 371 Worten.

der Sonntagsbeilage, mit der Zeit rang man sich dann zum großformatigen Abdruck auf der Rückseite durch.

Leider hat sich Arthur Wynne seine Idee nicht sofort schützen lassen – als er daran dachte, war es schon viel zu spät, sein Rätselspaß hatte schon viel zu viele Nachahmer gefunden. Ansonsten hätte Wynne seinen Lebensunterhalt sicher nicht mehr durch tägliches Recherchieren verdienen müssen, die Patentrechte hätten ihn schon damals zum Millionär gemacht.

»Gesunder Geist, gesunder Körper« – diese Theorie stimmt wohl auch in Sachen Kreuzworträtsel. Wissenschaftler des Max-Planck-Instituts für demografische Forschung haben bewiesen, dass Kreuzworträtselfans länger leben, weil sie geistig fit bleiben.

Allein in deutschsprachigen Ländern soll es heute 42 Millionen Kreuzworträtsel-Anhänger geben. Unter ihnen viele »Hardcore«-Rätselfans, die zum Lösen ihres Kreuzworträtsels ausschließlich Kugelschreiber benutzen. Lösungswörter weicheimäßig zunächst einmal mit Bleistift einzutragen, ist unter Profis nämlich verpönt.

Kugelschreiber (1938)

Als der italienische Astronom Galileo Galilei zu Beginn des 17. Jahrhunderts eine Art Vorläufer des Kugelschreibers skizzierte, benutzte man zum Schreiben Graphit-Druckbleistifte – doch Galilei war seiner Zeit ja bekanntlich in vielen Bereichen voraus. Schreibutensilien, die die Tinte gleich integriert haben, sollten erst lange nach Galileis ersten Skizzen, Anfang des 19. Jahrhunderts, erfunden werden. Ein Ingenieur und Tüftler polnisch-niederländischer Herkunft, Slavoljub Eduard Penkala, der in seinem Leben an die 80 Patente anmeldete, stellte 1906 der Öffentlichkeit einen Füllfederhalter mit fester Tinte vor – er gilt als direkter Vorläufer des Kugelschreibers.

Es sollte aber weitere 32 Jahre dauern, bis der Ungar ***László József Bíró*** am 25. April 1938 das erste Patent für den Kugelschreiber in Händen hielt. Der vielseitige Schriftsteller, der auch als Chefredakteur einer ungarischen Zeitschrift, als Versicherungsmakler und als Rennfahrer tätig war, soll beim Anblick einer rotierenden Druckwalze auf die Idee für das neuartige Schreibgerät gekommen sein. Die Walze trug die Farbe auf ähnliche Weise auf das Papier auf wie seine spätere Erfindung. Zusammen mit seinem Bruder György, dem Erfinder Andor Goy und den Brüdern Kovalszky experimentierte der vielseitige Tüftler 18 lange Jahre. Erst dann war seine Idee, die Tinte mittels einer Farbmine und eines rollenden Kügelchens in der Minenspitze auf Papier aufzutragen, markttauglich.

László József Bíró starb 1985 in Buenos Aires im Alter von 86 Jahren. In seiner Wahlheimat Argentinien wird sein Geburtstag, der 29. September, seither als »Tag der Erfinder« gefeiert.

Leider erreichte just zu diesem Zeitpunkt in seiner Heimat Ungarn die Judenverfolgung ihren Höhepunkt. Bíró flüchtete daher erst nach Frankreich, dann nach Argentinien, von wo aus er sich sein ungarisches Patent als »Fountain Pen for Pulpink Ink« (später »Ball Pen«) für Nord- und Südamerika erneuern ließ. In Buenos Aires gründete er das Unternehmen »Sylvapen«, die größte Kugelschreiberfabrik Argentiniens, die jährlich rund sieben Millionen Kulis herstellte.

Und diesmal war ihm das Glück hold, es traf ihn in Gestalt des Londoner Geschäftsmanns Henry George Martin. Der erkannte den Kugelschreiber als ideales Schreibgerät für Flugreisende. Denn Mitte der 1940er-Jahre verfügten die Kabinen noch über keinen Druckausgleich, Füller liefen daher während des Fluges aus. Nur der Kugelschreiber funktionierte, ohne zu klecksen. Der Brite kaufte Bíró die Patentrechte ab und startete eine Kugelschreiberproduktion in Reading in England. Schon im ersten Jahr lieferte er 30 000 Kugelschreiber an die Royal Air Force aus. Seither ist der »Kuli« als Schreibgerät und auch als Werbemittel aus unserem Alltag nicht mehr wegzudenken.

In der Regel hat die Kugel in der Minenspitze eines Kugelschreibers einen Durchmesser von 0,7 bis 1,4 Millimetern. Bei besonders feinen Kugelschreibern, wie sie zum Beispiel in Japan verkauft werden, um die Schriftzeichen gut darstellen zu können, ist die Kugel nur 0,2 Millimeter breit.

La-Ola-Welle (1981)

Chef-Cheerleader George Henderson motiviert die Zuschauer mit Vorliebe in knappen Shorts zur La-Ola-Welle.

Sie wogt übers Stadion wie das Meer über den Strand – und wird sie einmal losgetreten, ist sie ein Selbstläufer. Sie ist Ausdruck des gemeinsamen Jubels aller Fans bei Großveranstaltungen und verbindet in diesem besonderen Augenblick selbst die gegnerischen Parteien: La Ola.

So richtig bekannt wurde »Die Welle« (abgeleitet vom spanischen Wort »ola«: Welle) in Deutschland erst durch die Fernsehübertragung der Fußballweltmeisterschaft in Mexiko 1986. Bei der in Amerika und England auch als »Audience Wave« oder »The Wave« bekannten Massenaktion stehen die Zuschauer in den Stadienreihen nacheinander auf, strecken die Arme in die Höhe und setzen sich Sekunden später wieder hin. Die jeweils linken Sitznachbarn tun das Gleiche, sodass eine wellenförmige Gruppenbewegung entsteht, die so lange durch das Stadion wabert, bis die ersten Zuschauer genug haben und sitzen bleiben. Irgendwann ebbt die La-Ola-Welle dann ab und »versandet«.

Zum Glück, wie bekennende Gegner der Welle gestehen. Sie sind genervt von der »Zwangswelle«, die ihnen im ungünstigen Fall durchaus einmal den freien Blick auf einen Eckstoß oder Torschuss

Riesenhonigbienen schlagen mit einer Art La-Ola-Welle ihre größten Feinde in die Flucht. Sie bauen ihre Nester im Freien an Bäumen oder Gebäuden und bevölkern diese dicht gedrängt. Sobald nun zum Beispiel eine Hornisse vorbeifliegt oder ein Elefant gefährlich schnell auf das Nest zurennt, strecken Hunderte Bienen, die außen auf dem Nest sitzen, ihr Hinterteil wie auf Kommando in die Höhe. Biologen sprechen bei dieser komplexen Abwehraktion von »shimmering« (dt. Schimmern). Unklar ist noch, wie die Bienen die für ihre Feinde verwirrende Welle koordinieren, die nur etwa eine Sekunde dauert.

versaut. Diese Gefahr besteht zumindest nicht bei Popkonzerten und anderen Großveranstaltungen wie etwa Jugendgottesdiensten, wo La Ola auch längst angesagt ist.

Erfunden hat die »Menschenwelle« 1981 angeblich der amerikanische Chef-Cheerleader ***Krazy George Henderson*** – seit den 60er-Jahren berühmt-berüchtigt für seine knappen Höschen und die damals noch blonden, wirren Locken sowie seine animierende, die Leute aufheizende Handtrommel. Am 15. Oktober 1981 soll Krazy George bei der landesweit im Fernsehen übertragenen Baseball-Veranstaltung »American League Championship Series« im kalifornischen Oakland-Coliseum erstmals den rund 47 000 anwesenden Fans erklärt haben, wie die menschliche Welle funktioniert: »Ich fing mit drei Tri-

Biophysiker werteten Videobänder von 14 La-Ola-Wellen aus, an denen jeweils mehr als 50 000 Personen teilgenommen hatten. Sie kamen zu folgendem Ergebnis:

- dass die Welle stets im Uhrzeigersinn rollt und sich mit einer Geschwindigkeit von 12 Metern pro Sekunde ausbreitet,
- dass die Welle punktuell eine Breite von 6–12 Metern hat, was in etwa 15 Sitzplätzen entspricht,
- 25 bis 35 Personen sind nötig, um eine La-Ola ins Rollen zu bringen.
- Menschenmengen reagieren bei La Ola ähnlich wie Teilchen aus der Chemie – sie schließen sich der Masse an. Allerdings reagieren Menschen im Gegensatz zu chemischen Medien nicht wirklich vorherbestimmbar, Zufallseinflüsse und Reaktionen der Personen aufeinander spielen eine wichtige Rolle.

bünen-Abschnitten an, und das Ganze ging fünf, sechs Abschnitte weit hinunter, bis schließlich das ganze Stadion einmal umrundet war. Es war die erste menschliche Riesenwelle, es war völlig verrückt!«

2001, zum 20-jährigen Jubiläum von La Ola, entbrannte in Amerika eine hitzige Diskussion über deren »wahren Erfinder«: Insider behaupteten, dass der US-Cheerleader Robb Weller das Publikum am 31. Oktober 1981 im Husky Stadion der Universität Washington erstmals bei einem Football-Spiel zur Welle ermutigt habe – allerdings in einer vertikalen Version. Krazy George Henderson verweist darauf, dass seine mit einem Video aufgezeichnete »Erst-Welle« zwei

Wochen früher stattgefunden habe. Auch die Mexikaner erheben Anspruch darauf, La Ola erfunden zu haben – und zwar 1984 im Estadio Universitario.

Labello (1909)

Welch ein Glück, dass sich der Erfinder des Labellostiftes 1909 nicht nach der damals herrschenden Mode richtete: Produkte nach dem Vor- und Nachnamen ihres Erfinders zu benennen – wie zum Beispiel das Hakle-Toilettenpapier von Hans Klenk. Sonst wäre der Name des hippen Lippenpflegestifts, der auch noch gut 100 Jahre nach seiner Markteinführung in keiner Damenhandtasche fehlen darf, heute ein wahrer Zungenbrecher: denn sein Erfinder war der Hamburger Apotheker ***Dr. Oscar Troplowitz***.

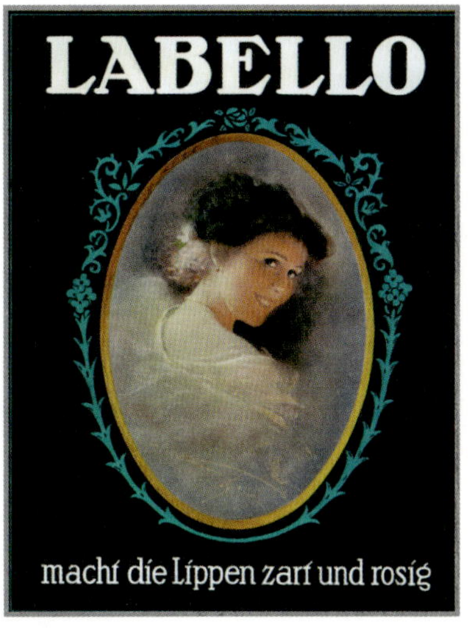

So warb man 1960 für Labello.

1890 übernahm er von Paul C. Beiersdorf ein Labor mit elf Mitarbeitern für dermotherapeutische Präparate, weil er die Marktchancen der kleinen Firma hoch einschätzte. Innerhalb von wenigen Jahren formte er daraus ein international agierendes Unternehmen mit 500 Angestellten, das Produkte herstellte, die zu weltberühmten Marken wurden: zum Beispiel Leukoplast (1901), die Nivea Creme (1911), der Tesa-Film (1936) und 1909 eben der Labello-Stift.

Der studierte Pharmazeut und promovierte Philosoph hatte erkannt, dass unsere Lippen insbesondere in der kalten Jahreszeit Pflege benötigen. Auf der Basis von diversen Rezepturen medizinischer Salben, die man anno dazumal für Hautleiden verwendete, erfand er eine neue Lippenpflege in Stiftform: den Labello.

Das Neue am Labello war aber nicht allein seine Rezeptur, sondern auch seine Aufmachung: ein zinnernes Drehhülsengehäuse, das man bei Gebrauch herausdrehte und anschließend wieder versenkte. Das war revolutionär und stellte im Deutschen Kaiserreich alle Konkurrenzprodukte in den Schatten, denn dadurch war der handliche Fettstift kein Risiko mehr in der Handtasche. Das machte ihn schnell zum Liebling der Frauen, die den 15 Pfennig teuren Labello innerhalb kurzer Zeit auch für die vorsorgliche Pflege entdeckten.

Den Namen kreierte der promovierte Troplowitz aus den lateinischen Worten »labium« (Lippen) und »bellus« (schön). In den Anfangsjahren stand noch der Zusatz »Weisse Lippenpomade« auf der ehemals weiß-grünen Schachtel – dieser wurde aber schon bald durch das Motto »macht die Lippen zart und rosig« ersetzt. Die heute weltweit bekannte blaue Hülse mit weißem Schriftzug gibt es seit 1973, die »Schiebedose aus Metall«, wie Troplowitz sie nannte, wurde bereits 1963 durch Kunststoff ersetzt. Mittlerweile wird der Labello auch gerne von Männern benutzt – was dazu geführt hat, dass weltweit rund 160 Millionen Pflegestifte jährlich hergestellt und verkauft werden.

> Dr. Oscar Troplowitz fühlte sich für seine Angestellten sozial verantwortlich: Ein kostenloses Mittagessen für die Mitarbeiter, Weihnachts- und Urlaubsgeld, Mutterschutz sowie eine betriebsinterne Kinderkrippe waren für ihn bereits Anfang des 20. Jahrhunderts selbstverständlich. 1912 stellte er als einer der ersten Unternehmer im Norden zudem freiwillig auf eine 48-Stunden-Woche um – bei vollem Lohnausgleich. Als er 1916 auch noch eine Rentenkasse ins Leben rief, hatte er bei seinen Angestellten endgültig einen Stein im Brett. Kaum ein Arbeiter verließ daher freiwillig wieder das 1882 gegründete Unternehmen.

Lego (1939/1958)

Was glaubst du, wie viele Legosteine kämen zusammen, wenn man weltweit alle Kinderzimmer plündern und alle Steine auf einen riesigen Haufen werfen würde? Experten schätzen, dass man auf diese Weise die stolze Summe von rund 189 Milliarden Legosteinen erhielte – eine Zahl, die sich unserer Vorstellungskraft komplett entzieht.

So leer ist der Eingang zum Legoland in Günzburg nur vor und nach den Öffnungszeiten.

Da ist es schon einfacher, sich mit der Herkunft des Namens Lego zu beschäftigen, der sich vom dänischen »**leg go**dt« – also: »spiel gut« ableitet. Ausgedacht hat sich das vielleicht beliebteste Spielzeug der Welt der dänische Tischlermeister ***Ole Kirk Christiansen***. Als er 1932 den Namen Lego zum offiziellen Namen seiner Firma für Holzspielzeug machte, dürfte er kaum geahnt haben, welch revolutionären Beitrag er einmal für die Spielzeugkultur leisten würde.

Mit nur sechs einfarbigen, achtknöpfigen Legosteinen kann man angeblich 900 Millionen verschiedene Legogebilde bauen. Dieser Variationsreichtum hat Lego schon zweimal die Auszeichnung »Spielzeug des Jahrhunderts« eingebracht.

In den schwierigen 1930er-Jahren, während der Wirtschaftskrise, verdiente er sein Geld vor allem mit Trittleitern, Bügelbrettern und Melkschemeln für die umliegenden Bauern. Aus den Abfällen fertigte er Puppenhauseinrichtungen, Wackelenten und Feuerwehrautos. Und er experimentierte mit Holzbauklötzen: Der allererste Legostein soll ein Holzquader mit acht Drahtzapfen als

Stecknoppen gewesen sein, im Boden befanden sich acht dazu passende Bohrungen.

Als Mitte der 40er-Jahre die Herstellung und der Gebrauch von Plastikprodukten in Mode kamen, erkannte Christiansen den »Puls der Zeit« und modernisierte seinen Betrieb: 1949 erwarb er für seine Lego Company die erste Kunststoff-Spritzgussmaschine in ganz Dänemark und stellte damit Babyrasseln her, die aussahen wie Fische. Zwei Jahre später kam ihm schließlich jener Gedankenblitz, der ihn berühmt und reich machen sollte: Er kreierte den »Großvater aller Legosteine«. Der sogenannte »Automatic Binding Brick« hatte durchaus Ähnlichkeit mit den heutigen Steinen, bestand auch damals schon aus federleichten roten, gelben und blauen Kunststoffquadern aus Celluloseacetat, die an der Oberseite die klassischen Noppen aufwiesen und an der Unterseite hohl waren.

Für seine Spielzeugfahrzeuge stellte Lego im Jahr 2010 unglaubliche 381 Millionen Räder her – und ist damit auch einer der größten Reifenhersteller der Welt.

Christiansens Sohn Godtfred Kirk Christiansen entwickelte die Idee weiter, stabilisierte die Steine an der Unterseite mit Röhrchen in der Mitte des Hohlraums (das sogenannte Kupplungsprinzip) und präsentierte das Legosystem 1955 zum ersten Mal auf der Nürnberger Spielwarenmesse. Doch die deutschen Händler zeigten sich anfangs skeptisch. In Dänemark hingegen lief der Verkauf des Spielzeugs gut an. Grund zur Hoffnung für Godtfred Kirk Christiansen, der die Erfindung 1958, im selben Jahr, in dem sein Vater starb, zum Patent anmeldete.

Dem Puppenmöbelfabrikanten Axel Thomsen aus Schleswig-Holstein, der als Geschäftsführer für Lego Deutschland einstieg, ist es zu

Das Lego-Patent bestand nur bis zum Jahre 1988. 1996 wurde Lego vom Deutschen Patent- und Markenamt als Marke eingetragen. 2010 entschied der Europäische Gerichtshof jedoch, dass der Legostein keine Marke ist und daher auch nicht als solche geschützt werden darf. Die Konkurrenz hatte auf dieses Urteil gehofft.
Derzeit arbeiten für die Lego-Gruppe rund 7000 Beschäftigte. Produziert wird in Dänemark, Tschechien, Ungarn und Mexiko. 1968 wagte die Lego Company mit der Gründung des ersten Legoland-Parks im dänischen Billund einen großen Schritt. Mittlerweile gibt es Parks in Windsor/England, Carlsbad/USA und Günzburg/Deutschland.

verdanken, dass Deutschland trotzdem bald zum weltweit größten Abnehmer von Legoprodukten avancierte. Heute ist Lego der fünftgrößte Spielwarenhersteller der Welt und noch immer in Privatbesitz. Der stellvertretende Aufsichtsratschef und Hauptaktionär der AG ist Kjeld Kirk Kristiansen, ein Enkel von Ole (aus dem Ch im Nachnamen wurde durch den Fehler eines Standesbeamten ein K).

Limonade (1902)

Bereits in der römischen Antike trank man ein nicht alkoholisches Getränk namens Posca, eine eher herbe Form der Limonade, denn »Posca« war nichts anderes als Essigwasser.

Erst gab es Essigwasser, dann »Lemon Squash«, später Limonade.

Wann die heutige Form der Limonade entstand, ein mit Kohlensäure versetztes, süßes Erfrischungsgetränk mit Fruchtauszügen auf der Basis von Wasser, ist nicht eindeutig geklärt. Die ersten Nachweise stammen aus dem 16./17. Jahrhundert aus Spanien und Italien.

Aber auch aus England sind Zutatenlisten für Limonade aus dem Jahr 1660 erhalten, die dort »Lemon Squash« hieß.

In vielen Nachschlagewerken findet sich das Jahr 1676 als Geburtsjahr der Limonade, weil in Paris die »Compagnie des Limonadiers« in diesem Jahr die erste Lizenz für den Limonadeverkauf erhielt. Verkauft wurde das neuartige Getränk von Straßenhändlern, die die Limonade in großen Behältern auf dem Rücken trugen und an durstige Flaneure verkauften.

Eine revolutionäre Erfindung waren diese ersten Limonaden aber noch nicht, bestanden sie genauer betrachtet aus nichts anderem als Fruchtsaft, viel Wasser und ein wenig Zucker. Im Vergleich mit heutigen Limonaden fehlte noch etwas ganz Entscheidendes: die Kohlensäure.

Im Italienischen bedeutet »limonata« Zitronenwasser. Engländer, Amerikaner und Franzosen sprechen von »lemonade«, unterscheiden aber: »clear lemonade« (ungesüßt), »cloudy lemonade« (ohne Kohlensäure) und »fizzy lemonade« (mit Kohlensäure).

Die zauberte 1767 erstmals der Engländer Joseph Priestley in ein Glas Sodawasser.

Eine benachbarte Brauerei und die Gase, die dort bei der Gärung freigesetzt wurden, hatten ihn auf die Idee gebracht, ähnliche Experimente mit Kohlensäure anzustellen.

Geld machte mit Priestleys Erfindung allerdings ein geschäftstüchtiger englischer Apotheker: Thomas Henry verkaufte den kohlensäurehaltigen Sprudel seines Landsmannes in Kombination mit Limonade als Rezeptur gegen Faulfieber und Ruhr.

In Deutschland ließ sich der Uhrmacher und Silberschmied Johann Jacob Schweppe 1783 ein Verfahren für medizinische Zwecke patentieren, bei dem sich größere Mengen von Wasser mit Kohlensäure versetzen lassen. Der gebürtige Hesse exportierte sein in Flaschen abgefülltes Sodawasser auch ins Ausland, wo die Nachfrage nach dem prickelnden Getränk bald so groß war, dass Schweppe Ende des 18. Jahrhunderts auch Produktionsstandorte in England und den USA eröffnete. Fast jeder amerikanische Drugstore hatte nun eine Sodabar.

Wegweisend für die Limonade war in Deutschland schließlich der Getränkefachmann *Franz Hartmann*. Zusammen mit dem berühmten deutschen Naturheilkundler *Eduard Bilz* hatte Hartmann aus exotischen und einheimischen Obstarten ein natürliches Fruchtgetränk gemischt: die »Bilz-Limetta«, die Franz Hartmann ab Mai 1902 unter dem Namen »Bilz-Brause« vertrieb. Ein breit angelegter Wer-

Der erste schriftliche Hinweis auf Limonade stammt aus Ägypten und beschreibt einen Wein aus Zitronen, Datteln und Honig – es kann also durchaus sein, dass die Ägypter die rsten waren, die Limonade schlürften, wenn auch in einer anderen Mixtur.

befeldzug etablierte die erste europäische, alkoholfreie Getränkemarke in Windeseile, weswegen auch rasch Konkurrenzbetriebe aus dem Boden schossen.

Als es 1905 zwischen Bilz und Hartmann zum Streit kam, schrieb Hartmann einen Wettbewerb aus, mit dessen Hilfe er einen neuen Namen für die Bilz-Brause finden wollte – auch um sich von den vielen Nachahmern zu distanzieren. Es gewann der Vorschlag »Sinalco«, abgeleitet vom Lateinischen »sine alcohole« (deutsch: »ohne Alkohol«) – noch heute eine weltweit geschützte Marke.

Lippenstift (1880)

Heute gibt es sie in allen Farben. Als Lippenstifte 1880 erstmals auf den Markt kamen, verkaufte man sie noch in Seidenpapier gehüllt.

Eitel waren die Frauen wohl auch schon im Jahr 3500 vor Christus: Bei Ausgrabungen in der sumerischen Stadt Ur (liegt heute im Irak) fanden Forscher 5500 Jahre alte Überreste von Lippenfarbe – diese stellen den wohl ältesten Fund dar, der das Färben von Lippen belegt. Aber auch von Nofretete, der schönen Gemahlin des ägyptischen Pharaos Echnaton, weiß man, dass sie sich im 14. Jahrhundert vor Christus ihre Lippen bemalte. Sie verwendete dafür entweder rote Pigmente, gewonnen aus der Cochenille-Schildlaus. Oder eine Mischung aus Ocker-Erdfarben und farbigen Säften, welche sie in kleinen Döschen aufbewahrte und mit dem Finger oder Schilfrohr auftrug.

Es sollte noch rund 54 Jahrhunderte dauern, bis der Pariser Parfümeur *Aimé Guerlain* 1880 einen in Seidenpapier gewickelten Stift erfand, der aus gefärbtem Rizinusöl, Hirschtalg und Bienenwachs bestand. Heute ist er nicht mehr aus unserem Alltag wegzudenken: der Lippenstift. Präsentiert wurde er erstmals 1883 auf der Weltausstellung in Amsterdam. Die gutbürgerlichen Frauen um die Jahrhundertwende reagierten allerdings skeptisch und ließen das relativ teure Schminkutensil bei ihren Einkäufen erst einmal links liegen.

Lippenstiftprodukte sind ein nicht zu unterschätzender Wirtschaftsfaktor: Pro Sekunde gehen auf der ganzen Welt statistisch gesehen 23 Lippenstifte über die Ladentische. Zudem bleibt der Markt für Lippenkosmetik auch während Wirtschaftskrisen stabil, wie Zahlen aus den USA und Großbritannien von 1939–1945 beweisen.

Erst die exzentrische französische Schauspielerin Sarah Bernhardt machte den »Stylo d'amour« – wie sie den Lippenstift von Guerlain kokett nannte – salonfähig. Mit ihren knallroten Lippen verhalf sie dem Luxusgut auf der Bühne Ende des 19. Jahrhunderts zu Popularität. Gepaart mit ihrer außergewöhnlichen Darstellungskunst, die sie damals etwa in dem Stück von Alexandre Dumas »Die Kameliendame« vielfach unter Beweis gestellt hatte, brachte der Weltstar die strikten Moralvorstellungen seines Publikums ins Wanken. Erst wurde über ihre roten Lippen getuschelt, als die Frauen aber sahen, dass die Männer »der Göttlichen«, wie Bernhardt von den Franzosen gerne genannt wurde, reihenweise zu Füßen lagen, kopierten sie sie. 1910 produzierte die Kosmetikfirma Guerlain schließlich für einen ausgesuchten Kreis meist adliger Damen Lippenstifte. Anfangs nur in der Farbe Rot, doch bald eroberten auch ausgefallenere Farben die Frauenherzen. Neben Schwarz trugen die Frauen damals auch gerne Vitriolgrün, insbesondere junge Pariser Künstlerinnen fanden Gefallen an diesem Farbton. Das dafür verwendete Grünspanpulver enthielt jedoch schwefelartige Substanzen und war somit giftig. Als etliche Frauen die Verwendung des extravaganten grünen Lippenstifts mit ihrem Leben bezahlten, wurde er verboten. Der weltweite Erfolg des Lippenstiftes war dadurch aber nicht mehr aufzuhalten. Das Seidenpapier hatte man 1915 durch eine Metallhülle mit Schiebemecha-

Die Materialien, aus denen Lippenfarbe hergestellt wird, haben sich im Laufe der Zeit stark verändert: Im Alten Ägypten war es Ocker. Im 16. Jahrhundert bevorzugte man in England eine Mixtur aus Alabaster, Gips und Farbpartikeln. Und heute bestehen Lippenstifte weltweit aus Ölen, Wachsen, Pigmenten und haltbar machenden Chemikalien.

nismus ersetzt – und spätestens Mitte der 1920er-Jahre mochte kaum mehr eine europäische Städterin auf den »Zauberstab der Liebe« verzichten.

Litfaßsäule (1854)

Sie ist vielseitig, enorm wandelbar, schmückt ihre Umgebung und vertreibt den Wartenden die Zeit: die Litfaßsäule. Hier als Werbesäule im Einsatz, dort als Infozentrum, ist die »Annoncier-Säule«, wie sie früher hieß, seit gut 150 Jahren der Umschlagplatz für allerlei Neuigkeiten. Erfunden hat die Säule ***Ernst Theodor Amandus Litfaß***, ein liberal eingestellter Berliner Verleger, Zeitungsherausgeber, Theatergründer und Druckereibesitzer, dessen Vater 1816, nur acht Tage nach seiner Geburt, gestorben war.

Als Erbe der 1765 gegründeten väterlichen Buchdruckerei machte sich Litfaß 1846 mit großen und grellen Anschlagzetteln, die Berliner »Litfaßzettel« genannt wurden, einen Namen. Während der März-Revolution 1848 unterstützte er das liberale Bürgertum mit dem Druck und der Herausgabe politischer Plakate und satirischer Zeitungen wie zum Beispiel dem »Berliner Krakeeler«, der nach dem blutigen Ende der Revolution verboten wurde.

Im tiefsten Inneren war dem jungen Erben das wilde und wahllose Plakatieren von Reklame, Konzertterminen und Theater- oder Zirkusvorstellungen auf Hauswänden und Bäumen aber ein Gräuel: Litfaß mochte es eigentlich gesittet und aufgeräumt.

Die ersten Reklamesäulen – achteckig und mit Rädern ausgestattet – standen 1824 in London. Ihren Namen, »Harrissäule«, verdanken sie ihrem englischen Erfinder George Samuel Harris. Und auch Paris schmückten ab 1842 Werbesäulen, diese waren aber gemauert. Ernst Litfaß beeindruckten diese Werbeträger auf seinen Geschäftsreisen derart, dass er sie für Berliner Zwecke neu konzipierte. Eifrig

Nach dem Zweiten Weltkrieg erfüllten die paar 100 vom Krieg verschont gebliebenen Säulen in Berlin eine wichtige Funktion: Sie dienten dem Roten Kreuz, aber auch Privatleuten als Nachrichtenumschlagplatz für überlebende bzw. vermisste Personen. Heute gibt es in Deutschland rund 67 000 Litfaßsäulen.

Mit »Anschlägen« verband man Mitte des 19. Jahrhunderts noch vorrangig Nachrichten, die man an Litfaßsäulen heftete.

unterbreitete er den Berliner Behörden seine Verbesserungsvorschläge, doch deren Mühlen mahlten langsam.

Erst nach jahrelangem Ringen erteilte ihm der Berliner Polizeipräsident Karl Ludwig von Hinkeldey am 5. Dezember 1854 die schriftliche Genehmigung für seine 100 »Annoncier-Säulen« zum »Zwecke des Zettelaushanges«. Diese Genehmigung regelte auch, dass Litfaß von der Stadt Berlin ein zehn Jahre gültiges Monopol für die Aufstellung seiner damals noch hölzernen Säulen zugesprochen wurde – erst 1865 durften andere »Betreiber« weitere 50 Säulen aufstellen.

Hinkeldey vergab die Genehmigung an Litfaß nicht ganz uneigennützig; vermutlich versprach er sich von den Säulen eine größere Einflussmöglichkeit auf die oft auch politischen Inhalte der bisher wild geklebten Plakate – war doch mit der Revolution 1848 auch die Zensur verschwunden.

Eine »Probesäule« wurde vor der Litfaß'schen Druckerei in der Berliner Adlerstraße aufgestellt; sie sollte der von den Neuerungen zunächst wenig begeisterten Bevölkerung das neue »Kommunikationsmittel« näherbringen. Eine gleichzeitig gestartete Anzeigenkampagne in den Zeitungen informierte über die ab sofort genormten Plakatformate sowie die Preise für Anschläge an den Säulen.

Für den Festakt der ersten »Säulen-Errichtung« an der sogenannten »Ziegenbockswache« am 1. Juli 1855 scheute Litfaß weder Geld noch Mühen – seine Erfindung sollte ein Meilenstein werden für Berlin und ganz Deutschland: Deshalb gab er beim bekannten ungarischen Schlagerkomponisten Adalbert Kéler (Künstlername: Kéler Béla) eine »Annoncir Polka« in Auftrag, die dem großen Tag eine feierliche Atmosphäre verleihen sollte. Litfaß hatte die Komposition in den Tagen zuvor an alle Leierkastenspieler Berlins verteilen lassen – sie begleiteten die Errichtung seiner 100 Säulen in der ganzen Stadt nun stil- und wirkungsvoll mit der neuen Polka.

Auch um das Entfernen der bisher wahllos angebrachten Plakate und Flugblätter hatte sich der vermögende Unternehmer gekümmert, eigens dafür eine 400 Mann starke Truppe angeheuert und in die Stadtviertel geschickt, um Ordnung zu schaffen.

> **!** Um 1900 gab es in Berlin rund 400 Litfaßsäulen, 1930 waren es bereits über 3000. Vor der Reichstagswahl im Juli 1932, bei der die NSDAP stärkste Partei wurde, klebte an allen Berliner Litfaßsäulen ein Plakat mit dem »Dringenden Appell, alle Kräfte zusammenzufassen, die in der Ablehnung des Faschismus einig sind«. Im Februar 1933, zwei Wochen nach der Machtergreifung Hitlers, rief das gleiche Plakat die Öffentlichkeit auf, bei den Wahlen am 5. März 1933 Hitler zu boykottieren – und tatsächlich erlitt Hitlers NSDAP herbe Stimmenverluste. Unterschrieben hatten 15 Personen, darunter Heinrich Mann und Käthe und Karl Kollwitz. Als Hitler schließlich 1933 doch an die Macht kam, wurden die Litfaßsäulen recht schnell verboten und abgebaut, weil Ernst Litfaß jüdischer Abstammung war.

Seine Erfindung, die neben Reklame auch Wahlaufrufe und Heiratsanzeigen beherbergte, brachte Litfaß den Spitznamen »der Säulenheilige« ein. Seine Kreativität und seine Geschäftstüchtigkeit ließen ihn 1865 zum »königlichen Hof-Buchdrucker« aufsteigen. Ein Jahr später erhielt Litfaß vom preußischen König und späteren

Kaiser Wilhelm I. das alleinige Recht zur Veröffentlichung der Kriegsdepeschen und Siegesmeldungen aus dem preußisch-österreichischen Krieg 1866 und später aus dem deutsch-französischen Krieg 1870–1871. Er tat dies unentgeltlich und bekam dafür zum Dank den preußischen Kronenorden mit den Insignien des roten Johanniterkreuzes.

Litfaß starb 1874 während einer Kur in Wiesbaden. Sein Geschäft übernahmen seine Kinder, es existiert noch heute unter dem Namen »Ernst Litfaß' Erben« an der gleichen Stelle in Berlin, wo es einst gegründet wurde. Dem »König der Reklame« wurde in der Münzstraße, unweit des Berliner Alexanderplatzes, ein bronzenes Litfaß-Denkmal gewidmet – dort wo einst auch seine erste Säule stand.

Lotto (1955)

Es war ein Studentenjob bei der Westdeutschen Fußball-Toto GmbH in Köln 1955, wo ***Lothar Lammers*** Wettscheine auswertete, der ihn auf die glorreiche Idee zum System-Lotto brachte – da war der gebürtige Ostwestfale gerade einmal 29 Jahre alt!

Gemeinsam mit seinem Mathematikerfreund ***Peter Weiand***, den er bei der Toto-Gesellschaft in Köln kennengelernt hatte, tüftelte der BWL- und Jura-Student monatelang über der Glücksformel für eine von Sportveranstaltungen unabhängige, moderne System-Wette.

> Den ersten Lotto-Millionär feierte Deutschland am 2. September 1956. Seine Gewinnsumme betrug 1 043 364,50 DM. Ungeheuer viel Geld in der damaligen Zeit.
> Die Wahrscheinlichkeit für sechs Richtige im Lotto ist ausgesprochen klein und liegt exakt bei 1 zu 13 983 816. So viele Möglichkeiten gibt es nämlich, aus den Zahlen 1–49 die richtige, gezogene Zahlenkombination zu treffen.

Als die Idee ausgereift erschien, versuchten die beiden, ihre Chefs, die damals den Glücksspielmarkt beherrschten, immer wieder mit Engelszungen von ihrer Erfindung zu überzeugen: »Wochenlang haben wir Geschäftsführer und Verwaltungsrat mit unserem Gesamtkonzept förmlich auf der Brust gekniet«, erzählte Lammers einmal. Vergeblich. »Ihr seid doch wahnsinnig«, habe der Toto-Geschäftsführer nur zu ihnen gesagt, erinnert er sich. Gehör fanden die beiden Freunde dagegen beim Bankenkonsortium der öffentlich-rechtlichen Landesbanken, das damals die vom Fußball-Toto fast verdrängte Nordwestdeutsche Klassenlotterie betrieb.

So fand am 9. Oktober 1955 um 16 Uhr im Hamburger »Hotel Mau« die erste Lottoziehung statt, bei der das Waisenmädchen Elvira die Lottofee spielte und die erste Lottozahl zog – aus einer Trommel, die damals noch aussah wie ein gläserner Betonmischer. Es war die 13 – was bei den wenigen anwesenden Zuschauern ein Raunen auslöste: Man war doch nicht etwa abergläubisch? Beteiligt waren an dieser ersten Ziehung nur vier Länder der damals noch jungen BRD: Hamburg, Schleswig-Holstein, Bayern und Nordrhein-Westfalen. Auch das Fernsehen war noch nicht dabei, die erste TV-Übertragung einer Ziehung der Lottozahlen fand erst 1965 statt.

- Das Zahlenlotto hat seinen Ursprung in der italienischen Hafenstadt Genua, wo 1575 nach einem Staatsstreich als »ultima ratio« das »Lotto di Genova« per Verfassung eingeführt wurde: Lose entschieden alljährlich darüber, welche fünf Männer von einer 90-köpfigen Liste im nächsten Jahr als Senator bzw. Ratsherr arbeiten sollten. Zuvor schlossen die Bürger Wetten darüber ab, wer es wohl in den Rat schaffen würde. Aus der Senatorenwahl entwickelte sich im Jahre 1643 das »Lotto« mit der Spielformel »5 aus 90«, das schnell in ganz Italien Anhänger fand.
- Im August 2011 waren die Zahlen 26 und 43 nach insgesamt 4982 Ziehungen seit 1955 die mit 651 Mal am häufigsten gezogenen Zahlen (ohne Zusatzzahl). Die am seltensten gezogene Zahl seit 1955 ist die 13 (wurde nur 552 Mal gezogen).

»Alle haben immer nur an Fußball gedacht«, sagt Lammers rückblickend. Dabei sei der Schlüssel zum Erfolg gewesen, ein Spiel zu entwickeln, für das man kein Vorwissen haben muss; ein Spiel für alle Schichten, für Frauen wie für Männer. Ein demokratisches Spiel, das durch die Formel hohe Gewinne bei sechs Richtigen versprach, aber auch eine breite Gewinnstreuung in den unteren Rängen. Die Glücksformel wurde zum Volltreffer, und »6 aus 49« ist bis heute das erfolgreichste Glücksspiel der Welt – rund 360 Jahre, nachdem das erste Zahlenlotto in Genua erfunden worden war.

Zwei Jahre lang – von 1955 bis 1957 – traten Fußball-Toto und

Zahlenlotto als Konkurrenzbetriebe auf. Als absehbar war, dass die Sportwetten auf Dauer den Kürzeren ziehen würden, integrierte die Düsseldorfer Landesregierung das Fußball-Toto kurzerhand in den Lotto-Betrieb. Damit waren Weiand und Lammers plötzlich auch Geschäftsführer der Westdeutschen Toto GmbH. »Und unsere früheren Vorgesetzten waren plötzlich unsere Angestellten«, erinnert sich Lammers mit deutlicher Genugtuung.

»Aber«, sagt der heutige Millionär, »ich will nicht im Lotto gewinnen, sondern am Lotto.« Tatsächlich hat ihn nicht die Glücksformel selbst reich gemacht, sondern das, was danach kam: Patentrechte und Beteiligungen. Für seine Karriere war die Erfindung allerdings ein ungeheures Sprungbrett und bescherte Lammers bis zu seiner Pensionierung ein geldsorgenfreies Auskommen als Chef der Westdeutschen Lotterie mit Sitz in Münster. Zusammen mit Peter Weiand gründete er die Deutsche Spielbanken-Gesellschaft.

Lübecker Hütchen (1952)

Die Lübecker Hütchen – auch bekannt als Verkehrsleitkegel, Verkehrshütchen, Warnkegel oder Pylon – sind verbreitete Hilfsmittel zur Verkehrssicherung.

Ihr Name leitet sich von ihrem Produktionsstandort Lübeck ab, wo die ersten Markierungskegel hergestellt wurden. Mit einem ernsten Hintergrund: Ihr Erfinder, ***Ewald Kongsbak***, musste auf der Autobahn unfreiwillig einen tödlichen, aber eigentlich absolut vermeidbaren Unfall mitansehen.

Aufgrund von Bauarbeiten hatte man die Autobahn dort, wo später der Unfall geschah, auf eine Spur verengt. Als Absperrung benutzte man damals noch rot-weiß lackierte Ölfässer, die für einen festeren Stand mit Gesteinsbrocken beschwert wurden. Kongsbak wurde nun Zeuge, wie ein vorausfahrendes Auto eines dieser Ölfässer streifte, der Stein sich lockerte, durch die Windschutzscheibe flog und den Fahrer quasi köpfte.

Der technisch versierte Geschäftsmann aus Lübeck erlitt einen Schock – und begann, sich Gedanken zu machen. »Zur Markierung von Baustellen und Ähnlichem muss es doch noch eine andere Lösung geben«, dachte er und entwickelte das erste Lübecker Hütchen. Es bestand aus weißen und orangefarbenen Gummistreifen, die über einem Kegel in Form gebracht wurden. Ein Metallring am offenen Ende verhinderte das Umfallen.

Seine aus der Not geborene Erfindung war universell einsetzbar: bei Polizei-, Feuerwehr- und Notarzteinsätzen, auf Baustellen und Autobahnen, beim Bundesgrenzschutz, bei Kinderfesten. Trotzdem sorgte der Brief, den das Deutsche Patentamt zehn Monate später an Kongsbak sandte, erst einmal für Ernüchterung: In den USA gab es bereits ein ähnliches Produkt. Deshalb erhielt Ewald Kongsbak auf seine Hütchen kein Patent, sondern lediglich einen »Bundesgebrauchsmusterschutz«. Im Klartext hieß dies: Sobald jemand die Lübecker Hütchen nur marginal veränderte (zum Beispiel eckig gestaltete statt als Kegel), durfte er dasselbe Produkt ebenfalls anbieten.

Trotzdem war Kongsbaks Idee ein Kassenschlager und ist es noch heute. Jedes Jahr verkauft der Betrieb, der mittlerweile in der vierten Generation fortbesteht, 8000 bis 10 000 Leitkegel in zwölf verschiedenen Ausführungen von 20 bis zu 100 Zentimeter Größe ins In- und Ausland. Produziert werden die Lübecker Hütchen mittlerweile aber nicht mehr in Lübeck, sondern in Frankreich – und sie bestehen auch nicht mehr aus Gummi, sondern aus PVC. Ansonsten ähneln sie ihren Vorgängern von 1952 aber aufs Haar und leisten den gleichen guten Dienst wie schon vor knapp 60 Jahren – sogar auf der Antilleninsel Aruba, wohin Kongsbak auch schon 1000 Hütchen verkaufte.

Sogar auf der nur 30 km langen und 9 km breiten Antilleninsel Aruba regeln Lübecker Hütchen den Verkehr.

Luftballon-Rohlinge sind weißlich-gelb. Erst Farbpigmente machen sie bunt.

Luftballon (1824)

Der Luftballon ist eine britische Erfindung: 1824 beschäftigte sich der Londoner Chemieprofessor ***Michael Faraday*** im Labor der »Royal Institution« – einer Organisation, die sich seit 1799 der Wissenschaft widmet – mit Forschungen rund um das Thema Wasserstoff.

In diesem Zusammenhang drückte der Naturforscher zwei flache runde Kautschuklagen aufeinander. Deren Mitte hatte er zuvor mit Mehl bestäubt, um ein Aneinanderkleben zu verhindern. Als er die unbemehlten Ränder fest aneinanderpresste, verklebten diese sofort – sodass er das Ganze mit Wasserstoff befüllen und auf ein Vielfaches aufblasen konnte. Das noch namenlose »Ding« schwebte elegant an die Decke und blieb dort oben auch erst einmal hängen – der Wasserstoff machte es möglich. Dass diese Erfindung Jahre später einmal so viele Kinderherzen höher schlagen lassen sollte, war dem Forschergenie damals gewiss nicht bewusst.

Bereits ein Jahr später, 1825, wurde der Luftballon von dem englischen Gummiproduzenten Thomas Hancock als Spielgerät verkauft. Der Haken an seiner »Luftballonbox« war allerdings, dass die Kinder die Rohgummimasse mithilfe einer Spritze erst eigenhändig zum Ballon aufblasen mussten; ein schwieriges Unterfangen für Kinder,

> **!** Michael Faraday galt schon 1820 als führender chemischer Analytiker Großbritanniens. Seine Entdeckungen legten den Grundstein für die heutige Elektroindustrie. Zu seinem 200. Geburtstag 1991 ehrte man Faraday und druckte sein Konterfei auf die eine Seite der britischen 20-Pfund-Note. Die andere Seite schmückte eine Illustration, die Faraday vor Studenten an der »Royal Institution« zeigt. Derartige 20-Pfund-Noten werden heute nicht mehr gedruckt, sind aber noch immer gültig.

da unvulkanisierter Gummi stark klebt. Ein Glück, dass der britische Ingenieur James George Ingram ab 1847 in Hoxton vulkanisierte Spielzeugluftballons mit der noch heute gebräuchlichen Tauchmethode herstellte – und die Kinder nun deutlich einfacher an einen Luftballon kamen.

Der Amerikaner Kent Couch aus Oregon ist Weltmeister im »Luftballon-Weitschweben«: Er legte 2008 mit 154 Helium-Ballons, die er an einen Gartenstuhl geknotet hatte, knapp 400 Kilometer zurück und landete weich in Idaho. Die acht Stunden und 27 Minuten, die Couch in der Luft schwebte, waren allerdings lebensgefährlich!

Ein Luftballon entsteht heute, indem man Ballonformen aus Glas oder Polypropylen in flüssiges Latex eintaucht. Nach der Trocknung wird mit zwei rotierenden Bürsten ein Stück des Ballonhalses aufgerollt und so ein Ring am Mundstück erzeugt. Die beschichtete Form wird dann in heißem Wasser gewaschen, vulkanisiert und mit Luft von der Form abgestreift. Die Naturfarbe der Ballons ist weißlichgelb, erst durch die Zugabe von Pigmenten werden sie bunt.

Luftschlange (1887)

Was ist das? Sie ist in der Regel vier Meter lang, nur wenige Gramm schwer und knallbunt – richtig, die Luftschlange! Die Erfindung des fast schon unverzichtbaren Karnevalsutensils ist dem Wutausbruch eines Berliners zu verdanken, und zwar von ***Paul Demuth***. Der Buchbindermeister übernahm 1886 eine Firma, die auch Telegrafenrollen herstellte. Eines Tages fiel einem Mitarbeiter eine Morserolle, die zum Handwerkszeug des Buchbinders gehörte, aus den Händen und schlängelte sich zu Boden. Wütend über die Tollpatschigkeit seines Angestellten, nahm Demuth die Rolle, schleuderte sie durch den

Der ideale Blas-Abstand zwischen Mund und Luftschlange liegt laut Versuchen des Instituts für Thermodynamik der TU München angeblich bei 25–30 Zentimetern.

Raum – und war von dem Effekt so angetan, dass er beschloss, Luftschlangen zu produzieren.

Benötigt werden dafür kilometerlange Rollen weißen, schwer entflammbaren Papiers. Über zehn Kilometer lang ist so eine Rolle, die zuerst einmal auf beiden Seiten farbig bedruckt werden muss, bevor sie wieder aufgewickelt und zu kleinen Luftschlangenringen verarbeitet werden kann.

Paul Demuth reklamierte für sich auch die Erfindung des Konfettis. Auf die Idee war er angeblich 1886/87 auf einer Italienreise gekommen, wo man sich beim altvenezianischen Karneval mit Konfekt bewarf – daher auch der Name »Konfetti«. Allerdings war der Spaß mit der Süßigkeit nur für die Oberschicht erschwinglich. Weshalb ein gerissener Geschäftsmann billige Konfekt-Attrappen aus Gips herstellte, die das einfache Volk beim Karneval in die Luft schmeißen konnte, ohne gleich ein kleines Vermögen zu verpulvern. Das Ganze animierte Paul Demuth wohl zu seinen Papierschnipseln, die wir heute Konfetti nennen. Allerdings meldete Demuth für sein Konfetti nie ein Patent an.

Für seine Erfindung reichte Demuth eine Patentschrift beim Reichspatentamt in Berlin ein. Als er in Berlin auf der Straße 1887 allerdings zum ersten Mal eine solche Luftschlange warf, wurde er allen Ernstes von der Polizei festgenommen. Die Gesetzeshüter sahen in der »Serpentine« – wie Luftschlangen damals auch hießen – eine Erregung öffentlichen Ärgernisses und stellten den Erfinder unter Arrest!

In Paris soll es 1897 während des Karnevals eine »Luftschlangen-Schlacht« gegeben haben, die für lang anhaltendes Chaos sorgte. Die Streifen aus geleimtem Papier hingen noch Wochen später überall: an Straßenschildern, Hauswänden, in den Bäumen, an Laternen. Ob sich die englische Königin Victoria ausgerechnet daran ein Beispiel nahm? Auch anlässlich ihres 60-jährigen Thronjubiläums gab es im Juni desselben Jahres in London eine Luftschlangen- und Konfetti-Schlacht.

Lügendetektor (1913)

In Gegenwart seines Anwalts wird ein Beschuldigter auf seine Glaubwürdigkeit überprüft.

Der Apparat, der nachweisen soll, ob jemand die Wahrheit sagt, wurde 1913 von dem italienischen Psychologen und Philosophen *Vittorio Benussi* entwickelt. Das Gerät, auch »Polygraf« (Vielschreiber) genannt, basiert auf der Grundidee der Psychologen Carl Gustav Jung und Max Wertheimer: dass nämlich Menschen beim Lügen zumindest geringfügig nervös werden und sich dadurch Blutdruck, Atmung, die elektrische Leitfähigkeit der Haut (durch Schwitzen) und die Durchblutung verändern.

Der Experimentalpsychologe Vittorio Benussi las die Abhandlungen seiner Berufskollegen mit großem Interesse und konstruierte daraufhin im Frühjahr 1913 an der Universität Graz einen Apparat, der die Atmungsphasen und den Puls registriert. Aus diesen Werten zog er dann seine Rückschlüsse, ob die befragte Versuchsperson lügt.

Benussis Apparat wurde jedoch nie offiziell in der Polizeiarbeit eingesetzt. Das schaffte erst der 1923 vom amerikanischen Polizisten Leonarde Keeler zusammen mit zwei Studentenfreunden gebaute »Emotograf« und dessen Nachfolgermodell »#301«. Bei diesen Polygrafen maß eine Manschette um den Oberarm Blutdruck und Pulsschlag der Beschuldigten. Eine um den Brustkorb gespannte, verkleidete Drahtfeder kontrollierte die Atmung und zwei Metallplättchen in der linken Hand die elektrische Leitfähigkeit der Haut.

Jede noch so kleine körperliche Veränderung der Verdächtigen wurde von den Messinstrumenten eingefangen und wie eine Art Seismograf von drei Tintenschreibnadeln grafisch auf Papier übertragen. Die entstandene »Lügen-Fieberkurve« gab den Experten Aufschluss über die seelische Erregung des Verhörten bei jeder einzelnen Frage. Nicht selten unterschied sich die Messkurve stark vom äußerlich coolen Auftreten während der Befragung.

Der mittlerweile von Berkeley nach Chicago übersiedelte Erfinder Keeler war zum Leiter des »Scientific Crime Detection Laboratory« an der Northwestern University aufgestiegen und verkaufte seine »Lie Detector Operators« nur unter der Bedingung, dass sie allein von Leuten mit exakten physiologischen und psychologischen Kenntnissen bedient wurden, die er zudem selbst ausgebildet hatte. Das deutsche Nachrichtenmagazin »Der Spiegel« konstatierte Anfang 1949, im Todesjahr von Keeler, es gäbe weltweit »nicht mehr als 200« dieser ersten seriell gefertigten Lügendetektoren.

Die Zuverlässigkeit eines Lügendetektortests liegt bei – freiwilligen – Testpersonen bei 97 bis 98 Prozent. Weil das Gerät aber eben nur bei Freiwilligen gut funktioniert und eine unbedachte Handbewegung das Ergebnis bereits verfälscht, ist es in Deutschland als Beweismittel vor Gericht ausgeschlossen. In vielen anderen Ländern erfreut sich der Lügendetektor jedoch trotz seiner hohen Fehlerquote anhaltend großer Beliebtheit. So etwa in Japan, Australien, Südafrika, China, Israel und den USA. Dort ist er noch heute in einigen der 51 Bundesstaaten als Beweismittel vor Gericht zugelassen. Circa eine Million Menschen werden in Amerika pro Jahr zur Wahrheitsfindung an einen Lügendetektor angeschlossen. Die amerikanische Bundespolizei FBI und der Geheimdienst CIA überprüfen ihre Mitarbeiter angeblich noch heute mithilfe von Lügendetektoren. US-Firmen nutzten das Gerät bis 1988 sogar, um in Vorstellungsgesprächen den richtigen Bewerber ausfindig zu machen. Dies wurde mittlerweile aber per Gesetz untersagt.

Ein falsch gedeuteter Lügendetektortest führte 1982 dazu, dass der Amerikaner Melvin Foster zu Unrecht in einem Serienmordfall beschuldigt wurde. Obwohl keine Beweise gegen ihn vorlagen, wurde er jahrelang weiter verdächtigt. Erst als 2001 DNA-Spuren seine Unschuld bewiesen, wurde er endgültig von allen Verdächtigungen freigesprochen und stattdessen Gary Ridgway angeklagt. Der war zu Beginn der Untersuchung einer der Hauptverdächtigen gewesen, wurde dann aber aufgrund von zwei bestandenen Lügendetektortests freigelassen – und konnte weiter morden: 48 Tote gingen auf sein Konto!

Madame Tussauds (1835)

Alles begann mit Jean-Jacques Rousseau. Der berühmte französische Philosoph war der erste Prominente, von dem die damals 17-jährige *Marie Tussaud* (geborene Grosholtz) im Jahr 1778 ein lebensgroßes Modell aus Wachs erschuf.

Ihr Onkel Dr. Philippe Curtius, der unverheiratete Bruder ihrer verwitweten Mutter, in dessen Haushalt sie aufwuchs, hatte sie darin unterrichtet, derartige Wachsbildnisse zu erstellen. Curtius war Arzt in Bern und modellierte zur Anschauung für die Patienten aus Wachs anatomische Modelle und menschliche Organe. Richtig viel Geld verdiente Curtius aber mit Wachsporträts von Adeligen und herausragenden Persönlichkeiten.

Noch ein paar Farbtupfer, dann lässt sich die Wachsfigur von Leonardo di Caprio kaum mehr vom Original unterscheiden.

1765 zog Curtius nach Paris und richtete dort gleich zwei Wachsfigurenkabinette ein. Vor allem seine Nachbildungen der königlichen Familie von Ludwig XVI. sowie die Wachsdoubles von Verbrechern, die Curtius effektvoll in schummrigem Licht präsentierte, zogen Besucherströme an. 1767 ließ Curtius dann Marie und ihre Mutter nach Paris nachkommen. Unter Anleitung ihres Mentors porträtierte sie bereits in Jugendjahren mit viel Feingefühl Prominente wie zum Beispiel den Aufklärer Voltaire kurz vor dessen Tod 1778.

Als Prinzessin Elisabeth, die jüngste Schwester von König Ludwig XVI., 1778 darum bat, das Wachsmodellieren erlernen zu dürfen, sandte Curtius Marie als Privatlehrerin an den Versailler Hof, wo sie eine eigene Wohnung erhielt.

Die Französische Revolution 1789 war für die damals 28-jährige Marie vermutlich die schrecklichste Zeit in ihrem langen Leben. Nicht nur dass die ehemals von ihr gestalteten Wachsköpfe von Prominenten auf Stangen aufgespießt durch die Straßen von Paris getragen und verspottet wurden. Sie wurde auch dafür missbraucht, die Totenmasken prominenter Geköpfter direkt neben der

Guillotine abzunehmen und auf dieser Grundlage Wachsgesichter zu formen, die dann zur Abschreckung im Revolutionsmuseum ausgestellt wurden.

Die abgetrennten Köpfe des Hochadels hielt die überzeugte Royalistin zu ihrem stillen Entsetzen fast alle in den Händen – 1793/94 auch den Kopf von König Ludwig XVI. und seiner Frau Marie Antoinette sowie des Revolutionärs Maximilien de Robespierre. Kurz darauf erbte Marie Grosholtz von ihrem verstorbenen Onkel Dr. Curtius dessen Wachsfigurensammlung – und Schulden. 1795 heiratete sie den Ingenieur François Tussaud, mit dem sie zwei Söhne, Joseph (* 1798) und François jr. (* 1800), hatte. Doch die Ehe hielt nur fünf Jahre, 1800 trennte sie sich von ihrem spiel- und trinksüchtigen jüngeren Mann, die Scheidung erfolgte 1809.

! Noch heute zieht das Wachsfigurenkabinett, das Filialen in London, Amsterdam, New York, Las Vegas, Shanghai, Hongkong, Berlin und ganz neu auch in Bangkok besitzt, jährlich über 2,5 Millionen Besucher an. Dabei war Marie Tussauds Sammlung in London bei Weitem nicht die erste ihrer Zeit: Es gab noch diverse andere Wachsgalerien wie zum Beispiel das »Beautiful Cabinet of Wax Figures« von Mrs Bullock und ihren Söhnen oder die Wachsfiguren-Galerie von Mrs Salomon – aber die Figuren von Madame Tussaud waren aufgrund der verblüffenden Ähnlichkeit zu ihren Vorbildern mit Abstand die eindrücklichsten.

Um für sich und ihre Söhne den Lebensunterhalt zu erwirtschaften, folgte Marie Tussaud 1802 einer Einladung nach London, wo die Leute sich, im Gegensatz zum schnelllebigen Paris, noch für ihr Wachsfigurenkabinett interessierten. Mit 44 lebensgroßen Wachsfiguren im Gepäck – darunter eine Nachbildung vom späteren Kaiser Napoleon Bonaparte, die sie auf Wunsch von dessen Frau Josephine 1801 angefertigt hatte – bestieg sie das Schiff nach England und zog mit ihrer Wachsfigurenschau und ihrem Sohn Joseph 30 Jahre lang durch Großbritannien und Irland. Ihr jüngerer Sohn lebte derweil bei ihrer Mutter in Paris, kam erst als junger Mann 1822 nach London nach.

Weil Nachrichten zu dieser Zeit meist noch mündlich verbreitet wurden und es noch keine Fotografie gab, waren die aufgrund von echten Haaren, Wimpern, Zähnen und Glasaugen verblüffend lebensnah wirkenden Figuren von Regenten, Politikern, Mätressen und Revolutionären für die Menschen eine Art »reisende Zeitung«; die Wachsdoubles brachten der breiten Masse die wichtigen Persönlichkeiten des Weltgeschehens näher.

Eine Wachspuppe entsteht in vielen einzelnen Schritten: Mit Maßband und Tastzirkel werden beim sogenannten »Sitting« zunächst 226 Maße genommen und 150 Fotos von Kopf und Körper aus den unterschiedlichsten Blickwinkeln gemacht, danach wird ein Metallskelett erstellt. Auf der »Armatur« wird nun über sechs Wochen die Körperform aus Ton nachmodelliert und ein Gips-»Negativ« von Kopf und Körper angefertigt, bevor man heißes Wachs in die fertigen Formen gießt. Sobald dieses abgekühlt und ausgehärtet ist, wird der Kopf aus der Form genommen und erhält Farbe, Augen aus Acrylglas und Haare. Strähne für Strähne wird menschliches Echthaar eingestochen. Damit auch die Kleidung authentisch wirkt, kleiden die Promis ihre Wachsfigur traditionell selbst ein.

Erst 1835 ließ sich die geschäftstüchtige Marie in der Londoner Baker Street nieder und eröffnete in einer ehemaligen Kaserne ihr eigenes Museum: »Madame Tussauds.« Vor allem die bühnenartig in Szene gesetzten blutigen Ereignisse der Französischen Revolution, der in Wachs nacherzählte Aufstieg und Fall Napoleons sowie das Wachsdouble der überraschend verstorbenen, populären französischen Opernsängerin Maria Malibran zogen scharenweise Besucher an. Viele Jahre saß Marie Tussaud selbst an der Kasse, voller Stolz auf den pädagogischen Hintergrund ihrer Sammlung, die sie stets zu optimieren suchte. So erstand sie etwa die Kutsche, mit der Napoleon sich stets zum Schlachtfeld fahren ließ.

Mit 81 Jahren, 1842, erschuf sie ihr eigenes Abbild aus Wachs, als letzte eigenhändig hergestellte Figur des Kabinetts. Und zwar in der Pose, wie sie der hingerichteten Marie Antoinette die Totenmaske abnimmt – danach übergab sie das Museum ihren Söhnen. Erst Tussauds Enkel verlegten das Wachsfigurenkabinett 1884 in die heute dafür bekannte Marylebone Road.

Maggi-Würze (1886) und Maggi-Brühwürfel (1908)

Die eigenwillige Form der Würzeflasche und ihre auffällig gelb-roten Etiketten kennt in Deutschland heute jedes Kind. 87 Prozent aller deutschen Haushalte haben solch eine Flasche im Küchenschrank stehen. Die Würzmischung ist so unvergleichlich, dass sie ihren Platz im Supermarktregal tatsächlich seit über 125 Jahren behaupten konnte! Erfunden hat ***Julius Maggi*** das streng gehütete und seit der Erfindung unveränderte Familienrezept nämlich bereits 1886.

Das umgangssprachlich »Maggikraut« genannte Gewürz Liebstöckel, dessen natürlicher Duft stark an die Maggi-Würze erinnert, ist in der Würzsoße gar nicht enthalten. Die Ähnlichkeit ist reiner Zufall.

Der Müllerssohn übernahm 1869 vom Vater den Betrieb im zürcherischen Kemptthal. Es war die Zeit der beginnenden Industrialisierung. Die Menschen waren im Aufbruch, hatten Ideen und Visionen. So auch ein Schweizer Bekannter von Julius Maggi, Fridolin Schuler. Dem Kinderarzt, der als erster staatlicher Fabrikinspektor der Schweiz auch die Einhaltung des 12-Stunden-Arbeitstages überprüfte, kam schnell der Verdacht, dass die Ursache für viele Krankheiten sowie die hohe Kindersterblichkeit in der Arbeiterschicht das wenige und recht einseitige Essen sein könnte. Deshalb entwickelte er die Idee eines gesunden, billigen und schnell zuzubereitenden Nahrungsmittels auf der Basis von eiweißhaltigen Hülsenfrüchten. Denn teures, eiweißhaltiges Fleisch konnten sich die wenigsten Familien damals leisten.

In Julius Maggi fand Schuler einen innovativen Unternehmer, der bereit war, diese Idee mitzutragen und dafür auch einen großen Teil seines Vermögens einzusetzen.

Denn die Experimente, die Maggi und Schuler in Auftrag gaben, waren teuer und aufwendig. Erst nach Jahren des Forschens hatte Maggi 1886 schließlich ein Rezept gefunden, wie sich aus einem Mehl auf Erbsen- und Bohnenbasis Suppen kochen ließen. Die ersten Fertigsuppen kamen auf den Markt und stellten für die hart arbeitenden Frauen des Proletariats eine große Erleichterung im Arbeitsalltag dar.

Im gleichen Jahr gründete Julius Maggi in der Schweiz die Kommanditgesellschaft »Julius Maggi & Cie« und brachte seine Maggi-Würze auf den Markt, die ursprünglich nur eine Zutat der Suppen werden sollte. Der »Kreuzstern«, den Maggi 1894 als Schutzmarke für Maggi-Produkte hinterlegen ließ, stellte seine Lebensdevise dar: »Durch das Kreuz zum Erfolg.« Zudem ließ er den lateinischen Spruch »Nobile quia optimum« auf die Flasche drucken, was bedeutet: »Edel, weil das Beste!«

Das unverwechselbare Erscheinungsbild der Maggi-Flasche hat sich seit 1886 nicht geändert.

Nach Deutschland kam die Maggi-Würze 1887 durch einen klugen wirtschaftlichen Schachzug: Im deutschen Singen ließ der fortschrittliche Unternehmer das in der Schweiz hergestellte Maggi aus Kanistern in die braunen Glasflaschen umfüllen – und gewann so auch die Aufmerksamkeit der deutschen Bevölkerung. Schon 1895 hatte Maggi seine unternehmerischen Ziele im Wesentlichen erreicht. Niederlassungen in der Schweiz, im europäischen Ausland und in den USA produzierten und verkauften mit großem Erfolg und machten die Marke Maggi weltweit bekannt. Vor diesem Hintergrund konnte Maggi es sich leisten, in seinen Fabriken eine Reihe von Sozialmaßnahmen einzuführen, die damals vorbildlich waren. So ließ er zum Beispiel seit 1892 Arbeiterwohnungen bauen, gründete 1895 eine Betriebskrankenkasse und führte 1906 den freien Samstagnachmittag ein.

Auch der Brühwürfel, den Maggi 1908 erfand, entsprach in einer Zeit der Mangelernährung seinem Verständnis von »helfen und dienen«: Für vier Pfennige bot der Würfel einen nahrhaften Ersatz für frisches Suppenfleisch, das im frühen 20. Jahrhundert dreißigmal so teuer war wie die Bouillon. Die Zeitersparnis, die der Brühwürfel den meist rund um die Uhr arbeitenden Frauen brachte, machte ihn in Windeseile populär. Jede Frau gab den Tipp sofort an ihre Freundin, Nachbarin und Kollegin weiter. Dadurch konnte Maggi in den ersten Jahren auf jede Art von Werbung verzichten – »wir hätten die durch unsere Insertion ge-

> Da Michael Maggi, der Vater von Julius Maggi, aus der Lombardei stammt und sein Nachname somit italienischen Ursprungs ist, müssten wir das »gg« in Maggi phonetisch korrekt eigentlich als »dschi« aussprechen und sagen: »Kannst du mir bitte mal das Maadschi geben?«

steigerte Nachfrage gar nicht befriedigen können«, hieß es denn auch im Geschäftsbericht von 1908. Noch heute wird der Maggi-Brühwürfel allein in Deutschland 40 Millionen Mal pro Jahr verkauft.

Mainzelmännchen (1963)

Mainzelmännchen-Erfinder Wolf Gerlach mit Det und seiner Truppe.

Anton, Berti, Conni, Det, Ede und Fritzchen sind formell ausgedrückt »Werbetrenner«. Im wahren Leben ist ihr unvergleichliches »Gudn Aamd« lange Kult und die sechs sind der beste Grund dafür, während der ZDF-Werbepausen nicht zu zappen. Die putzigen »Pausenclowns« mit den Zipfelmützen wurden 1962 von dem Zeichner und Bühnenbildner ***Wolf Gerlach*** zum Sendestart des Zweiten Deutschen Fernsehens entwickelt. Seit ihrem ersten TV-Auftritt am 2. April 1963 sind sie das Markenzeichen und Aushängeschild des Senders. Zunächst traten sie in schwarz-weiß vor und nach jedem Werbespot auf, seit 1967 tun sie das in Farbe.

Ihr Name lehnt sich an die zahlreichen Helfer an, die 1963 den zweiten deutschen TV-Sender auf dem Mainzer Lerchenberg ins Leben riefen. Sie waren »fleißig wie die Heinzelmännchen« – der Volksmund machte daraus die »Mainzelmännchen«. Der Name gefiel Gerlach so gut, dass er ihn gleich für seine Trickfiguren übernahm.

Auch Charakter, Aussehen, die Gags und selbst die markante Stimme der Männchen stammten ursprünglich von Wolf Gerlach. Bild für Bild werden bis heute noch alle Animationen mit dem Bleistift erstellt: rund 800 Filme pro Jahr, wobei eine Sequenz von ein paar Sekunden mehrere Tage Arbeit für ein mehrköpfiges Team bedeutet. Lediglich das Ausmalen der Figuren wird mittlerweile vom Computer übernommen.

Anton ist der nimmersatte Genießer unter den Mainzelmännchen. Berti der fleißige Tüftler, dem das Hemd immer rechts aus der Hose hängt. Conni ist experimentierfreudig. Besserwisser und Schlaumeier Det ist der Chef der Truppe, Edi der Schöngeist und Fritzchen der Sportler. Und alle sechs haben nur vier Finger – eine Eigentümlichkeit, die übrigens auch etliche Figuren von Walt Disney besitzen.

Konkurrenz gemacht hatten den fröhlichen Mainzelmännchen zu Sendebeginn nur Zeitrafferblumen und eine Schar Pinguine, die von den ZDF-Verantwortlichen ursprünglich als Werbetrenner vorgesehen waren. Doch die munteren Männchen setzten sich durch und machten ihren Schöpfer zu einem wohlhabenden Künstler: »Viele haben geschimpft, ich würde auf heile Welt machen. Aber das ist für mich kein Schimpfwort«, entgegnete Wolf Gerlach seinen Kritikern einmal in einem Interview.

Wolf Gerlach erfand Mitte der 1960er-Jahre auch sechs »Mainzelmädchen«. Sie gingen jedoch nur einmal auf Sendung, weil Gerlach sie für »nicht serienfähig« hielt.

Weil die Mainzelmännchen außer »Gudn Aamd!« nichts gesprochen haben, konnten sie überall auf der Welt gesendet werden. Interessanterweise lief die allererste exportierte Mainzelmännchen-Episode im Iran – damals war noch der Schah an der Macht, der dann 1979 gestürzt wurde.

Als Gerlach 2003 die Verantwortung für die sechs Mainzelmännchen nach 40 Jahren schweren Herzens abgab, nutzte der Sender den Stabwechsel für eine Modernisierung der Figuren, die zuletzt 1980 und 1990 optisch überarbeitet wurden. Seither sieht man die Mainzelmännchen nicht mehr mit althergebrachten Gegenständen wie zum Beispiel einem Notizblock, dafür aber mit Computer, Mobiltelefon und MP3-Player. Und neue Klamotten gab's für die sechs auch.

Die stilistische Veränderung der Mainzelmännchen im Jahr 2003 in Richtung Manga rief einen Proteststurm der Zuschauer hervor und wurde deshalb zum Großteil wieder zurückgenommen. Im Internet existierte jahrelang die Homepage »helftdenmainzelmaennchen.de«, auf der rund 50 000 Proteste registriert wurden.

Matchbox-Autos (1952)

»Matchbox« heißt aus dem Englischen übersetzt eigentlich: Zündholzschachtel. In der Mitte des 20. Jahrhunderts, genauer gesagt 1952, sorgte jedoch der britische Ingenieur ***Jack Odell*** dafür, dass der Begriff »Matchbox« weltweit zum Synonym für Spielzeugautos wurde.

Die Geschichte begann damit, dass die Kriegskameraden Leslie Smith und Rodney Smith 1947 in einem Außenbezirk von London die Firma »Lesney Products« gründeten. Sie wollten als Zulieferer für die Industrie Zinkdruckguss-Artikel herstellen: Brotpressen, Angelschnur-Trenner und vieles andere.

Der Haken an der Sache war nur, dass dieses Geschäft Anfang Februar jeden Jahres regelmäßig in den Keller ging, weil die Firmen nur einmal pro Jahr auf Vorrat einkauften. Daher entschlossen sich die beiden Geschäftsleute, in der Zwischensaison Spielzeug für die Weihnachtszeit zu fertigen, beispielsweise Kopien der erfolgreichen »Dinky Toys«.

Das korrespondierte wunderbar mit den Plänen von Jack Odell, der zur Firma Lesney stieß, weil er seine eigenen Gussmaschinen nicht wie geplant in seinem Londoner Wohnviertel aufstellen durfte. Deshalb mietete er sich zunächst sporadisch bei »Lesney Products« ein. Als Rodney Smith 1952 jedoch nach Australien auswanderte, wurde er selbst Teilhaber der Firma.

Matchbox-Modell Nummer 1: die grüne Dampfwalze.

Die erste gemeinsame Spielzeug-Miniatur von Smith und Odell war die Krönungskutsche, die sich anlässlich der Thronbesteigung von Elisabeth II. im Juni 1953 über eine Million Mal verkaufte.

Im selben Jahr brachte Jack Odell schließlich ein Geschenk für seine Tochter Anne auf die Idee mit den Matchbox-Autos: In Annes Schule galten besondere

Vorschriften. So durften die Kinder in den Unterricht zum Beispiel nur Spielzeug mitbringen, das in eine Streichholzschachtel (englisch: matchbox) passte. Bisher hatte Anne gerne Spinnen oder anderes Getier mit in die Schule genommen, was nicht bei allen ihren Klassenkameraden wirklich gut ankam. Die kleine Dampfwalze hingegen, die ihr Vater ihr als Mini-Ausgabe der Straßenwalze aus dem Lesney-Programm in Messing gegossen und rot-grün angemalt hatte und die gerade so in die vorgeschriebene Streichholzschachtel passte, stieß bei Annes Klassenkameraden sofort auf helle Begeisterung. Alle anderen Kinder wollten auch so ein Spielzeug besitzen – die geniale Matchbox-Idee war geboren!

Angespornt von der Begeisterung der Kinder und mit dem Gewinn, den Lesney mit der Krönungskutsche erwirtschaftet hatte, entwarf Odell zusammen mit seinem Partner Leslie Smith nach der Dampfwalze (Modellnummer 1) weitere Modelle, jedes bekam eine eigene Nummer: Nummer 3a war zum Beispiel ein Zementmischer, Nummer 5a war der rote Doppeldeckerbus aus London und unter 4c erschien 1960 eine blaue Triumph T110 als Motorrad mit Beiwagen.

Die Miniatur-Krönungskutsche von Elisabeth II. entstand 1952 durch einen bizarren Zufall: Eigentlich hatte die Firma Lesney eine Million Kutschen gefertigt, um damit im Mai an das 15-jährige Thronjubiläum von George VI. zu erinnern. Doch der König starb völlig unerwartet – und die Firma stand plötzlich mit Kisten voller Spielzeugkutschen da und wusste nichts so recht damit anzufangen. Bis die Idee geboren wurde, die Kutschen doch für die Krönungszeremonie von Elisabeth II. zu verwenden. Problematisch war nur, dass die zukünftige Queen stets alleine in der Kutsche zu sitzen pflegte, während in den fertig vorliegenden Modellen immer ein König und eine Königin saßen. Kurzerhand wurden daher alle Könige bis zu den Knien aus den Spielzeugkutschen herausgebrochen. Betrachtet man also aufmerksam Originalkrönungskutschen aus dem Hause Lesney von 1952, sieht man die Queen dort neben ein paar Schienbeinen sitzen.

Der Plan war simpel: Die Spielzeuge sollten in eine Streichholzschachtel passen und gerade so viel kosten, dass ein Kind mit seinem wöchentlichen Taschengeld immer wieder eines dazukaufen konnte. Und der Plan ging auf. Die Modelle der sogenannten »Regular Wheels Serie 1–75« gingen weg wie warme Semmeln: Miniaturausgaben von VW, Daimler, MG, Goggomobil, Lotos, Borgward, Buick, Cadillac, Ford und Rolls Royce wurden ergänzt durch Busse, Lastwagen, Ambulanzwagen, Milchwagen und viele andere Gefährte.

Um den Markt aber nicht zu überschwemmen, legten Jack Odell

und Leslie Smith fest, dass pro Jahr nicht mehr als 75 Modelle erscheinen sollten, die bis 1969 aber immer wieder durch Neuerungen und andere Fahrzeugversionen ergänzt wurden. Den Vertrieb der Matchbox-Autos übernahm Moses Kohnstam, der mit seiner Firma »Moko« schon die Händlerbeziehungen vorweisen konnte, die der Firma Lesney noch fehlten. Daher trugen die ersten Matchbox-Auto-Schachteln alle den Schriftzug »A Moko Lesney Product«. Modelle in dieser sogenannten A-Box sind heute sehr begehrt.

Schnell wurden die Matchbox-Autos populär und riefen Sammler auf den Plan. Seit 1952 wurden über 12 000 verschiedene Modelle entworfen, in der Summe über drei Milliarden Matchbox-Autos produziert und unter diesem Markennamen in 130 Länder verkauft. Ein wichtiger Grund, warum die Matchbox-Autos bis heute ein derartiger Verkaufsschlager sind, ist sicherlich ihr niedriger Preis: Anfangs kosteten sie um die siebeneinhalb Pence, heute kriegt man die neuen Modelle für drei bis vier Euro.

Das Matchbox-Modell, das sich über all die Jahre am besten verkaufte, war 1979 der Ford Modell A. Ein bestimmtes apfelgrünes Modell des Mercedes Benz 250 SL von 1968 wurde etwa 1999 für 4100 Pfund versteigert. Entscheidend für den Preis ist immer, ob das Matchbox-Auto noch in seinem Originalkarton steckt.

1960 ging Lesney als Aktiengesellschaft an die Börse und besorgte sich so dringend benötigtes Kapital. 1969 gab es mehr als ein Dutzend Fabriken in London mit rund 6500 Mitarbeitern. Die Firma geriet durch die immer stärker werdende Konkurrenz aus dem fernen Osten in finanzielle Schwierigkeiten und musste 1982 Insolvenz anmelden. Matchbox blieb als Marke bestehen, wurde aber zunächst von Universal Toys geschluckt, die wiederum an Tyco verkauften und 1996 vom Spielzeuggiganten Mattel übernommen wurden.

1983 war Odell, mittlerweile 63-jährig, aber schon wieder in der Lage, einige seiner alten Fabriken zurückzukaufen. Er gründete mit dieser Substanz eine neue Firma namens »Lledo« (Odell rückwärts geschrieben) und produzierte unter dem Label »Days Gone« wieder Matchbox-Spielzeugautos. Im Unterschied zu »Lesney Products« sprach er mit seinem Fokus auf Oldtimer-Modellen diesmal jedoch eher erwachsene Sammler an als Kinder. Nach einem eher zögerlichen Beginn startete Odell schließlich auch mit Lledo erfolgreich durch, bis er die Firma 1996 im Alter von 76 Jahren verkaufte.

McDonald's (1940)

Sie waren die Pioniere des Schnellservice-Restaurants mit »limitierter Speisekarte«: die amerikanischen Brüder *Maurice*, genannt *»Mac«*, und *Richard*, genannt *»Dick«*, *McDonald*.

Als sie 1940 in San Bernardino, Kalifornien, die erste »Hamburger Bar« eröffneten, legten sie den Grundstein zu einer Erfolgsstory, die stellvertretend für den American Dream steht. Die Bar mit dem Namen »California Diner« war ein Ersatz für den Hot-Dog-Stand, den die Brüder 1937 östlich von Pasadena eröffnet hatten. Richtig bekannt wurde ihr Hamburger-Lokal allerdings erst, als die Brüder nach kräftigen Umbauarbeiten 1948 auf Selbstbedienung umstellten und die Zubereitung ihrer Hamburger rationalisierten. Das neue Konzept zog deutlich mehr Besucher an, der Laden war nun immer voll.

Der Unternehmensgründer von McDonald's, Ray Kroc, gönnte sich auch selbst öfter mal einen Hamburger.

Neil Fox, ein Tankstellenbesitzer aus Arizona, erkannte das Potenzial, das in der Hamburger-Bar steckte, und wurde 1953 für eine einmalige Zahlung von 1000 US-Dollar der erste Franchise-Nehmer der McDonald-Brüder. Auf seiner Hamburger-Bar in der 1000 Kilometer entfernten Stadt Phoenix im Bundesstaat Arizona leuchtete erstmals das bis heute gebräuchliche Symbol des Unternehmens – die Golden Arches. Sprachlos waren die Brüder McDonald allerdings, als Fox ihnen mitteilte, dass er sein Restaurant nicht – wie sie angenommen hatten – »Fox's« nennen wollte, sondern nach ihnen: »McDonald's.«

»Warum, zur Hölle?«, soll Dick McDonald seinen Geschäftspartner Fox gefragt haben. »McDonald's hat doch in Phoenix keinerlei Bedeutung.« Doch sie ließen ihn gewähren.

Der eigentliche Unternehmensgründer von McDonald's trat jedoch erst 1954 auf den Plan: der Milchshake-Mixer-Verkäufer Ray

Kroc. Nachdem er die Highschool geschmissen hatte, zog er durchs Land, um sein Küchenzubehör unter die Leute zu bringen; er hörte von den geschäftstüchtigen Brüdern McDonald, die in den flauen Verkaufszeiten immerhin acht seiner Maschinen in ihrem Restaurant »California Diner« in San Bernardino in Gebrauch hatten.

Seit dem 4. Dezember 1971 ist McDonald's auch in Deutschland vertreten, mittlerweile mit 1386 Restaurants. Das erste Restaurant eröffnete in München.
Nach dem Fall der Mauer 1989 hielt McDonald's auch Einzug in die neuen Bundesländer, am 21. Dezember eröffnete im sächsischen Plauen die erste ostdeutsche Filiale.
2010 machten die deutschen McDonald's-Restaurants einen Netto-Umsatz von über drei Milliarden Euro. Weltweit verpflegten 2010 1,6 Millionen Mitarbeiter 60 Millionen Gäste pro Tag in über 32 000 Restaurants in 117 Ländern.

- Die weltweit kleinste McDonald's-Filiale (46 m²) steht in Tokio, die weltweit größte in Orlando, Florida.
- In Amerika gilt das Essen von McDonald's mittlerweile als billig und ungesund, in Russland, China und Indien gelten die dortigen Restaurants hingegen noch immer als Luxusoasen.

Das wollte er sich genauer ansehen und war beeindruckt von der Umsatzstärke der Hamburger-Bar mit Selbstbedienung. In der Hoffnung, ein wenig am Erfolg der Brüder teilhaben zu können, erwarb er 1954 das Exklusivrecht, Lizenzen für McDonald's Restaurants zu vergeben.

Der Franchise-Vertrag mit den McDonald-Brüdern legte fest, dass sich Kroc um die Expansion der Kette kümmerte, während die Brüder die Produktion überwachten und dafür am Profit beteiligt wurden. Ray Kroc offerierte in seinen Schnellrestaurants ein simples Menü, bestehend aus Pommes frites, Softdrinks, Milchshakes (stets zubereitet in exklusiv von Ray Kroc verkauften Mixern) und einem Hamburger für 15 Cent – und kaufte den Brüdern McDonald 1961 schließlich den gesamten McDonald's-Konzern für 2,7 Millionen US-Dollar ab.

Seit 1961 hat McDonald's auf der ganzen Welt Restaurants eröffnet: 1965 war Krocs Imperium bereits auf 700 US-Restaurants angewachsen und Amerika auf dem besten Weg zur Fast-Food-Nation. 1967 eröffneten in Puerto Rico und Kanada die ersten Filialen außerhalb der USA, nach und nach eroberte McDonald's ein Land nach dem anderen. Als 1990 das erste kapitalistische McDonald's

- Der erste sogenannte »McDrive« einer McDonald's-Filiale, der den Service bietet, direkt vom Auto aus zu bestellen, entstand 1975 in Sierra Vista, Arizona.
- Das McDonald's-Maskottchen Ronald McDonald entstand nach der Vorlage eines Clowns aus der TV-Kinder-Show »Bozo's Circus« aus den 1960er-Jahren. Als die Show samt Clown, gespielt von Willard Scott, abgesetzt wurde, verpflichtete der Washingtoner Franchise-Nehmer Oscar Goldstein 1963 Scott als Firmenmaskottchen für Werbespots. Der plumpe Schauspieler wurde allerdings recht schnell durch einen agileren Kollegen ersetzt.
- Die weltweite Eröffnung von McDonald's-Filialen gilt als Ausdruck von Globalisierung. Der politische US-Journalist Thomas L. Friedman von der New York Times vertritt zum Beispiel die These, dass zwei Länder, in denen McDonald's vertreten ist, niemals einen Krieg miteinander beginnen werden. Seine Theorie wurde jedoch 1999 durch die amerikanische Bombardierung Serbiens widerlegt.

im kommunistischen Moskau eingerichtet wurde und 1992 selbst China das Fast-Food-Konzept im Land duldete, war der Siegeszug nicht mehr aufzuhalten. 2010 existierten weltweit mehr als 32 000 Filialen.

Mensch-ärgere-Dich-nicht (1910/1914)

Dieses Spiel ist Kult. Es lässt keinen lange kalt, weil es nach einem ganz einfachen Prinzip funktioniert – der Schadenfreude. Dabei sind die Regeln von »Mensch-ärgere-Dich-nicht« (MÄDN) seit über hundert Jahren unverändert, seit nämlich ***Josef Friedrich Schmidt***, der spätere Gründer des Verlags »Schmidt-Spiele«, 1907/08 in einer engen Garage im Münchener Stadtteil Giesing den ersten Prototypen schuf. Als Vorbild diente Schmidt das Würfelspiel »Ludo«, das 1896 in England zum Patent angemeldet wurde. Auf die taktischen Feinheiten von »Ludo« verzichtete er allerdings. Sein Spiel sollte so simpel

sein, dass es Groß und Klein ohne viele erklärende Worte miteinander spielen können.

Schmidts Erstlingswerk kam 1910 auf den Markt, wurde seit 1914 in Serie produziert und gilt noch heute als eines der beliebtesten Brettspiele Deutschlands.

Das hätte sein Erfinder 1910 sicher nicht zu träumen gewagt! Denn erst einmal wollte sein Spiel niemand kaufen. Erst Schmidts brillante Idee – die vielleicht auch ein wenig aus Verzweiflung wegen des »Ladenhüters« entstand –, im Ersten Weltkrieg 3000 Spielbretter an verschiedene Lazarette an der Front zu schicken, brachte den ersehnten Erfolg. Die verwundeten Soldaten spielten und spielten und nahmen die lieb gewordenen »Mensch-ärgere-Dich-nicht«-Bretter 1918 nach Kriegsende gerne mit nach Hause.

Erst ein Ladenhüter, dann ein Kassenschlager: Mensch-ärgere-Dich-nicht.

In Windeseile verbreitete sich die Kunde von dem spannungsreichen »Laufspiel«, sodass Josef Friedrich Schmidt 1920 bereits eine Million Spiele (!) zum Preis von 35 Pfennigen verkauft hatte – etwa so viel bezahlte man damals auch für ein Pfund Zucker.

Auch wenn das Spiel ein deutsches Original ist, spielt man »Mensch-ärgere-Dich-nicht« in abgewandelter Form auf der ganzen Welt – in Indien sogar schon seit dem 6. Jahrhundert. Das noch heute als indisches Nationalspiel geltende »Pachisi« gilt als Urform des MÄDN; es soll jedoch selbst wiederum auf das traditionelle Brettspiel »Yut(nori)« aus Korea zurückgehen, welches aus der Zeit der drei Königreiche (57 vor Christus bis 668 nach Christus) stammt.

72 Millionen Exemplare des Klassikers haben bis heute den Weg in Wohn- und Kinderzimmer gefunden, rund 100 000 Spiele verkauft die Firma heute noch pro Jahr. Das eine oder andere sicher auch an Hardcore-Fans, die sich regelmäßig auf MÄDN-Turnieren tummeln,

In einem Wahlspot zur Bundestagswahl 1969 präsentierte die CSU ihren Spitzenkandidaten Franz Josef Strauß ganz bewusst im Kreis seiner Familie beim heiteren »Mensch-ärgere-Dich-nicht«-Spiel. Vermutlich wollte man so die friedliebende Seite des manchmal doch recht deftig polternden Bayern betonen.

Wer auch immer auf die Idee kam, »Mensch-ärgere-Dich-nicht« unter Wasser zu spielen – der Rekord in dieser ungewöhnlichen Disziplin liegt bei 36 Stunden. Der Rekord im MÄDN-Dauerspielen liegt bei 121 Stunden!

wo sie sich ihre Spielfreude nicht einmal durch schlechte Würfelergebnisse bzw. schlagfreudige Mitspieler vermiesen lassen. Mensch, ärgere Dich nicht!

Mikrowelle (1946)

1953 ließ sich der amerikanische Ingenieur ***Percy Spencer***, der für die Raytheon Company am Radar forschte, den Mikrowellenherd (oder auch Mikrowellenofen) patentieren. Das in Deutschland umgangssprachlich »Mikrowelle« genannte Gerät zählt vor allem in US-Haushalten seither zu jenen unverzichtbaren Küchenhelfern, die die Arbeit erleichtern und Zeit sparen. Die Wirkung beruht auf den elektromagnetischen Wellen, den namensgebenden Mikrowellen, die das Gargut aufheizen.

Percy Spencer hatte bei seiner Forschungsarbeit 1945 zufällig entdeckt, dass Nahrung per Mikrowellenstrahlung erwärmt werden kann. Er tüftelte gerade an einem Radargerät, als er spürte, dass es in seiner Hosentasche warm wurde. Er sah nach und stellte fest, dass dort ein Schokoriegel begonnen hatte zu schmelzen. Diesen Effekt hatten vor Percy schon andere bemerkt. Doch der umtriebige Erfinder – er meldete an die 300 Patente an – begriff recht schnell, was man aus dieser Beobachtung machen konnte: Die Mikrowellenstrahlung hatte die Schokolade geschmolzen und konnte dies vermutlich auch bei anderen Lebensmitteln bewirken. Um das zu beweisen, baute Spencer wenige Monate später den ersten Mikrowellenherd. Die erste Speise, die Percy mithilfe seines knapp zwei

Meter hohen und rund 400 Kilo schweren Kolosses zubereitete, war Popcorn!

1947 konnte Raytheon einen ersten Mikrowellenofen anbieten, den 3000 US-Dollar teuren »Radar Range«. Erst 1953 beantragte Spencer selbst für den Mikrowellenofen ein Patent. Da die ersten kommerziellen Mikrowellen allerdings noch zwischen 2000 und 3000 US-Dollar kosteten, waren sie für die breite Masse nicht erschwinglich. Erst als der Preis in den 1970er-Jahren rapide sank, stiegen die Verkaufszahlen deutlich an: 1975 besaßen bereits eine Million Amerikaner ein Gerät, heute sind es 95 Prozent der 311 Millionen Amerikaner.

> Mikrowellen sind elektromagnetische Wellen, deren Wellenlänge zwischen einem Meter und einem Millimeter liegt, was einem Frequenzbereich von etwa 300 MHz bis etwa 300 GHz entspricht. Die Mikrowelle an sich musste also nicht erfunden werden, sie war einfach existent und Percy Spencer nutzte ihre »erwärmende« Wirkung.

Minirock (1961/62)

> Bereits in den 1920er-Jahren waren die Röcke knapp übers Knie gerutscht. Um den Minirock zum Kultgegenstand zu machen, bedurfte es aber eines Anstoßes, wie er wohl nur aus dem hippen London kommen konnte, wo junge Modemacher traditionell gegen den althergebrachten Stil rebellieren.

Das erste Modemagazin, das den Minirock abdruckte, war 1962 die britische »Vogue«. Die »Vorarbeiten« dazu hatten sich zwei bedeutende Modedesigner geteilt: die Engländerin ***Mary Quant*** und der Franzose André Courrèges, der den Mini, den Quant in London als Straßenmode populär gemacht hatte, in die Pariser Haute Couture einführte.

1955 hatte Mary Quant, eine studierte Kunstlehrerin, zusammen mit ihrem späteren Mann Alexander Plunket Greene und einem Freund die Boutique »Bazaar« im Londoner Stadtteil Chelsea eröffnet. Weil die Engländerin mit der Margerite im Logo bei ihren Orderterminen nur selten Mode fand, die ihr gefiel, begann sie, selbst Modelle zu entwerfen. Ab Anfang der 1960er-Jahre unter anderem schlichte, gerade geschnittene Kleider und Röcke, die mindestens zehn Zentimeter über dem Knie endeten. Mit ihrer revolutionär frechen Mode setzte sie bewusst einen Kontrapunkt zum prüden modischen Geschmack in der Nachkriegszeit.

Der Minirock stand für ganz neue feminine Freiheiten, die Quant 1967 noch mit Sätzen wie »Vulgarität ist Leben, der Geschmack ist tot« unterstrich. Kein Wunder, dass es von konservativer Seite Proteststürme gegen das knapp bemessene Stück Stoff hagelte. Quant äußerte Jahre später lakonisch hierzu: »Wie oft haben sich Männer in Hut und Mantel beschwert und geschrien, das sei obszön. Unsere Sachen haben sie wahnsinnig provoziert!«

Mary Quant (re.) focht einen harten Kampf, bis ihr Minirock endlich gesellschaftsfähig war.

Dank ihrer Popularität konnte die exzentrische Designerin bereits 1961 ein weiteres Geschäft in Knightsbridge eröffnen, ab 1963 belieferte sie auch die USA. Die Krönung ihrer Erfindung war 1965 schließlich der »Mikro-Mini«: ein Rock, der gerade noch den Po bedeckte, die Männerherzen hörbar schneller schlagen ließ und so manchen zu dem Ausspruch verleitete: »Na, Mädchen, tritt dir mal nicht auf die Schleppe!« Da war das zunächst als skandalös empfundene Kleidungsstück allerdings längst zum weltweiten Verkaufsschlager avanciert – und wurde selbst von der jungen, heute fast ausschließlich Hosen tragenden Bundeskanzlerin in spe, Angela Merkel, ausgeführt.

Selbst das britische Königshaus gab dem Mini-Trend nach und akzeptiert seit Mitte der 1960er-Jahre bei Hof eine Länge von exakt sieben Zentimetern über dem Knie. Kürzer darf es dann aber auch nicht sein! Als Mary Quant 1966 von der Queen für ihre mutigen Kreationen mit dem »Order of the British Empire« ausgezeichnet wurde, erschien sie zur Verleihung im Buckingham Palace prompt im Minirock.

Monchhichi (1974)

Daumenlutschen: Bei Kindern verpönt, bei Monchhichis das Markenzeichen.

Ihr Geburtstag ist der 26. Januar 1974. Sie waren bei ihrer Geburt 20 Zentimeter groß, hatten blaue Augen und kamen als Zwillingspärchen auf den japanischen Markt: als Junge und Mädchen, welche sich nur durch einen kecken Zopf unterschieden – die Rede ist von Monchhichis. Ihr Markenzeichen ist der rechte, überlange Daumenlutschfinger bzw. ein Schnuller, der sich im Mund festklemmen lässt.

Ihr Name setzt sich zusammen aus dem englischen Wort monkey für »Affe« und dem lautmalerischen Geräusch »tsitsi«, das beim Daumenlutschen entsteht. Sie tragen kindliche Züge, sind aus Plastik und haben ein künstliches Fell.

Koichi Sekiguchi, einer der größten Spielwarenhersteller in Japan und der Erfinder der Monchhichis, ließ sich für seine Knuddelwesen von den Makaken (Backentaschenaffen) inspirieren, die in der japanischen Kultur und den dortigen traditionellen Märchen eine beliebte Figur sind.

Mit den niedlichen Figuren wollte Sekiguchi nach eigenen Aussagen den Kindern »Liebe und Respekt vermitteln«, sie sollten Nettigkeit und gute Laune verbreiten.

Da sich 1985 die Augenfarbe der Monchhichis von Blau auf Braun änderte, erkennen Sammler Exemplare aus den 1970er- und frühen 80er-Jahren sofort.

Schnell eroberte das Geschwisterpärchen nicht nur den japanischen, sondern ab 1975 auch den australischen, europäischen und ab 1978 den amerikanischen Markt. Allerdings war man sich in Deutschland uneins darüber, wie man den Namen aussprechen sollte. Montschitschi? Monschischi? Monkischi? Weltgewandte sprachen es französisch aus: »Moh-schischi.«

Die Engländer umschifften dieses Problem, indem sie die Figur einfach »Chicaboo« nannten. In Dänemark heißt sie »Bolli« und in Frankreich – wohl weil sie so winzig ist – »rikiki« – eben »Kiki«.

1976 eröffnete Sekiguchi Corporation eine weitere lukrative Einnahmequelle: die Monchhichi-Boutique, unter deren Label Hunderte von Kleidern, Hemden und Hosen sowie Zubehör wie Reitkappen, Schaukelstühle oder Monchhichi-Betten auf den Markt gespült wurden. Selbst Hängematten, Kutschen und Flugzeuge wurden für die knuffigen Wesen produziert. Allerdings nicht in so hoher Stückzahl wie die Kleidung – sodass fanatische Sammler für so manches ausgefallene Stück heute sehr hohe Preise bezahlen.

Monopoly (1904)

Es ist eine Dame aus Virginia, die heute nachweislich als Erfinderin von Monopoly gilt. Doch es war ein weiter, steiniger Weg bis zur Klärung dieses Sachverhalts.

Elizabeth Magie Phillips war eine sogenannte Georgistin, also eine Anhängerin der Ideen des Ökonomen Henry George (1839–1897), als sie im Jahr 1904 ein Brettspiel kreierte, das auch einfachen Leuten die Visionen des von ihr verehrten Landsmannes näherbringen sollte. Henry George plädierte dafür, eine Einheitssteuer auf dem Land einzuführen und Großgrundbesitz und Monopole abzuschaffen. Jeder sollte, so George, das besitzen, was er zuvor selbst geschaffen hatte. Natürliche Güter wie Land und Wasser sollten Eigentum aller Menschen sein.

Monopoly ist heute eines der erfolgreichsten Brettspiele weltweit und wird in 37 Sprachen und über 103 Ländern verkauft.

Das Gesellschaftsspiel, das diese wirtschaftspolitischen Ideen aufgriff, nannte sie: »The Landlord's Game.« Am 23. März 1903 reichte die damals 38-Jährige erstmals ein Patentgesuch für ihr Brettspiel ein und erhielt dieses auch am 5. Januar 1904. Offiziell in die Geschäfte kam das Spiel aber erst 1910 durch die »Economic Game Company of New York«.

In den dazwischenliegenden sechs Jahren hatten sich »The Landlord's Game« und eine Vielzahl ähnlicher Spiele (zum Beispiel »Finance« oder »Atlantic City Board«) jedoch durch Mundpropaganda weiterverbreitet: Studenten und Quäkervereine hatten den

Spielplan von »The Landlord's Game« aus dem Kopf nachgezeichnet und ihren Mitspielern die Regeln frei wiedergegeben – und spielten es bereits seit einigen Jahren.

Irrtümlicherweise wurde viele Jahre lang der amerikanische Ingenieur Charles Darrow (1889–1967) für den Erfinder von »Monopoly« gehalten. Er war 1933 auf das Spiel »The Landlord's Game« von Elizabeth Magie Phillips gestoßen, hatte Spielplan und -idee weiterentwickelt. Aus Holzstückchen, Haushaltsgegenständen und einem Armband seiner Frau hatte er, so die Legende, zusätzliche Spielfiguren gebastelt und seine eigenhändig hergestellten, als »Monopoly« titulierten Spielbretter ab 1930 als Zeitvertreib an seine durch die Weltwirtschaftskrise arbeitslos gewordenen Bekannten verkauft. 1933 ließ sich Darrow seine Urheberrechte schützen, als er sah, welcher Beliebtheit sich sein Monopoly-Spiel erfreute. Am 5. November 1935 kaufte ihm die Firma Parker Brothers die Rechte am immer erfolgreicher werdenden Brettspiel ab.

1999 brachte Spielzeughersteller Hasbro eine neue Variante seines Dauerbrenners Monopoly auf den Markt. Diesmal war der »Neue Markt« Vorbild für die Hyperkapitalismus-Simulation. Statt Hotels auf Parkallee und Goethestraße zu bauen, musste man sein Geld in Firmen wie Lycos, Ebay oder Priceline stecken. Ein siebenstelliger Betrag auf den Spielgeldscheinen war bei dieser Ausgabe passenderweise die geringste Summe. Knapp die Hälfte der Unternehmen, die das Spiel damals einbezog, existiert heute nicht mehr.

Erst in einem Gerichtsprozess, den der Konzern General Mills (Parker war in den Sechzigerjahren aufgekauft worden) in den 1970er- und 1980er-Jahren wegen des Namensrechts von »Monopoly« gegen den Autor des Brettspiels »Anti-Monopoly« führte, kam heraus, dass Charles Darrow gar nicht der wahre Erfinder von »Monopoly« ist – dass er die Spielidee vielmehr von Elizabeth Magie Phillips' Spiel »The Landlord's Game« abgekupfert hatte.

Zum Verhängnis wurde Darrow, dass er bei der Abschrift der Spielregeln von »The Landlord's Game« auch die Rechtschreibfehler der jungen Quäkerin aus Virginia übernommen hatte. Diese Tatsache lieferte den Richtern 1982 den eindeutigen Beweis dafür, dass »Monopoly« eine Kopie des seit 1904 im Umlauf befindlichen »The Landlord's Game« war. Das Urteil adelte Phillips' Spiel als ältestes patentrechtlich eingetragenes Spiel seines Genres. Da Darrow zum Zeitpunkt der Urteilssprechung schon 15 Jahre tot war, hatte der Prozess keinerlei Einfluss auf seine Popularität. Und trotz des eindeutigen Urteils wird Charles Darrow heute noch fälschlicherweise in vielen Medien als Erfinder von »Monopoly« benannt. Arme Elizabeth Magie Phillips!

Moon Boots (1970)

Der Italiener *Giancarlo Zanatta* sah im Sommer 1969 fasziniert im Fernsehen zu, als Neil Armstrong den »großen Schritt für die Menschheit« tat und auf dem Mond landete. Er war gerade 30 Jahre alt, auf der Suche nach einer pfiffigen Geschäftsidee – und fasziniert von den außergewöhnlichen Schuhen der Astronauten. Daher beschloss er just im Moment der Mondlandung, Stiefel zu entwerfen, die eine ähnlich große Kälte wie auf dem Mond aushalten konnten. Gedacht, gesagt, getan: Aus Armstrongs Astronauten-Stiefeln wurden bei Zanatta die »Moon Boots« – ein eindrücklicher Name, der ein Jahr später unverkennbar in breiten Buchstaben auf jedem Schaft der unförmigen Winterschuhe prangte.

Im Laufe der Jahre baute der Geschäftsmann Zanatta mit seiner »Tecnica-Group« ein ganzes Imperium rund um die Moon Boots auf, die bis heute produziert werden. Das meiste Geld verdient die Familienfirma inzwischen aber mit Skistiefeln.

1970 kamen die klobig-bunten Treter weltweit auf den Markt. Trotz ihres plumpen Aussehens mauserten sie sich nicht nur in Windeseile zu Designklassikern, sondern symbolisierten auch eine progressive Lebenseinstellung. Wurden sie doch ganz besonders von Menschen geschätzt, die sich nicht um Konventionen scherten. Ganz und gar Uneitle trugen die Moon Boots sogar zum Minirock. Insgesamt wurden in den vergangenen 40 Jahren mehr als 20 Millionen Paar Moon Boots verkauft.

Nagellack (1932)

Es ist beinahe zu skurril, um wahr zu sein: Der Nagellack, der Frauenhänden den letzten Glanz verleiht, entstand als eine Art »Abfallprodukt« der Autoindustrie. Als die nämlich in den 1930er-Jahren boomte und neue, stark deckende Farbpigmente zum Lackieren der Autos einsetzte, kopierten die amerikanischen Brüder ***Charles*** und ***Joseph Revson*** diese Technik 1931 für ihre erste Nagellack-Linie »Elka nail polish«.

»Rouge Noir« hieß der auffällige Nagellack von Chanel, den Uma Thurman in »Pulp Fiction« trug. Wenige Tage nach dem Filmstart 1994 war die Farbe weltweit ausverkauft.

Zwar hatte es bereits um die Jahrhundertwende 1900 einen Vorläufer des heutigen Nagellacks gegeben, aufgetragen mit einem Kamelhaarpinsel, aber dieser Lack verflüchtigte sich bereits 24 Stunden nach dem Auftragen schon wieder. Auch ein 1925 erstmalig auf den Markt gekommener durchsichtiger rosaroter Nagellack brachte noch nicht den durchschlagenden Erfolg bei den Damen. Er wurde nur in der Nagelmitte aufgetragen, Nagelhalbmond und Nagelspitze blieben farblos, man sprach daher auch von der sogenannten »Mond-Maniküre«.

Farbig, blickdicht und ein wenig mondän wurde die Nagelmode erst, als die Brüder Revson 1932 – angelehnt an die Autolacke – unter dem neuen Firmennamen »Revlon« Nagellacke von Hellrot bis Purpurrot auf den Markt brachten. Deren Mixtur basierte nicht mehr wie früher auf Farbstoffen, sondern auf neuartigen Farbpigmenten und ermöglichte dadurch eine immens große Vielfalt an Farbnuancen, die bis dahin unvorstellbar war. Ausgedacht hatte sich die revolutionäre Rezeptur der Chemiker Charles R. Lachman – für ihn steht das »L« im Markennamen Revlon.

Als der jüngere, aber marketingbegabtere Revson-Bruder Charles bei einer Dinner-Einladung 1932 bemerkte, dass seine Frau einen Lippenstift benutzte, der nicht zu ihrem Nagellack passte, kreierte er den nächsten gewinnbringenden Trend: Wer schick sein wollte, trug ab nun den Nagellack passend zum Lippenstift.

Das kluge Kalkül von Charles Revson, auf die immer populärer werdenden Maniküre-Salons zu setzen, sowie die Unterstützung von

Hollywood-Diven wie Jean Harlow oder Gloria Swanson verhalfen dem Nagellack zu seinem endgültigen Aufstieg als Verkaufsschlager und brachten ihn international in Mode. Allein in den vier Jahren von 1934–1937 gelang es Revlon, den Umsatz zu vervierzigfachen. 1932 startete das Unternehmen mit 4000 US-Dollar Umsatz; 1971, kurz vor dem Tod von Joseph Revson, der 1955 als Vizepräsident und General Manager aus der Firma ausgeschieden war, vermeldete die Firma einen Umsatz von 371 Millionen US-Dollar.

Schon bei den alten Ägyptern symbolisierten mit rotem Öl bemalte Nägel die Zugehörigkeit zur Oberschicht. In Europa bürgerten sich das Färben und Maniküren von Fingernägeln erst um 1800 ein. Auch hier war es ein Statussymbol betuchter Bürger, durch das man sich von der Arbeiterklasse unterschied.

Nivea Creme (1911)

1900 erfand der Pharmazeut ***Dr. Oscar Troplowitz*** in Hamburg die Nivea Creme. Zehn Jahre zuvor hatte er Paul Carl Beiersdorf dessen »Fabrik dermotherapeutischer Präparate« abgekauft und zunächst mit Klebebändern wie Leukoplast, Tesa-Film und medizinischen Pflastern sein Geld verdient.

Über 100 Jahre ist die Nivea Creme schon alt – und immer noch gefragt.

Er setzte die von Beiersdorf begonnene Zusammenarbeit mit Paul Gerson Unna fort, dem führenden Dermatologen der damaligen Zeit, den ein untrügliches Gespür für Entwicklung und Fortschritt leitete. Dieser machte Troplowitz auf das revolutionäre Forschungsergebnis aufmerksam, das Dr. Isaac Lifschütz nach jahrzehntelangen Studien erzielen konnte: die Entdeckung des Emulgators Eucerit – dem späteren Wirkstoff der Nivea Creme. Ein Emulgator ist eine Substanz, die zwei nicht miteinander mischbare Flüssigkeiten wie zum Beispiel Öl und Wasser verbinden kann.

Eucerit war auf medizinischem Gebiet eine Revolution! Der stets probierfreudige Pharmazeut Troplowitz nutzte das eigentlich für die Medizin entdeckte Eucerit als Basisstoff für eine neue kosmetische Creme: Sie war strahlend weiß und erhielt von Oscar Troplowitz, abgeleitet vom lateinischen Adjektiv »niveus« (dt. »schneeweiß«) den Namen »Nivea Creme«. Das dazugehörige Patent erwarb er 1911 von Lifschütz, indem er die Eucerinfabrik »Hegeler & Brünings AG« in Aumund bei Bremen kaufte.

Den Emulgator Eucerit entdeckte 1885 erstmals der Pharmakologe Oskar Liebreich im Wollschweiß von Schafen. Das schon im Altertum unter dem Namen Oesypus medizinisch benutzte Wollwachs geriet aber in Vergessenheit und wurde erst von Liebreich wieder als gereinigtes Wollfett in den Arzneischatz eingeführt. Liebreichs Kollege Dr. Isaac Lifschütz vermischte das Wollwachs dann erfolgreich mit Wasser.

Zunächst als Luxus-Pflegemittel für »Damen mit empfindlicher Haut« propagiert, richtete sich die Nivea-Werbung nach dem Ersten Weltkrieg gezielt an die breite Masse – und ist heute, 111 Jahre später, in der markanten, blau-weißen Dose nahezu in jedem deutschen Badezimmer zu finden.

Nobelpreis (1901)

Der Nobelpreis ist die Trophäe für die »Olympiade der Gehirne«. Der schwedische Chemiker *Alfred Nobel*, der in seinem Leben selbst 355 Patente erhielt, stiftete ihn als Ansporn und Auszeichnung für die klügsten Köpfe weltweit.

Als Nobel 1896 mit 63 Jahren starb, war er kinderlos und mächtig reich. Ein Blatt Papier hatte ihm ausgereicht, um testamentarisch zu verfügen, dass sein – für damalige Verhältnisse unwahrscheinlich großes – Vermögen von rund 31 Millionen schwedischen Kronen in eine Stiftung fließen solle.

Die Zinsen daraus sollten jenen zugutekommen, »die im verflossenen Jahr der Menschheit den größten Nutzen geleistet haben«. Das Geld, so sein Plan, möge paritätisch auf die Fachgebiete Literatur, Physik, Chemie, Physiologie oder Medizin und für Friedensbemühungen verteilt werden und die Nationalität der Kandidaten solle für die Preisvergabe keine Rolle spielen.

Alfred Nobels letzter Wille, nach seinem Tod einen Preis für außergewöhnlich kluge Menschen einzurichten, stieß nicht nur bei seinen Erben auf Unverständnis.

Keine leichte Aufgabe für Ragnar Sohlmann, der bis zu Nobels Tod in dessen Konzern angestellt gewesen war. Der 26-jährige Schwede war von Alfred Nobel trotz seines jungen Alters als Testamentsvollstrecker bestimmt worden. Und tatsächlich hatte Nobel den Richtigen ausgewählt: Gegen alle Widerstände gelang es ihm, den ausgefallenen letzten Willen seines Chefs zu erfüllen. Denn neben den enttäuschten Verwandten, die sich erhofft hatten zu erben, hielt selbst der

- Zwei Nominierte lehnten den Preis ab: 1964 Jean-Paul Sartre den Nobelpreis für Literatur, weil er bis dahin konsequent alle Preise abgelehnt hatte; und 1973 Le Duc Tho den Friedensnobelpreis, angesichts der für ihn unakzeptablen humanitären Verhältnisse in Vietnam.
- Eine Anekdote besagt, dass Alfred Nobel einst von einer Frau seines Herzens abgewiesen wurde, weil diese »einen Mathematikprofessor bevorzugte«. Nobel habe deswegen aus Bitterkeit keinen Nobelpreis in der Disziplin Mathematik ausgelobt. Der – vermutlich – wahre Grund ist banaler: Der Praktiker Alfred Nobel hatte für die »Hilfswissenschaft« Mathematik nie viel übrig, sie gehörte für ihn nicht zu den Disziplinen, die die Menschheit voranbringen. Daher gibt es tatsächlich keinen Nobelpreis in der Disziplin Mathematik.

schwedische König Oscar II. Nobels Vision für eine unpatriotische Schnapsidee – weil der Preis allen Nationalitäten offenstehen sollte. Als der König Nobels letzten Willen vernahm, soll er geäußert haben, dem alten Nobel habe wohl »ein Frauenzimmer Grillen in den Kopf gesetzt«.

Trotzdem wurde am 29. Juni 1900, vier Jahre nach dem Tod Alfred Nobels, die Nobelstiftung gegründet. Die ersten Preisträger wurden 1901 von der »Schwedischen Akademie« ausgelobt, jenem Gremium, das seither stets am 10. Dezember, dem Todestag von Alfred Nobel, die Nobelpreise vergibt: Der Friedenspreis ging zum Beispiel an Henry Dunant, den Gründer der Hilfsorganisation Internationales Komitee vom Roten Kreuz.

- Von 1901–2011 wurden der Friedensnobelpreis und die wissenschaftlichen Nobelpreise insgesamt 549-mal verliehen. Allerdings nur 44-mal an Frauen.
- Übergeben wird der Preis durch den schwedischen König. Nur den Friedensnobelpreis verleiht ein Ausschuss des norwegischen Parlaments in Oslo.
- Das Stiftungsvermögen beläuft sich derzeit auf drei Milliarden schwedische Kronen, umgerechnet rund 100 Millionen Euro. Jeder Nobelpreis ist mit 10 Millionen schwedischen Kronen dotiert, also gut einer Million Euro.
- Der bisher jüngste Nobelpreisträger war 1915 Lawrence Bragg. Er war gerade einmal 25 Jahre alt, als er zusammen mit seinem Vater den Nobelpreis für Physik erhielt.

Die Preisverleihung im Stockholmer Konzerthaus ist heute noch ein Höhepunkt im Terminkalender der schwedischen Königsfamilie. Ein Leben lang hatte sich Alfred Nobel, der im Alter von 17 Jahren bereits fünf Sprachen (Deutsch, Englisch, Französisch, Russisch und Schwedisch) beherrschte, der Forschung gewidmet. Gegen Ende seines Lebens setzte er sich sehr für die Friedensbewegung und Völkerverständigung ein. Mit sagenhaften 355 anerkannten Patenten gilt er noch heute als einer der wichtigsten Erfinder des 19. Jahrhunderts. Seine bekannteste Erfindung, mit der er auch seinen Reichtum begründete, ist das Dynamit.

Nutella (1940)

Es war und ist noch heute eine Rezeptur mit Glückspotenzial. Auch wenn die bereits in dritter Generation familiengeführte italienische Herstellerfirma Ferrero exakte Angaben scheut, soll der Jahresumsatz von Nutella in etwa bei 640 Millionen Euro liegen. Und die rund 180 000 Tonnen Nutellacreme, die jährlich im piemontesischen Städtchen Alba produziert werden, könnten 50 Schwimmbecken mit 50 Meter Länge und 25 Meter Breite füllen!

Familienglück: Nutellawerbung um 1970.

Die Idee für den mittlerweile auf der ganzen Welt beliebten und bekannten, süßen Brotaufstrich hatte 1940 der italienische Konditormeister ***Pietro Ferrero***. Aufgrund der strikten Schokoladen-Rationierung im Zweiten Weltkrieg wandelte er die klassische italienische Pralinémasse »Gianduja« (eine Nougatcreme) ab und streckte das Kakaopulver einfach mit den in seiner Heimat Piemont reichlich vorhandenen Haselnüssen. Das daraus entwickelte Nuss-Nougat, das er zunächst als Konfekt, in Stanniolpapier eingewickelt, verkaufte, taufte er »Pasta Gianduja«.

Die Mütter sollten ihren Kindern die Süßigkeit aufs Brot legen. Doch viele Kinder warfen das Brot einfach weg und aßen »Pasta Gianduja« pur. Daher veränderte Pietro Ferrero, aus dessen einstiger Bäckerei mittlerweile eine Fabrik erwachsen war, 1951 die Rezeptur und nannte den nun produzierten Brotaufstrich »Supercrema Gianduja«. Der Verkaufserfolg war überwältigend. Nicht nur weil ein Kilo

> Die markante Form der Nutellagläser hat der italienische Designer Lelo Cremonesi 1964 entworfen.

> Ob man »die«, »den« oder »das« Nutella am Esstisch verlangt, ist von Haushalt zu Haushalt verschieden. Aber was ist nun richtig? Hersteller Ferrero sagt zur Artikelfrage: »Nutella ist ein im Markenregister eingetragenes Fantasiewort, das in der Regel ohne Artikel verwendet wird. Es bleibt jedem selbst überlassen, welchen Artikel er davorsetzt.« Sehr diplomatisch!

Schokolade Anfang der 1950er-Jahre sechsmal so viel kostete wie ein Kilo »Pasta Gianduja«. Nein, die Kinder waren geradezu süchtig nach der Nuss-Nougat-Creme, sodass sich in den örtlichen Lebensmittelgeschäften allmählich ein Service einbürgerte, den man frei mit »Der Aufstrich« übersetzen könnte: Kinder konnten sich dort mit einer Scheibe Brot anstellen und gegen Bezahlung »einmal Aufstrich Supercrema Gianduja« bestellen.

In Nutellagläsern ist nicht überall das Gleiche drin: In Europa wird zwischen der »Nord-Nutella« und der »Süd-Nutella« unterschieden. Die auch in Deutschland verkaufte »Nord-Nutella« ist durch einen etwas höheren Kakaogehalt härter und mattglänzender als die noch süßere und nussigere »Süd-Nutella«.

Ein neues italienisches Gesetz, das das Präfix »Super« in allen Markennamen verbot, machte Ferrero allerdings einen Strich durch die Rechnung. Er musste seine erfolgreiche Nuss-Nougat-Creme 1964 umbenennen. Aus »Supercrema« wurde »Nutella«. Ein Kunstwort aus dem englischen Wort »nut« (Nuss) und der italienischen weiblichen Verkleinerungssilbe »ella«. Am 20. April 1964 lief das erste Glas mit dem neuen Namen vom Band.

In Deutschland gibt es Nutella seit 1965, in den USA wurde Nutella erstmals 1983 im Nordosten des Landes eingeführt.

Ohropax (1907)

Erst um die Jahrhundertwende war Ohropax-Erfinder ***Maximilian Negwer*** nach Berlin gekommen, wo der studierte Apotheker 1901 eine Drogerie eröffnete. Dort verkaufte er – immer auf der Suche nach neuen Produkten – Eigenentwicklungen wie Hustenbonbons oder das Fleckenwasser »Helgalin«, bis er eine Marktlücke entdeckte: das Thema Gehörschutz, das sich 1908 auch der eigens dafür gegründete »Deutsche Lärmschutzverband« auf die Fahnen schrieb. Tatsächlich nahm mit der fortschreitenden Industrialisierung auch der Alltagslärm in den Großstädten gewaltig zu, die Menschen wussten sich dagegen aber noch nicht so recht zu schützen. Entweder steckten sie sich wirkungslose Baumwollwattebäusche in die Ohren oder unbequeme Kugeln aus Holz, Zelluloid oder Hartgummi.

Genau in dieser Umbruchzeit bewies der gebürtige Schlesier unternehmerischen Mut, gab 1907 seine Drogerie wieder auf und gründete die »Fabrik pharmazeutischer und kosmetischer Spezialitäten Max Negwer«. Dort wollte er künftig sein neuartiges Produkt »Ohropax« herstellen, von dem er schon seit 1903 träumte und das die Ohren der Städter dauerhaft vor Lärm schützen sollte.

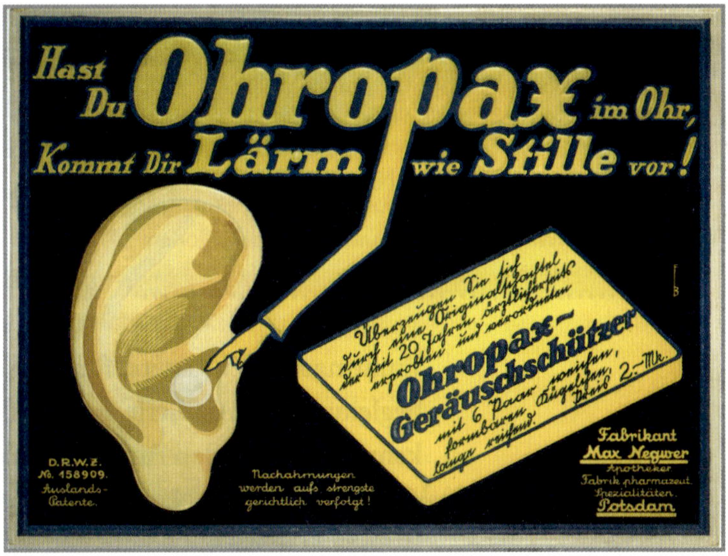

So wurde 1928 für Ohropax Werbung gemacht.

Den entscheidenden Gedankenblitz für die Neu-Erfindung der Ohrstöpsel soll Negwer bei der Lektüre der berühmten »Irrfahrt des Odysseus« gehabt haben: Die Zauberin Kirke hatte Odysseus und seine Gefährten vor der Insel der Sirenen gewarnt. Wer ihrem betörenden Gesang erlag, musste sterben. Dem Rat der Zauberin

tigste davon war die Wiederbelebung der antiken Olympischen Spiele, die der sportbegeisterte französische Adelsspross ab seinem 17. Lebensjahr ganz massiv betrieben hatte. Coubertin war der Ansicht, die Menschheit könne durch das sportliche Miteinander die Fokussierung auf die eigene Nationalität überwinden und auf internationaler Ebene endlich friedlich miteinander umgehen.

Von 1912–1948 wurden bei den Olympischen Spielen Kunstwettbewerbe ausgetragen. Die Idee dazu geht ebenfalls auf Pierre de Coubertin zurück. Es wurden Medaillen für Werke verliehen, die einen Bezug zum Sport aufwiesen, und zwar in den Bereichen Architektur, Literatur, Musik, Malerei und Bildhauerei. Unter dem Pseudonym »Georges Hohrod und Martin Eschbach« wurde Coubertin der erste Olympiasieger in der Disziplin Literatur, mit dem Werk »Ode an den Sport«. 1954 wurden die Kunstwettbewerbe jedoch aus dem Programm der Olympischen Spiele gestrichen.

1894 gründete er mit dieser Geisteshaltung das Internationale Olympische Komitee (IOK), wurde erst dessen Generalsekretär, später dessen Präsident. Am 6. April 1896 hatte er sein hochgestecktes Ziel schließlich erreicht: Vor 60 000 Zuschauern begannen in Athen die ersten Olympischen Spiele der Neuzeit, für die 295 männliche Sportamateure aus 13 Nationen angereist waren. Bis seine Olympischen Ringe über der Veranstaltung wehten, musste der Visionär allerdings noch 24 Jahre warten.

Oscar (1929)

Er ist einer der bekanntesten Statuetten der Welt. Der schmallippige, goldüberzogene, gerade einmal knapp 40 Zentimeter große Oscar, der stets ein wenig an den Meister Proper aus der Fernsehwerbung erinnert. Trotzdem ist bis heute nicht eindeutig geklärt, wer dem begehrtesten Filmpreis der Welt eigentlich seinen Namen gab.

Mit 26 Oscars führt US-Filmproduzent Walt Disney die Liste der Oscar-Preisträger an.

Doch der Reihe nach. Wer hat den Oscar denn überhaupt erfunden? Und warum?

Genau genommen wurde die Trophäe geboren, um der amerikanischen Filmindustrie Ende der 1920er-Jahre aus der Krise zu helfen. Neue Erfindungen wie zum Beispiel das Radio hatten dazu geführt, dass plötzlich weniger Leute ins Kino gingen. Eine Tendenz, die vor allem die Bosse der großen Filmstudios nervös werden ließ. Hinzu kam, dass Studio-Arbeiter wie Schauspieler in den USA begannen, sich in Gewerkschaften zu organisieren: Sie forderten mehr Geld und die Einführung geregelter Arbeitsverhältnisse.

In dieser Zeit traf sich der Leiter der damals sehr erfolgreichen und einflussreichen Metro-Goldwyn-Mayer-Studios, ***Louis B. Mayer***, mit zwei guten Freunden: dem amerikanischen Regisseur Conrad Nagel und dem US-Schauspieler Fred Niblo. Zusammen wollte man die aktuellen Probleme diskutieren und nach Lösungen suchen. Tatsächlich hatten die drei eine Idee: Eine Akademie sollte künftig die Kunst des Filmemachens repräsentieren und sich um die Wahrung der Interessen der Filmschaffenden kümmern.

Mit diesem Hintergedanken wurden 33 einflussreiche und namhafte Filmgrößen – darunter zum Beispiel die Warner Brothers – für den 11. Januar 1927 zu einem festlichen Dinner geladen. Sie alle gründeten an diesem Abend die »Academy of Motion Picture Arts and Sciences« und legten in einer Satzung fest, welche Aufgaben sich die Akademie künftig vordringlich auf die Fahne schreiben sollte.

Die Auszeichnung von herausragenden Schauspielern und Filmschaffenden war bei diesem Treffen kein Tagesordnungspunkt. Die Vergabe des »Academy Award of Merit«, der Jahre später umgangssprachlich in »Oscar« umbenannt werden sollte, beschloss die Akademie erst ein Jahr später, Anfang 1928. Da hatten die Filme gerade angefangen zu sprechen, die Tonfilme lösten die Stummfilme ab.

Am 16. Mai 1929 war es dann so weit: Der Akademiepreis wurde zum ersten Mal in Los Angeles vergeben; neun Jahre nach der Verleihung des Photoplay Awards, der als erster Filmpreis der Welt gilt. 270 Personen hatten sich Tickets für fünf Dollar gekauft und verfolgten im Blossom Room des Hollywood Roosevelt Hotels die Preisverleihung. Interessanterweise erhielt die erste Statuette aber gar kein amerikanischer Schauspieler, sondern ein deutscher: Emil Jannings wurde in der Kategorie »Bester Hauptdarsteller« für seine Leistung in den Filmen »Der Weg allen Fleisches« (1927) und »Der letzte Befehl« (1928) ausgezeichnet – und brachte den ersten Oscar nach Deutschland. Der steht heute übrigens im Museum für Film und Fernsehen am Potsdamer Platz und wurde mit 135 000 Euro versichert.

Ganz im Gegensatz zu heute hielt sich das öffentliche Interesse an der Veranstaltung in den Anfangsjahren allerdings sehr in Grenzen. Um die Popularität zu steigern, gab die Akademie in den Folgejahren die Gewinner nicht mehr vorab bekannt. Die Geheimniskrämerei zeigte Wirkung, das Interesse der Fans wuchs kontinuierlich. 1953 wurde die Verleihung zum ersten Mal im Fernsehen übertragen.

Heute wird die Oscarverleihung weltweit übertragen und jährlich von rund 800 Millionen Menschen vor den Fernsehern verfolgt.

Wer für den Akademiepreis letztlich den Namen »Oscar« erfand,

- Der Oscar stellt einen auf einer Filmrolle stehenden stilisierten Ritter mit einem Schwert dar. Die Filmrolle hat fünf Speichen, welche die fünf Teilbereiche der Filmindustrie symbolisieren, als da wären: Schauspieler, Regisseure, Autoren, Techniker und Produzenten.
- Der begehrte Filmpreis ist knapp 35 Zentimeter groß und besteht aus einem massiven Nickel-Kupfer-Silber-Körper (Britanniametall), der ihm ein Gewicht von rund vier Kilo beschert. Überzogen ist er mit einer 24-karätigen dünnen Goldhaut. Lediglich in Kriegszeiten wurde auf das Gold verzichtet. Der reine Materialwert eines Oscars beträgt etwa 300 US-Dollar, der ideelle Wert liegt natürlich in ganz anderen Sphären.
- Der amerikanische Filmproduzent Walt Disney hat im Laufe seines Lebens sowie posthum 26 Oscars abgeräumt. Er ist unbestritten die Nummer eins auf der Liste der Oscar-Preisträger.
- Der größte Verlierer in Sachen Oscar ist Peter O'Toole, dicht gefolgt von Richard Burton. O'Toole wurde acht Mal, Burton sieben Mal für den Oscar nominiert, ohne ihn je erhalten zu haben.

ist bis heute umstritten. Der Name soll aber 1931 bereits geläufig gewesen sein. Mehrere Personen werden als mögliche Namensgeber gehandelt: an erster Stelle die damalige Bibliothekarin der Akademie, Margaret Herrick. Sie soll beim Anblick der Statue gesagt haben: »Der sieht ja aus wie mein Onkel Oscar!«

Peace-Zeichen ☮ (1958)

Friedenssymbole gibt es viele: die weiße Taube, die weiße Flagge, das zerbrochene Gewehr, die Regenbogenflagge. Ein Symbol aber darf man vermutlich als »das Friedenszeichen schlechthin« bezeichnen, wird es doch in so gut wie allen Ländern der Welt verstanden: das Peace-Zeichen, auch Friedenszeichen genannt. 1958 betraute die britische Anti-Atomwaffenbewegung, Campaign for Nuclear Disarmament (CND), den britischen Designer ***Gerald Holtom*** damit, ein prägnantes Friedenssymbol für den weltweit ersten Ostermarsch zu entwerfen. Die Demonstration startete in London und führte die Kriegsgegner unter dem Motto »Ban the bomb« (»Verbannt die Bombe«) zum 83 Kilometer entfernten Atomwaffen-Forschungszentrum in Aldermaston.

> **!** Warum sich der Kriegsdienstverweigerer Gerald Holtom für sein Peace-Zeichen ausgerechnet der Zeichensprache des Militärs bediente, ist bis heute nicht wirklich geklärt. In einem späteren Brief, den die Zeitung »Washington Post« auszugsweise druckte, soll er aber dargelegt haben, dass seine Inspiration nicht das Winkeralphabet war, sondern seine damalige Verzweiflung: »Ich zeichnete mich selber … einen verzweifelten Mann … und malte einen Kreis drumherum, um die Welt zu symbolisieren«, wurde er sinngemäß zitiert.

Der Textildesigner Gerald Holtom dachte funktional und schuf das Friedenssymbol aus den kombinierten Anfangsbuchstaben »N« und »D« für »**N**uclear **D**isarmament« des internationalen Winkeralphabets der Marine. Dort steht der lange Strich – Flagge in rechter Hand gerade nach oben, linke Flagge gerade nach unten – für ein D. Für das N senkt der Winker beide Flaggen in einem 45-Grad-Winkel vom Körper Richtung Boden, was den beiden Balken im erdballförmigen Kreis des Friedenszeichens entsprechen soll. Die Skizzen für Holtoms Entwurf lagern bis heute in der Bradford University, der britischen Hochschule für Ingenieurwesen, Design und Technologie.

Gesichtet wurden die ersten 500 Demo-Plakate in Form des Peace-

Zeichens dann auf dem vier Tage dauernden Protestzug nach Aldermaston an Ostern 1958: lutscherähnliche, runde Pappkartons an Stielen von etwa einem Meter Durchmesser, schwarz-weiß gehalten am Karfreitag, grün-weiß am Ostersonntag. Holtoms »Logo« hatten die Friedensaktivisten aber auch plakativ auf weiße Leintücher gemalt, die sie an Stangen aufgehängt hatten – sodass die Fernsehzuschauer zu Hause nicht darum herumkamen, sich zu fragen, was das neue Zeichen denn bedeuten sollte?

Als auch die Gegner des Vietnamkrieges und der atomaren Aufrüstung in den 1960er- und 1970er-Jahren und selbst der amerikanische Bürgerrechtler Martin Luther King das von Holtom geschaffene Zeichen verwendeten, um ihrem Protest Ausdruck zu verleihen, wurde das Peace-Zeichen über alle Grenzen hinweg bekannt. Pazifisten tragen es seither als Button gerne am Revers, Demonstrantinnen malen es sich bei den Ostermärschen aufs Dekolleté oder ins Gesicht und immer wieder formieren sich Tausende von Kriegsgegnern in der ganzen Welt bei Demonstrationen zu »lebenden Peace-Zeichen«. Auf genau diesen globalen Streueffekt hatte Holtom gehofft und 1958 darauf verzichtet, das Zeichen rechtlich schützen zu lassen.

> Das Peace-Zeichen ist so beliebt, dass es für vieles herhalten muss: als modisches Accessoire, für Bettwäsche, T-Shirts, Eiscreme, Nageltattoos, Kettenanhänger und vieles mehr.

Pfirsich Melba (1882)

Welch schöneres Kompliment könnte ein hochdekorierter Koch einer Sängerin machen, als eine Süßspeise nach ihr zu benennen? Passiert ist dies der australischen Sopranistin Nellie Melba, deren Geburtsname eigentlich Helen Porter Mitchell war – Melba war ihr Künstlername, der auf die australische Hauptstadt Melbourne anspielte.

Sie erlangte in den 1890er-Jahren Weltruhm – nicht zuletzt aufgrund der Erfindung der Schallplatte (und des Grammofons) durch den Deutschen Emil Berliner 1887. Das neue Medium ermög-

> Auch der Nachtisch »Birne Helene« stammt von Auguste Escoffier und kam erstmals um 1870 auf den Tisch, als Jacques Offenbachs Operette »Die schöne Helena« in Paris aufgeführt wurde.

Die australische Sopranistin Nellie Melba war eine echte Operndiva.

lichte es nicht nur, die Stimme der Primadonna zu konservieren und zu vervielfältigen, auch ihr Bekanntheitsgrad wurde über alle Grenzen hinweg gesteigert.

Von 1892–1893 gastierte die damals 31-jährige Nellie Melba zusammen mit dem Sänger Enrico Caruso in London, wo sie im Königlichen Opernhaus von Covent Garden in Wagners »Lohengrin« die weibliche Hauptrolle der Elsa sang. Der französische Meisterkoch ***Georges Auguste Escoffier***, Mitbegründer der Haute Cuisine und damals Chefkoch des »Savoy Hotels«, in dem Melba während ihres Auftritts wohnte, war so begeistert von der Aufführung, dass er eigens für die Sängerin ein Dessert kreierte: ein geschälter Pfirsich, in Läuterwasser sanft pochiert, auf Vanilleeis, mit Himbeermus überzogen und mit frischer Schlagsahne garniert. Serviert in einem aus Eis geschnitzten Schwan, sollte das Dessert beim Gala-Dinner an den Schwan aus »Lohengrin« erinnern.

Die Sängerin war von Escoffiers Kreation und der charmanten Geste des Franzosen begeistert, gerne gab sie ihr Einverständnis, die Süßspeise fortan nach ihr zu benennen.

Nellie Melba ist als Sängerin heute beinahe vergessen. Das Dessert aber, dem sie ihren Namen gab, findet sich immer wieder einmal auf den internationalen Speisekarten.

!

Nellie Melba erzählte 1926 in ihren Memoiren »Melodies and Memories« (»Melodien und Erinnerungen«) eine zweite Version in Bezug auf Pfirsich Melba: Sie habe allein in ihrer Suite im Savoy ein mehrgängiges Mittagessen zu sich genommen, als der Ober ihr zusammen mit einer Nachricht von Auguste Escoffier ein Dessert überreichte, das der Spitzenkoch speziell für sie kreiert hatte. Als sie geschmeichelt nach dem Namen fragte und es noch keinen gab, willigte sie ein, es »Pêche Melba« zu taufen.
Von Auguste Escoffier gibt es noch eine dritte Entstehungsgeschichte, in welcher er Nellie Melba das Dessert zur Eröffnung des Londoner Hotels Carlton erstmals vorgesetzt habe.

Pille (1951)

Das wichtigste Verhütungsmittel für die Frau erfand ein Mann: Carl Djerassi.

Die Pille zur Empfängnisverhütung war in gesellschaftlicher Hinsicht eine schwere Geburt. Obwohl Verhütung seit vielen Jahrhunderten ein wichtiges Thema war, gelang es erst 1951 dem österreichisch-amerikanischen Chemieprofessor *Carl Djerassi*, ein Verhütungsmittel in Tablettenform herzustellen. Am 9. Mai 1960 erteilte die amerikanische Arzneimittelbehörde dieser neuen Methode der Empfängnisverhütung die weltweite Marktzulassung. Die Pille durfte von nun an offiziell geschluckt werden und veränderte das Bewusstsein der Gesellschaft grundlegend. Frauen konnten nun Sex haben, ohne Angst vor einer ungewollten Schwangerschaft haben zu müssen.

Aber wer ist eigentlich der Mann, der maßgeblich hinter der revolutionären Erfindung steht? Geboren in Wien und aufgewachsen in Bulgarien und Wien, floh Carl Djerassi 1938 im Alter von 15 Jahren mit seiner jüdischen Mutter vor den Nationalsozialisten in die USA. Dort promovierte er 1945 an der Universität von Wisconsin in organischer Chemie. Anschließend arbeitete er in der Industrie. 1949 wechselte er als Forschungsdirektor zu »Syntex S. A.« nach Mexico City.

Gemeinsam mit den Bostoner Pharmakologen Gregory Pincus, John Rock und seinem Mitarbeiter Luis E. Miramontes entwickelte der damals 28-Jährige im Oktober 1951 die erste »Anti-Baby-Pille«.

Carl Djerassi lehnt den längst eingebürgerten Begriff »Anti-Baby-Pille« vehement ab. »Das ist keine Pille gegen Babys, sondern eine Pille für Frauen«, ereifert er sich bis heute.

Eigentlich forschte der Chemiker und spätere Schriftsteller ja nach einem Mittel gegen Arthritis, als es ihm eher zufällig gelang, zusammen mit seinen Kollegen, Kortison künstlich herzustellen. Auf diesem Wissen aufbauend, entstand die erste hormonelle Verhütungspille. Damals ahnten die Wissenschaftler nicht, dass ihre

In den USA gibt es die Anti-Baby-Pille seit 1957. In Europa dauerte es noch ein paar Jahre länger, weil vor allem die katholische Kirche massive Kritik an der Einnahme der Pille übte und künstliche Empfängnisverhütung (und damit auch den Gebrauch der Pille) heute noch ablehnt. 1962 war es dann so weit, dass die Pille auch hierzulande verkauft wurde, während sie zum Beispiel in Japan erst 1999 legalisiert wurde.

Erfindung ein weltweiter, bahnbrechender Erfolg werden würde. Djerassi wurde damit ein steinreicher Mann. Als Professor in Stanford bereiste er den gesamten Globus, um über die sexuelle Revolution und über Verhütung zu dozieren.

Playmobil (1972)

Die ersten Figuren waren Ritter, Bauarbeiter und Indianer – heute gibt es unter den rund 500 Playmobil-Figuren zum Beispiel auch Feen und Meerjungfrauen, damit auch die Mädchen auf ihre Kosten kommen. Denn tatsächlich lieben fast alle Kinder im Alter zwischen drei und zehn Jahren die beweglichen Kunststoffmännchen, die ein Deutscher 1972 erfand.

Dabei sah es zu Beginn gar nicht so rosig aus für die Playmobil-Figuren von ***Hans Beck***. Zwei lange Jahre tüftelte der Chef der Entwicklungsabteilung des Spielwarenherstellers »Geobra Brandstätter« mit seinem Team, bevor er seinem Chef, Horst Brandstätter, stolz

Mit rund 3060 Mitarbeitern und einem Jahresumsatz von rund 500 Millionen Euro (2010) ist die »Geobra Brandstätter GmbH & Co. KG« der umsatzstärkste deutsche Spielwarenhersteller. Ein Teil der Playmobilproduktion (den Namen erfand Firmenchef Horst Brandstätter) wird im bayerischen Dietenhofen hergestellt. Nur die menschlichen Figuren entstehen auf der Insel Malta. Würde man die seit 1972 produzierten 2,4 Milliarden Figuren alle nebeneinander stellen, umfasste ihre Schlange gut und gerne zweieinhalbmal die Erde!

ein erstes Plastikmännchen auf den Schreibtisch stellte, das er von nun ab in Serie produzieren wollte. Brandstätter, der mit dem vom Großvater 1876 gegründeten Unternehmen durch explosionsartig angestiegene Ölpreise gerade in die roten Zahlen gerutscht war, reagierte skeptisch.

Brandstätter, so heißt es, träumte eher von einer Spielzeugauto-Serie. Trotzdem gab er den an Kinderzeichnungen erinnernden (großer Kopf, Mondgesicht, keine Nase) Kunststoff-Figuren eine Chance und brachte sie 1974 auf den Markt. »Am Anfang wollte fast keiner die Figuren haben«, erzählte Brandstätter einmal in einem Interview. Doch schnell stellte sich heraus, dass Hans Beck, der gelernte Tischler, der schon in seiner Jugend für seine jüngeren Geschwister kleine Fahrzeuge und Figuren geschnitzt hatte, den richtigen Riecher besessen hatte.

Tatsächlich sind auf der Nürnberger Spielwarenmesse jedes Jahr Spielzeugdetektive auf der Jagd nach gefälschten Playmobil-Figuren. Weil es so viele freche Trittbrettfahrer gibt, die mit verbotenerweise kopierten Figuren Geld verdienen wollen.

Letztlich waren seine 1972 patentierten Playmobil-Figuren – die der friedliebende Entwicklungschef am liebsten ohne Säbel, Pistole oder Lanze in die Welt geschickt hätte – für den Zirndorfer Spielwarenhersteller der Rettungsanker. Die Firma fuhr durch die Playmobil-Männchen wieder satte Gewinne ein und der einstige Familienbetrieb ist nach Lego und Mattel heute der drittgrößte Spielwarenhersteller weltweit. Nur Hans Becks ureigenster Vorsatz ging dabei flöten. Er lautete: »Jumbojets, Außerirdische und Dinosaurier sollen niemals Playmobilthemen sein!« Die Kinder wollten es anders …

Post-it Haftnotizen (1980)

Die Geschichte der ursprünglich einmal ausschließlich hellgelb gefärbten, selbstklebenden Zettelchen, die als Gedächtnisstütze und Organisationshilfe aus unserem heutigen Büroalltag nicht mehr wegzudenken sind, beginnt im Jahr 1974: in der Kirche einer presbyterianischen Gemeinde im Norden von Saint Paul, der Hauptstadt des

US-Bundesstaates Minnesota. Dort sang der Chemietechniker **Arthur Fry** in seiner Freizeit im Kirchenchor. Von Probe zu Probe nervte es ihn mehr, dass die Papierfetzen, die er sich ins Gesangbuch klebte, um seine Einsätze nicht zu verpassen, immer wieder herunterfielen.

Eines Tages erinnerte sich Fry an ein nie vollendetes Forschungsprojekt seines Arbeitskollegen Dr. Spencer Silver. Der wollte 1968 einen neuen Superkleber entwickeln, war bei seinen Versuchen aber nie über eine schwach klebrige Masse hinausgekommen. Mit dieser Masse begann Fry im Zentrallabor seiner Firma 3M zu experimentieren. Er wollte den Kleber so verbessern, dass er zwar gut haftete, sich aber, ohne Spuren zu hinterlassen, wieder entfernen ließ. Nach einiger Zeit hatte Arthur Fry Erfolg und sandte Muster seiner »Erfindung« an alle Verantwortlichen im Unternehmen.

Arthur Fry hatte beim Singen in der Kirche den Einfall für die meist gelben Zettel.

Dort konnte sich allerdings erst einmal niemand vorstellen, dass mit dieser Art »Lesezeichen« Geld zu verdienen sei. Auch Frys Chef war skeptisch, schrieb auf das Post-it: »Das ist doch nur ein klebriges Stück Papier« und schickte es Fry zurück. Dieser antwortete wiederum per Post-it und erhielt erneut Antwort. Plötzlich begriff der Chemietechniker, dass er kein Lesezeichen, sondern ein Kommunikationsmittel entwickelt hatte. Doch die Verantwortlichen von 3M waren noch immer nicht bereit, die nötigen Maschinen für die Produktion der Haftzettel bauen zu lassen.

Es blieb Fry nichts anderes übrig, als in Eigenregie in seinem privaten Keller eine solche Herstellungsanlage zu konstruieren – was ihm auch tatsächlich gelang. Als sich 3M Jahre später doch bereit erklärte, Frys Erfindung seriell herzustellen, riss Fry kurzerhand die Wand zu seinem Keller ein, um die eigenhändig aufgebaute Maschine in sein 3M-Labor zu überführen. Nach diesen intensiven Bemühungen von Arthur Fry konnte die Post-it-Produktion Ende der 70er-Jahre endlich beginnen.

Trotz intensiver Werbung kaufte jedoch kaum jemand die gelben Zettel. Daher entschied man sich bei 3M zu einer ungewöhnlichen Aktion. Tausende von Klebeblöcken wurden gratis an die Chefs von rund 500 Unternehmen in der Kleinstadt Boise in Idahoe geschickt. Trainer erklärten den Mitarbeitern von Agenturen, Behörden und Kanzleien in einem Intensivtraining, wie man die Zettelchen sinnvoll einsetzt. Und tatsächlich führte die »Boise Blitz« getaufte Marketing-Aktion 1980 zum Erfolg: Die damals noch einheitlich 76 mal 76 Millimeter großen, gelben Haftnotizen wurden weltweit zum Renner. Und kleben heute in allen erdenklichen Farben, Größen und Formen als Gedächtnisstütze bei uns zu Hause auf Pinnwänden, Dokumenten, Computern oder Kühlschränken. Überall dort eben, wo man gerne eine Nachricht hinterlassen möchte. Manchmal sogar auf dem stillen Örtchen.

Heute werden die selbsthaftenden Zettelchen in mehr als 100 Ländern verwendet und gelten als eine der wichtigsten Erfindungen des 20. Jahrhunderts. Am 6. April 2010 feierte 3M das 30-jährige Jubiläum der Erfindung, mit der die Firma auf der ganzen Welt dreistellige Millionenbeträge umsetzt. Allein in Deutschland werden Jahr für Jahr rund viereinhalb Millionen Post-it-Blöcke verkauft.

Puzzle (1763)

Ein Puzzle (engl.: Rätsel, Verwirrung) ist ein Spiel, bei dem das Ziel ist, die einzelnen Puzzleteile wieder zu einem Ganzen zusammenzusetzen.

Das allererste Puzzle entstand 1763 in London. Der junge Graveur und Kartograf ***John Spilsbury*** kam damals von der Arbeit nach Hause, aß gerade genüsslich sein Abendbrot und sah sich dabei eine Landkarte von England an – als er plötzlich eine Idee hatte: Er klebte die Karte auf ein Mahagonibrett und zersägte das Brett entlang der Grenzlinien der verschiedenen Grafschaften. Er sägte einige Stunden, bis er vor vielen kleinen Teilen saß, die er nun wieder zu einer Landkarte zusammensetzte. Tatsächlich hielt Spilsbury das weltweit erste Puzzle in Händen! Zwar noch ohne Verzahnungen, wie wir das heute kennen, aber eindeutig ein Puzzle.

Am 28. September 2008 wurde der Weltrekord im Legen des größten Puzzles mit den meisten Teilen aufgestellt: Es besteht aus 4088 einzelnen Puzzles, deren Ränder in fünf Stunden nahtlos zusammengefügt wurden, bis daraus ein zusammenhängendes Riesenpuzzle mit insgesamt 1 034 378 Teilen entstand.

Das größte offiziell registrierte und kommerziell vertriebene Puzzle mit 32 256 Teilen stammt von Ravensburger. Es zeigt das Bild »Double Retrospect« von Keith Haring und ist zusammengesetzt 5,44 Meter mal 1,92 Meter groß.

Auf den Geschmack gekommen, zersägte der Kupferstecher noch weitere Landkarten, packte die Holzteilchen in Schachteln und bot diese als »Lehrmittel zur Erleichterung des Erdkundeunterrichts« an – mit großem Erfolg, Lehrer wie Schüler waren begeistert.

Die Nachfrage war Anfang des 20. Jahrhunderts schließlich so groß, dass die rund 140 Jahre lang in Handarbeit erfolgte Produktion nun von Maschinen erledigt wurde. Dadurch konnten die zu Beginn noch recht exklusiven Spiele günstiger verkauft werden und fanden so noch mehr Abnehmer. Die Herstellungsweise blieb in den letzten einhundert Jahren gleich: Das jeweilige Motiv wird auf Karton gedruckt und anschließend mithilfe einer Stanze in viele unterschiedlich geformte Teile zerlegt.

Reißverschluss (1913)

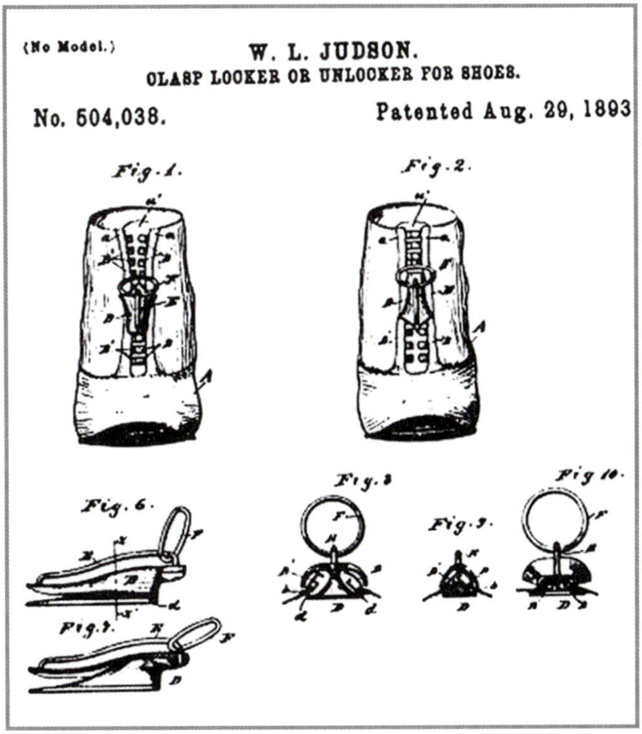

Das Urmodell des heutigen Reißverschlusses war der »Klammerverschluss« für Schuhe von US-Ingenieur Leonard W. Judson.

Er ist kein Gemeinschaftsprodukt im klassischen Sinne – doch fest steht, dass die Überlegungen und Konstruktionen mehrerer Tüftler des 19. und 20. Jahrhundert nötig waren, um den heute so selbstverständlich genutzten Reißverschluss tatsächlich zur Serienreife zu bringen. Einer seiner ersten Geburtshelfer war der US-amerikanische Fabrikant Elias Howe. Er hatte 1845 bereits die Nähmaschine erfunden und ließ sich 1851 einen »automatischen, ununterbrochenen Kleiderverschluss« patentieren. Ein noch unausgegorenes Laschensystem, das ausgesehen haben soll »wie ein Reißverschluss, dem die Zähne ausgefallen sind«. 1884 meldete der Wiener F. Poduschka das erste deutsche Reißverschluss-Patent an, allerdings ging es nie in Produktion.

1893 stellte dann der US-Ingenieur Leonard Whitcomb Judson auf der Weltausstellung in Chicago unter der Bezeichnung »Klammerverschluss oder -öffner für Schuhe« eine verbesserte Variante von Howes Modell vor. Auf der Suche nach einem bequemeren System zum Öffnen und Schließen seiner hochgeschnürten Stiefel, entwickelte er das Urmodell unseres heutigen Reißverschlusses: Zwei schwere Metallketten mit Schiebeverschluss, für die er am 29. August 1893 das Patent erhielt. Den sogenannten »clasp-locker« produzierte er dann zusammen mit dem Oberst der US Army, Colonel Lewis Walker, welcher das nötige Kapital zur Gründung der »Automatic Hook & Eye Company« 1894 in Pennsylvania beisteuerte.

Trotz der guten Idee kam ihre Firma aber nicht so recht aus den roten Zahlen. Denn von seinem Werbeversprechen »Ein Zug und fertig!« war Judsons »clasp-locker« noch weit entfernt. Und auch eine 1904 vorgestellte, verbesserte Variante namens »C-curity fastener« (sprich: »security«) konnte sich aufgrund von Konstruktionsmängeln nicht durchsetzen.

Erst als Judsons Schwiegersohn ***Gideon Sundbäck*** als neuer Chefkonstrukteur in die Firma kam, ging es mit dem Betrieb bergauf: Der Elektroingenieur entwickelte 1913 das Modell »Hookless Fastener No. 1«, den ersten Reißverschluss mit ineinandergreifenden Zähnen, und 1914 »Hookless No. 2«, der erstmals maschinell produziert wurde.

!

Die erste Firma, die in Europa Reißverschlüsse produzierte, war die »Société Française«. Die modebewussten Französinnen lehnten das als »praktisch« verschriene Accessoire im Gegensatz zu den Amerikanerinnen aber erst einmal ab und blieben beim Knöpfen. Daher schmückten Reißverschlüsse in Frankreich anfangs nur Postsäcke und Zelte. In Deutschland war die Firma Vorwerk & Sohn aus Wuppertal der Pionier in Sachen Reißverschluss (ab 1911). In England konnte man ab 1927 die ersten Sportanzüge mit Reißverschluss kaufen und von 1935 an gab es dort auch Männerhosen mit Zip.

Sundbäcks erstem Massenartikel, einem Geldbeutel mit Reißverschluss, folgten wetterfeste Anzüge für Marinelotsen – gerade rechtzeitig zum Eintritt der USA in den Ersten Weltkrieg 1917, bei dem die US-Armee Sundbäcks Erfindung in großem Umfang für Stiefel und Tabakbeutel nutzte.

Neben dem US-Patent meldete Sundbäck seinen Reißverschluss unter dem Namen »Rippen und Rillen« (kurz »RiRi«) auch beim Schweizer Patentamt an. Dort erwarb 1923 der Schweizer Geschäftsmann Martin Othmar Winterhalter alle diesbezüglichen Rechte und stellte künftig die europäische Ausführung »RiRi« in seiner Firma in Wuppertal her.

Ein letzter Meilenstein in Sachen Reißverschluss waren der Einsatz von Kunststoff statt Metall für die Zähne und der Schieber nach 1945. Nun war der weltweite Erfolg des Reißverschlusses nicht mehr aufzuhalten. Heute, 118 Jahre nach Whitcomb Judsons »Klammerverschluss oder -öffner«, werden allein in Deutschland um die 70 Millionen laufende Meter Reißverschluss pro Jahr produziert.

Rolltreppe (1892)

Sie war 1895 eine echte Attraktion im Vergnügungspark auf Coney Island, New York: die erste funktionierende elektrische Fahrtreppe (»inclined elevator«). Erfunden hatte sie der US-Amerikaner ***Jesse Wilford Reno*** und am 15. März 1892 das Patent dafür erhalten. Entwickelt hatte der Ingenieur die Treppe ursprünglich allerdings für einen U-Bahnhof.

Zur ersten Rolltreppe Deutschlands im Kölner Kaufhaus »Tietz« unternahm 1925 so manche Familie einen Ausflug.

Genau genommen war die Fahrtreppe im Vergnügungspark nichts anderes als ein endloses Gummischrägband mit Holzplatten, das zweieinhalb Höhenmeter überwand. Die Skizzen dafür hatte Reno bereits mit 16 Jahren angefertigt, doch erst nach seinem Ingenieurstudium hatte er den Entwurf verbessert. Während der 14-tägigen Demonstration im Vergnügungspark tummelten sich an die 7500 Zuschauer auf dem neuartigen Beförderungsmittel.

In den fünf Jahren nach der Präsentation seiner Treppe auf Coney Island wurde Renos Erfindung in zahlreichen amerikanischen Geschäften und U-Bahnhöfen installiert, 1893 zum Beispiel im New Yorker Courtland-Street-Bahnhof. Am meisten profitierte aber »Otis Elevators Company« von Renos Erfindung: Die Firma kaufte das 1902 von Reno gegründete Unternehmen »Reno

Electric Stairways and Conveyors, Ltd.« 1912 auf, kombinierte den 1853 von Elisha Graves Otis erfundenen Aufzug mit der neuartigen fahrenden Treppe – und entwickelte beides weiter zum »escalator« (deutsch: Rolltreppe); der Name setzt sich zusammen aus dem lateinischen Wort »scala« für Stufen und dem englischen Begriff »elevator« für Fahrstuhl.

Das allererste Patent für eine Rolltreppe hatte 1859 bereits Nathan Ames aus Massachusetts angemeldet. Seine dampfbetriebene Konstruktion, die er »revolving stairs« nannte, war technisch allerdings so kompliziert, dass sie über Papierskizzen nie hinauskam. Sie wurde deshalb nie gebaut.

Es war schließlich der amerikanische Erfinder Charles Seeberger, der der Rolltreppe, nach Zusammenarbeit mit der »Otis Elevator Company«, zum Durchbruch verhalf. 1899 ließ er in der Otis-Fabrik die erste kommerzielle hölzerne Rolltreppe für die Pariser Weltausstellung im Jahr 1900 bauen.

Die vier längsten Rolltreppen der Welt wurden in Moskau gebaut: Sie sind 126 Meter lang und befördern die Menschen von den Bahnsteigen der Metro-Station Park Pobedy in knapp drei Minuten zur Oberfläche.

Mit seinen eigenen technischen Überlegungen in Sachen Rolltreppe war Seeberger zuvor gescheitert. Doch hatte er 1898 das Patent seines Kollegen George A. Wheeler erworben, das dieser für seine Rolltreppe mit beweglichen Stufen fünf Monate nach Jesse Reno, im August 1892, erhalten hatte. Dieses Patent verkaufte Seeberger 1910 an die Firma Otis. Als 1911 auch Jesse Wilford Reno sein Patent an Otis veräußerte, stieg die US-Firma zum Marktführer im Bereich Rolltreppen auf. Trotz aller Bemühungen gelang es Otis jedoch erst 1920, eine Rolltreppe in der heute gebauten Ausführung zu konstruieren.

Als eine Art Touristenattraktion wurde denn auch die erste Rolltreppe Deutschlands gefeiert. Wer sie bestaunen wollte, musste ab dem 11. Juli 1925 dem Kölner Kaufhaus »Tietz« einen Besuch abstatten – und tatsächlich unternahmen viele Kölner ihre Familienausflüge dorthin.

Rote Karte (1966)

Ohne den 1919 in Franken geborenen *Rudolf Kreitlein* wäre der Fußballsport heute deutlich farbloser. In den 50er- und 60er-Jahren war der gelernte Schneidermeister aus Fürth bereits ein renommierter Fußballschiedsrichter. Ein Geistesblitz, der ihm bei der Fußballweltmeisterschaft 1966 in England kam, sollte ihn jedoch weltberühmt machen: Rudolf Kreitlein erfand die Gelbe und die Rote Karte.

Die erste Rote Karte bei einer WM sah 1974 der Chilene Carlos Caszely im Spiel gegen Deutschland.

Der entscheidende Tag war der 23. Juli 1966: Der nicht eben groß gewachsene Schiedsrichter – dem Spieler und Kollegen nicht ohne Grund den Spitznamen »tapferes Schneiderlein« verpasst hatten – leitete bei der Weltmeisterschaft in England das mit Spannung erwartete Viertelfinale im Londoner Wembley-Stadion zwischen den Gastgebern und Argentinien. Die Stimmung auf dem Platz war aufgeladen, die Spieler standen unter großem Druck, ins Halbfinale einzuziehen.

Als Kreitlein in der 35. Spielminute gegen den baumlangen argen-

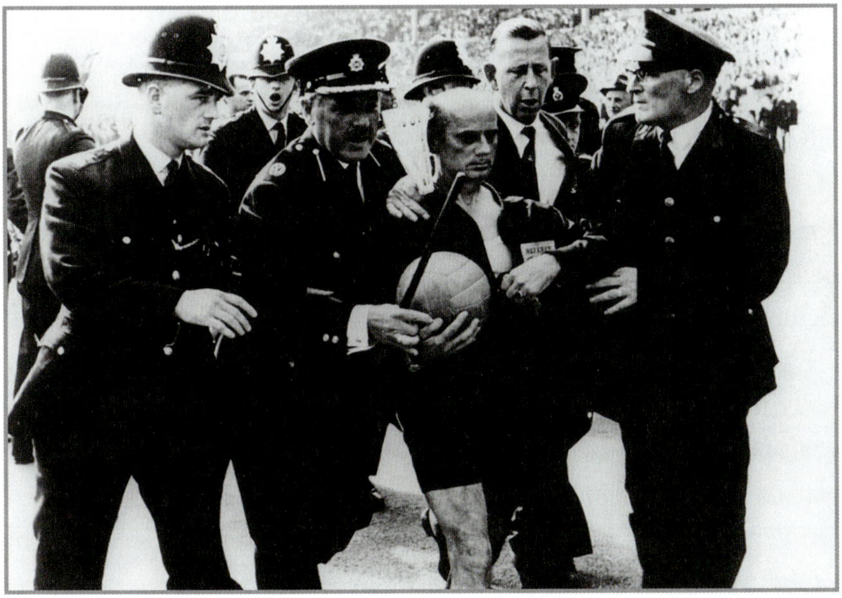

Mehrere Polizisten waren nötig, um den deutschen Schiedsrichter Rudolf Kreitlein am 23.7.1966 sicher vom Spielfeld zu geleiten.

tinischen Kapitän Antonio Rattin, einen Platzverweis wegen ständigen Meckerns aussprach und diesen mit eindeutiger Geste Richtung Umkleidekabinen unterstrich, hatte er zuvor bereits zwei Engländer und drei Argentinier verwarnt. Trotzdem weigerte sich Rattin, das Spielfeld zu verlassen. Später gab er an, den Verweis nicht richtig verstanden zu haben.

Eine der Roten Karten, an die sich die meisten Fußballfans noch gut erinnern dürften, ist jene unrühmliche, die Zinédine Zidane 2006 in Berlin im WM-Finale gegen Italien kassierte. Es war die 15. und letzte Rote Karte in der Karriere des französischen Nationalspielers. Zidane hatte seinen italienischen Gegenspieler Marco Materazzi zuvor mit einem Kopfstoß zu Boden gestoßen – Frankreich verlor das Spiel, Italien wurde Weltmeister und Zidane beendete seine Karriere.

Nach einer zehnminütigen Unterbrechung, in der es auch noch zu Rangeleien zwischen den gegenerischen Spielern kam, wurde der aufgebrachte, uneinsichtige Kapitän schließlich in Begleitung von Polizisten in die Kabine gebracht. Das Stadion glich während und nach der ganzen Diskussion einem Hexenkessel, England gewann die Partie 1:0 (und wurde schließlich auch noch Weltmeister).

Weil sich die Rote Karte während des Fußballspiels in der Gesäßtasche des Schiedsrichters befindet, bürgerte sich dafür der Begriff »Arschkarte« ein.

Auf der Rückfahrt vom Stadion ins Hotel hatte Kreitlein, zusammen mit dem englischen Vorsitzenden der FIFA-Schiedsrichterkommission, ***Ken Aston***, dann die Eingebung, wie man künftig derart ausufernde Situationen auf dem Fußballfeld vermeiden könnte. Die vielen roten und gelben Verkehrsampeln, die sie passierten, hatten Kreitlein auf die Idee gebracht, Gelbe und Rote Karten auf dem Fußballplatz einzuführen, die weltweit eindeutig die jeweilige Schiedsrichterentscheidung unterstreichen sollten.

Da auch die FIFA (Internationale Föderation des Verbandsfußballs) Kreitleins Vorschlag zustimmte, wurden die »bunten Pappkartons« bei der WM 1970 das erste Mal eingesetzt. Zu dieser Zeit war das Farbfernsehen allerdings noch wenig verbreitet, die meisten Fernsehzuschauer saßen noch vor Schwarz-Weiß-Geräten. Um auch ihnen sowie den Zuschauern im Stadion einen Spielverlauf mit eindeutig nachvollziehbaren Entscheidungen zu garantieren, legte man zusätzlich fest, dass der Schiedsrichter die Gelbe Karte immer aus der Brusttasche ziehen sollte, während er die Rote Karte in der Gesäßtasche verwahrte. Je nachdem, in welche Tasche der Schiedsrichter künftig also langte, bedeutete der Griff zur Brust nur eine Verwarnung, der Griff zum Po hingegen bedeutete für den betroffenen Spieler den Platzverweis.

Roter Teppich (Mittelalter)

Rote Teppiche haben etwas Magisches. Sobald sie ausgerollt sind, werden sie von Fotografen und neugierigen Zuschauern gesäumt. Und die Menschen, die darüberschreiten, fühlen sich in diesem Moment besonders hofiert – und wichtig. Er setzt Stars und Sternchen, politische Würdenträger oder auch den Papst in Szene, verleiht Glamour. Doch warum leuchtet der Rote Teppich eigentlich nicht blau oder grün? Tatsächlich reicht die Geschichte des Roten Teppichs

Selbst für Superstars wie Penélope Cruz oder Johnny Depp ist der Gang auf dem Roten Teppich immer wieder eine Herausforderung.

Der längste Rote Teppich der Welt wurde im niedersächsischen Ort Wietze ausgerollt: Am 30. August 2009 säumte er mit 2992,55 Metern die Bundesstraße 214 und gewann damit einen Eintrag ins Guinnessbuch der Rekorde.

weit in die Vergangenheit zurück: Sein Ursprung liegt im Früh- und Hochmittelalter, als das Byzantinische Reich der Hauptlieferant für die begehrten Purpur-Produkte war. Wichtigen Gästen wurde ein Teppich vor die Füße gelegt, um ihnen zu zeigen, dass sie willkommen waren. Durch die rote Färbung konnte sein Besitzer aber auch wirtschaftlichen Wohlstand demonstrieren. Denn Rot war schon seit der Antike die Farbe der Mächtigen und teuer. Im alten Rom durften nur die Senatoren und der Kaiser, dessen Toga ganz in Purpur gefärbt war, diese Farbe tragen.

Der Luxus des Textilfarbstoffs Purpur hängt mit seiner Gewinnung zusammen, er stammt aus dem Drüsensekret der Purpurschnecke (Murex trunculus), die im Mittelmeer lebt. Zur Gewinnung eines einzigen Gramms Purpur benötigte man 10 000 Schnecken! Der Herstellungsprozess war zudem besonders aufwendig, die Kunst wurde von den Phöniziern etwa 1000 vor Christus entdeckt und war allen späteren Hochkulturen bekannt. Dank der Aufzeichnungen des Philosophen Aristoteles um 300 vor Christus und des römischen Gelehrten Plinius des Älteren (* 23; † 79) ist sie auch uns heute geläufig: Demnach wurden die Schnecken in den Wintermonaten im Mittelmeer gefangen und an Land bei lebendigem Leib geöffnet, um an die farbhaltige Drüse der Kiemenhöhle zu gelangen. Diese sogenannte Hypobranchialdrüse wurde entnommen und drei Tage lang in Salz konserviert, gereinigt und in Urin eingedampft. Die Stoffe wurden dann in diesen gelben Sud getunkt und bei Tageslicht getrocknet, wodurch die gewünschte Rotfärbung (über eine Enzymreaktion) zustande kam. Honig fixierte die Farbe schließlich.

Spricht man vom Roten Teppich, denken die meisten Menschen automatisch an Hollywood und an die alljährliche Oscarverleihung. Die veranstaltende Akademie soll sich für das illustre In-Szene-Setzen der geladenen Promis am VIP-Service des amerikanischen Luxuszuges »20th Century Limited« orientiert haben. Einem Expresszug, der von 1902–1967 zwischen New York und Chicago pendelte und seine wichtigsten Gäste zum Ein- und Aussteigen mit einem speziell angefertigten purpurroten Plüschteppich empfing.

Weil das Färben durch die vielen verwesenden Tierkadaver starke, unangenehme Gerüche mit sich brachte, waren die Färbereien stets weit von Wohnsiedlungen untergebracht. Kein Wunder also, dass Purpurrot bei dieser aufwendigen Prozedur nur dann gewählt wurde, wenn man Stoffe zu etwas Besonderem verwandeln wollte – und das hoheitliche Rot allen anderen Farben den Rang ablief. Dabei

Einer der ersten Roten Teppiche, der in der Literatur Erwähnung findet, ist der Teppich, den Klytaimnestra in der Tragödie »Agamemnon« des Dichters Aischylos für ihren verhassten Mann bei seiner Heimkehr aus Troja ausrollen lässt – um ihn später der Überheblichkeit bezichtigen zu können.

könnte man »genauso gut einen gelben Teppich oder einen blauen oder einem grünen nehmen«, wie Hans von Herwarth, der erste politische Protokollchef der Bundesrepublik (1951–1955) einmal bemerkte. Tatsächlich gibt es keine Regel, dass politischer Besuch mit einem Roten Teppich empfangen werden muss. Einen Staatsbesuch ohne Roten Teppich konnte sich Hans von Herwarth aber auch wieder nicht vorstellen: »Das ist überhaupt keine Diskussion, das war immer so, das ist bei allen Staaten so, das ist eine Art Gewohnheits- und Völkerrecht, nicht niedergeschrieben, aber fürs Fernsehen da.« Und für die Show.

Scheibenwischer (1903)

Es war – allen Vorurteilen zum Trotz – eine Frau, die für Durchblick beim Autofahren sorgte. Und zwar Jahre bevor Henry Fords erstes Auto, »Model T«, am Fließband hergestellt wurde. ***Mary Anderson***, eine patente US-Amerikanerin, die bereits in jungen Jahren eine Rinderfarm und einen Weinberg betrieb, erfand 1903 den Scheibenwischer und komplettierte damit das 1886 von Carl Benz erfundene Automobil mit Benzinmotor.

Während einer Straßenbahnfahrt im winterlichen New York 1902 beobachtete die Südstaatlerin aus Alabama, dass die Autofahrer entweder mit offenem Verdeck fuhren oder in regelmäßigen Abständen aus dem Auto sprangen, um die Windschutzscheibe vom Schnee(regen) zu reinigen. Dies brachte sie auf die Idee, einen gefederten und von links nach rechts pendelnden Arm mit Gummibelag zu entwickeln, den man mittels eines Knopfes im Innern des Autos in Gang brachte – um dem Fahrer das Aussteigen bei Regen und Schnee zu ersparen.

- Der erste Deutsche, der 1905 einen handbetriebenen »Scheibenwischer für Motorfahrzeuge« zum Patent anmeldete, war Prinz Heinrich von Preußen, der jüngere Bruder von Kaiser Wilhelm II.
- Der erste elektrisch betriebene Scheibenwischer wurde 1922 in den USA patentiert, 1926 kam ein solcher in Deutschland von der Firma Bosch auf den Markt.

Ein Betrieb im amerikanischen Birmingham, wo Anderson lebte, baute nach ihren Skizzen schließlich ein erstes, funktionstüchtiges Modell, bei dem ein Hebel in der Nähe des Lenkrads den Schwingarm auf der Windschutzscheibe in Bewegung setzte. Im November 1903 erhielt Anderson im Alter von 37 Jahren das Patent auf ihre Erfindung, die sie noch ganz akkurat »window cleaning device« (deutsch: Fenster-Reinigungsgerät) genannt hatte.

Da die Leute aber der Meinung waren, dass der Scheibenwischer den Autofahrer durch die Wischbewegung eher irritieren würde, als ihm zu helfen, wurde Andersons Erfindung anfangs nicht so recht geschätzt. Auch ein kanadisches Unternehmen, das die Amerikanerin 1905 mit dem Verkauf ihrer 17 Jahre gültigen Patentrechte beauftragen wollte, lehnte aus diesem Grund ab. Doch sie alle sollten sich irren. Als Andersons Patent 1920 ablief und immer mehr Automobile die amerikanischen Straßen eroberten, gehörte der von ihr erfundene Scheibenwischer bereits zur Standardausstattung. Der 1953 verstorbenen Erfinderin hat ihre Erfindung allerdings kaum Geld eingebracht.

Schlümpfe (1958)

Wie war das noch mal mit dem Original und der Kopie? Würden wir uns immer an das Original halten, hießen unsere Schlümpfe heute »Strümpfe« – das weitere Szenario mag man sich gar nicht ausmalen. Verpasste ***Pierre Culliford***, der belgische Erfinder der blauen Comiczwerge, seinen ersten Prototypen doch glatt den Fantasienamen »Les Schtroumpfs«.

Den belgischen Comiczeichner Pierre Culliford kennen viele eher unter seinem Künstlernamen »Peyo«.

Culliford war Comiczeichner und veröffentlichte unter dem Pseudonym Peyo. Den Spitznamen verdankte er einem englischen Cousin, der Cullifords ganzen Vornamen Pierrot als Kind nicht korrekt aussprechen konnte. Während seines Studiums an der Akademie der Schönen Künste jobbte Culliford als Colorist in den belgischen CBA-

Trickfilmstudios und dort entdeckte er auch seine Leidenschaft für Comicstrips. Nach dem Ende des Zweiten Weltkriegs wurde das kleine Studio durch den Import amerikanischer Filme vom Markt verdrängt. Culliford war plötzlich arbeitslos und heuerte als Illustrator in der Werbebranche an.

Jedoch brach sein Kontakt zum Comic nie ab. Das belgisch-französische Comicmagazin »Spirou« veröffentlichte die ersten Abenteuer des Pagen »Johann« auf einer mittelalterlichen Burg, von 1946–1949 wurden sie in der Zeitung »La dernière heure« abgedruckt. Hier verwendete Culliford auch zum ersten Mal das Pseudonym Peyo. 1954 erfand er zu »Johann« dessen Begleiter »Pfiffikus«.

Auf den Namen »Schtroumpf« kam Culliford während eines Ausflugs mit seinem Freund und Zeichnerkollegen André Franquin, als ihm beim Mittagessen das Wort für »Salzstreuer« in der fremden Sprache nicht einfiel. In Blödellaune fragte er nach einem »Schtroumpf« – und machte daraus später einen »running gag«: Jeder Flaschenöffner und jede Unterhose wurden in diesem Männerurlaub zum »Schtroumpf«, die Freunde erfanden ihre eigene »Urlaubssprache«.

> **!** Es war die Sendung »Sport, Spiel, Spannung« des Bayerischen Rundfunks, die den Begriff »Die Schlümpfe« erstmals bei der Ausstrahlung der Schwarz-Weiß-Kurzfilme Anfang der 1960er-Jahre gebrauchte. Als gedruckte Comicfiguren erschienen die Schlümpfe erstmals 1969 in einem »Fix und Foxi«-Heft innerhalb der Geschichte »Prinz Edelhart und die Schlümpfe«. Richtig bekannt wurden die blauen Wesen in Deutschland aber erst 1977 durch das Schlumpflied des niederländischen Sängers »Vader Abraham«.

Der nächste Auftrag, an dem Culliford für das Magazin »Spirou« arbeitete, war die Comicgeschichte »Johann und Pfiffikus«, wo er einen kleinen blauen Kobold einbaute. In Erinnerung an seinen heiteren Männerurlaub taufte er ihn »Schtroumpf«. Die Geschichte erschien am 23. Oktober 1958. Die Leser schlossen die dort abgebildeten blauen Wesen mit den weißen Mützen sofort in ihr Herz.

Auf Anraten seines Herausgebers Yvan Delporte zeichnete Peyo ein Jahr später mehrere Kurzgeschichten ausschließlich mit Schlümpfen und erschuf für die blauen Kerle auch gleich eine eigene Welt: Schlumpfhausen mit »Papa Schlumpf« an der Spitze und dem bösen Zauberer Gargamel als Feind. Es herrscht die

»Schlumpfokratie« und ausgehöhlte Pilze dienen als Behausung. Jeder Schlumpf hat seinen ureigenen Charakter, seine Vorlieben und Schwächen. Gesprochen wird eine wirre Mischsprache, in der viele Substantive, Verben und Adjektive einfach durch das Wort »Schlumpf« ersetzt werden: »Schlumpfigerweise kann man sich mit etwas Schlumpfasie und Schlumpfität dennoch in Schlumpfsprache verschlumpfen.«

Wie bitte? Gibt es da etwa Ähnlichkeiten zu Cullifords Männerurlaub? Kann ja gar nicht sein …

- Die Schlümpfe leben im Schlumpfdorf im Verwunschenen Land. Dort gibt es nur einen Menschen: Hexenmeister Gargamel mit seinem gefräßigen Kater Azraël, der der größte, aber stets erfolglose Feind der Schlümpfe ist.
- Bei den rund 100 Schlümpfen gibt es keinen Sex: Bei ihnen legt der Storch die kleinen Schlümpfe vor die Haustür.

Die Kurzgeschichten erschienen zunächst im Rahmen von Minibüchern, die man aus mehreren Seiten einer »Spirou«-Ausgabe selbst basteln konnte. Zu diesem Zeitpunkt hielt Peyo die »Schtroumpfs« noch für eine vorübergehende Mode.

Doch bald schon konnte der Zeichner die Nachfrage nach weiteren Schlumpfgeschichten nicht mehr allein bewältigen. Er gründete Mitte der 1960er-Jahre sein eigenes Studio und engagierte junge Zeichentalente, die seine Ideen umsetzten, während er sich neue Geschichten ausdachte. Die Sache lief rund – die Schlümpfe eroberten von Brüssel aus die Welt.

Es begann eine Erfolgsstory, die viele Gewinner hervorbrachte: die deutsche Firma Schleich etwa, die ein gutes Marktgespür bewies, als sie sich 1976 die Rechte an der Produktion kleiner Schlumpf-Plastikfiguren sicherte, die dem Unternehmen bis heute einen guten Umsatz bringen.

In den 1980er-Jahren waren die blauen Zwerge mit den weißen Mützen Kindern vom Nordpol bis zum Südpol ein Begriff – avancierten zu kleinen Superstars. Als das »Wall Street Journal« sie 1983 zum »Spielzeug des Jahres« kürte, waren »The Smurfs« in Amerika bereits Fernsehstars. Über 250 Zeichentrickepisoden hatte der US-Sender NBC 1981 eingekauft und Peyo damit zu einem der wenigen erfolgreichen europäischen Comicautoren in den USA gemacht.

Heute genießen die Schlumpffiguren Kultstatus, insbesondere die allerersten Figuren aus den Siebzigern. Der Vater der Schlümpfe – Pierre Culliford und nicht etwa »Vader Abraham« – erfreute sich bis zu seinem Tod 1992 an der Popularität und dem positiven Feedback, das seine Schlümpfe erhielten.

Die beiden Kinder von Peyo führen sein Vermächtnis fort: Sohn Thierry kümmert sich um die Zahlen, Tochter Veronique ist Marketingchefin. In einem Interview hat sie ausgeplaudert, dass sie ihren Vater als Kind zur »Schlumpfine« inspirierte, zur allseits umschwärmten und unvergleichlichen Blondine im Reich der Schlümpfe.

Schneekugel (1900)

Kräftiges Schütteln ist bei der Schneekugel nicht nur erlaubt, sondern erwünscht.

Erst wenn man sie kräftig schüttelt, beginnt es zu schneien, und sie entführt uns in ihre kleine Welt: die Schneekugel. Wann genau die erste dieser magischen Kugeln – von manchen auch »Schneegestöber« genannt – hergestellt wurde, ist nicht bekannt. Es gab aber Kugeln mit ähnlichem Wirkprinzip bereits im 16. Jahrhundert. Eine besonders schöne, mit schwimmenden Vögelchen, gab 1572 der Alchimist Leonhard Thuneysser bei der Glashütte auf Burg Grimnitz in Brandenburg in Auftrag. Der Leibarzt des brandenburgischen Kurfürsten Johann Georg liebte ausgefallene, schöne Dinge. Sicher hätte ihm auch jene Schneekugel viel Freude bereitet, die 1878 auf der Pariser Weltausstellung gezeigt wurde: Unter der gläsernen Kuppel schützte sich ein Mann mit einem Regenschirm vor dem Schneegestöber.

Die erste patentierte »Glaskugel mit Schnee-Effekt« brachte 1900 der Wiener Werkzeugmacher ***Erwin Perzy*** auf den Markt, ein für seine präzisen chirurgischen Instrumente geschätzter Erfinder. Seine Erfindung der Schneekugel war mehr Zufallsprodukt als ausgeklügeltes Kalkül. Eigentlich sollte Erwin Perzy für einen Wiener Arzt eine besonders helle Lampe für dessen Operationssaal entwickeln. Der einfallsreiche Handwerker sollte die Leuchtkraft der Kohlefadenlampe verbessern, die dank des amerikanischen Erfinders Thomas Alva Edison in den 1880er-Jahren ihren weltweiten Siegeszug angetreten hatte.

> Die heutigen Schneekugel-Innenleben sind nicht mehr aus Metall, sondern aus Kunststoff und auch die Zusammensetzung der Schneeflocken hat sich im Laufe der Jahre geändert. Das Rezept für den Schnee, der weder klumpt noch »unkoordiniert fliegt«, wird von Erwin Perzy III. allerdings ebenso gut gehütet wie die Formel von Coca-Cola.

Perzy erinnerte sich an einen uralten Handwerkertrick: Vor der Erfindung des elektrischen Lichts verstärkten Holzschneider, Schuster, Näher und Weber den Schein von Öl- oder Petroleumlampen durch wassergefüllte Glaskolben, um ihre Werkplätze durch Lichtbrechung besser auszuleuchten. Zu diesem Zweck gab Perzy gemahlenen Reis und Flitter aus Metallspänen ins Wasser der Kugel. Weil beides aber für beständig helles Licht viel zu schnell zu Boden schwebte, waren die Glaskugeln für den Operationssaal keine geeignete Lösung.

Aber sie waren hübsch – und der »Schneeriesel-Effekt« begeisterte Perzy so sehr, dass er die Glaskugel zusätzlich mit einer Miniatur der Basilika von Maria Zell bestückte, die er kurz zuvor für einen Andenkenhändler aus Zinn gegossen hatte. Das Ganze verschloss er mit einem

> Die Schneekugel trat schon in diversen Hollywoodstreifen auf (zum Beispiel »Kevin allein zu Haus« und »9½ Wochen«) und hat selbst Fans im Weißen Haus: Für Barack Obamas jüngste Tochter Sasha fertigte Erwin Perzy III. ein Exemplar, in dem der US-Präsident mit seiner Frau Michelle und seinen Töchtern um eine riesige Torte tanzt. Kurz bevor Perzy sie verschickte, fügte er noch eine winzige Figur hinzu: Bo, der neue Präsidentenhund, sollte im Schneegestöber natürlich nicht fehlen.

schwarzen Gipssockel und schüttelte kräftig – die Schneekugel war geboren.

In den Arabischen Emiraten, wo es nie schneit, demonstrieren Lehrer ihren Schülern im Fach Naturkunde Schnee angeblich anhand von Schneekugeln.

Fünf lange Jahre feilte der Wiener weiter an seiner Schneekugel und der Technik ihrer Herstellung, bis sie in seinen Augen perfekt genug war, um in großen Stückzahlen produziert zu werden. Im Jahr 1900 reichte Perzy seine »Glaskugel mit Schneeeffekt« als Erfindung beim Patentamt ein und gründete noch im selben Jahr zusammen mit seinem Bruder eine Schneekugel-Manufaktur im Wiener Vorort Hernals.

In den folgenden Jahren erschuf der Werkzeugmacher immer neue Motive für seine Schneekugeln, darunter viele kirchlich geprägte wie zum Beispiel Schutzheilige, berühmte Kirchen und Engel, aber auch ganz weltliche wie Dampflokomotiven und Schneemänner. Die Nachfrage nach den zauberhaften Kugeln war groß und in den Zwanzigerjahren wurden bereits Exemplare mit verschiedensten Durchmessern verkauft. Die Schneekugel war zum Verkaufsschlager geworden. Bis zum österreichisch-ungarischen Kaiser Franz Josef sprach sich die Erfindung Perzys herum, der den Werkzeugmacher 1905 eigenhändig mit einem Orden ausstaffierte – zu Ehren der Schneekugel.

Heute produziert der Gründerenkel, Erwin Perzy III., zwischen 300 000 und 500 000 Schneekugeln jährlich. Die meisten davon gehen nach Amerika und Japan.

Schweizer Messer (1891)

1891 erfreute die Schweizer Armee ihre Soldaten mit einem neuen Armee-Messer, das die Männer zum Öffnen von Konserven verwenden konnten und das aber auch geeignet war, ihr »Schmidt-Rubin-Infanteriegewehr Modell 1889« zu zerlegen. Das damals noch aus schwarz eingefärbtem Eichenholz (das erste rote Modell kam 1951 auf den Markt) gefertigte Taschenmesser mit Dosenöffner,

Klinge, Schlitzschraubendreher und Ahle wurde im ersten Jahr aufgrund von landeseigenen Produktionsengpässen in der deutschen Messermanufaktur »Wester & Co.« in Solingen hergestellt. Bereits Ende 1891 übernahm dann aber die Firma Karl Elsener im Kanton Schwyz (später: Victorinox) die Produktion. 1897 wurde der Begriff »Schweizer Offiziers- und Sportmesser« als Handelsmarke geschützt.

Solch ein multifunktionales Armee-Messer gab es schon bei den alten Römern! Der silberne »Urahn« ist tatsächlich 1800 Jahre alt, war im römischen Heer im Einsatz und verfügte über Löffel, Gabel und Zahnstocher. Bewundern kann man das Messer im Fitzwilliam Museum in Cambridge, gefunden wurde es bei Ausgrabungen in einem Ort am Mittelmeer. Leisten konnten sich derartige Luxusartikel damals allerdings nur sehr reiche Menschen.

Der internationale Durchbruch für das vielseitige Messer kam jedoch erst nach dem Zweiten Weltkrieg – über den Verkauf in den sogenannten PX-Shops der US-Army.

Insbesondere die zivilen Modelle aus rotem Kunststoff wurden nach und nach »aufgerüstet«. Sie enthalten heute fast schon standardmäßig: Klinge, Holzsäge, Schere, Metallfeile, Korkenzieher, Zahnstocher und Pinzette – manche auch noch Fischentschupper und Laserpointer. Da die meisten Männer und älteren Jungs von solch einem vielseitigen »Arbeitsgerät« träumen, sind die Schweizer Messer nach wie vor ein beliebtes Geburtstags- oder Weihnachtsgeschenk, das der Beschenkte meist ein Leben lang hütet wie einen Schatz.

- Nur zwei Schweizer Firmen – »Victorinox« und »Wenger« – dürfen »Schweizer Offiziersmesser« fertigen. Beide Unternehmen (2005 übernahm Victorinox die Firma Wenger, die aber als eigenständige Marke erhalten blieb) produzieren zusammen rund 25 Millionen Messer im Jahr, die in 150 Länder ausgeliefert werden.
- Seit 1961 tragen die »echten Soldatenmesser« Griffschalen aus geriffeltem Aluminium; die roten Kunststoffgriffschalen zieren nur mehr Messer für den zivilen Gebrauch.

Sekundenkleber (1958)

Der Sekundenkleber war auch eine der Erfindungen, die dem puren Zufall entsprangen. Die US-Forscher *Dr. Harry Coover* und *Fred Joyner* waren 1942 im »Kodak«-Versuchslabor in Rochester im Bundesstaat New York eigentlich auf der Suche nach unzerbrechlichen Linsen für Zielfernrohre. Die von Coover ins Visier genommenen Acrylsäureverbindungen pappten allerdings an allem, was im Labor gewollt und ungewollt in ihre Nähe kam, weshalb der Wissenschaftler seinen Fokus genervt auf andere Materialien legte.

Um Sekundenkleber von Hautflächen zu entfernen, hilft Nagellackentferner.

Das Potenzial, das in der Verbindung steckte, sollten die Kodak-Angestellten Coover und Joyner erst 1951 begreifen. Coover, der in seinem Leben 460 Patente anmeldete, war mittlerweile zum Entwicklungschef bei der »Tennessee Eastman Company« aufgestiegen. Zusammen mit seinem Kollegen Joyner forschte er an durchsichtigen, hitzebeständigen Materialien für das Cockpit von Düsenjägern. Im Rahmen der Versuchsreihe spritzte Fred Joyner ein paar Tropfen eines neuen Kunststoffbausteins zwischen zwei Prismen, die daraufhin felsenfest miteinander verklebten – dank Cyanoacrylat, einer flüssigen chemischen Verbindung, die sekundenschnell auf Druck und Wasser reagiert, fest wird und dadurch Dinge irreversibel miteinander verbindet.

In Interviews kam Harry Coover immer wieder gerne auf jenen Moment zu sprechen, als Fred Joyner ihm eigentlich schuldbewusst erzählen wollte, dass er soeben ein Gerät für 700 US-Dollar geschrottet habe – »und der Ärger sich in Jubel verwandelte, weil wir plötzlich beide begriffen, dass wir soeben einen Superkleber erfunden hatten«.

Erhitztes Cyanoacrylat wird seit den 1980er-Jahren in der Forensik zum Nachweis von Fingerabdrücken verwendet, da die Dämpfe noch feuchte Abdrücke reliefartig hervorstehen lassen, weil diese zu einem Großteil aus Wasser (Schweißdrüsensekret) bestehen. Sekundenkleber wird außerdem in der Formel Eins eingesetzt, in der Raumfahrt, beim Modellbau, bei Reparaturen und sogar in der Medizin – beim Verschließen von Wunden. Im Vietnamkrieg wurde zu eben diesem Zweck Cyanoacrylat-Spray eingesetzt.

Bis der weltweit erste Sekundenkleber unter dem Namen »Eastman 910« – benannt nach dem Kodak-Gründer und Erfinder George Eastman – in den Regalen von Supermärkten und Fachgeschäften stand, dauerte es allerdings noch sieben Jahre. Erst 1958 wurde der spektakuläre Kleber durch ebenso spektakuläre TV-Spots in ganz Amerika beworben.

Zu seiner Popularität trug aber sicher auch eine mittlerweile vielzitierte Fernsehshow bei, in der Erfinder Harry Coover die Sohlen der Turnschuhe des Moderators mit ein paar Tropfen Sekundenkleber beträufelte und ihn anschließend tollkühn bat, seine Turnschuhe auf eine durchsichtige Kunststoffplatte zu drücken. Erst als ein Kran die Platte in Richtung Studiodecke nach oben zog, schwante dem verdutzten TV-Mann, worauf er sich eingelassen hatte – zu spät: Minutenlang baumelte er mit dem Kopf nach unten, während das Publikum juchzte. Die Kunststoffplatte samt den Turnschuhen nahm Coover als eine Art Trophäe mit in sein Kodak-Labor – wo das Beweisstück von den US-Forschern heute noch gerne Besuchern präsentiert wird.

Skateboard (ca. 1958)

Kalifornische Surfer haben in den späten 1950er-Jahren das Skateboard erfunden – aus Langeweile. Sie hatten es satt, stundenlang auf hohe Wellen zu warten. Also montierte einer von ihnen eines Tages Rollen und Achsen von Rollschuhen an ein kleines Surfbrett und »surfte« mit dem Eigenbau barfuß an der Strandpromenade entlang. Eine Ersatzlösung, aber anscheinend eine, die Spaß machte. Folgerichtig wurden die ersten Skateboards dann auch »Asphaltsurfer« genannt. In ihrer Form waren sie einem Surfboard nachempfunden: relativ

> **!** Das »Underdog Image« der Skateboardfahrer initiierte Mitte der 1980er-Jahre in den USA und in Europa eine neue Jugendbewegung. Das Skateboard mauserte sich vom Sportgerät zum Ausdruck einer Lebenseinstellung: Skater haben ihren eigenen Kleidungsstil, ihre eigene Sprachkultur und ihre eigene Musik. Eine Weiterentwicklung des Skateboards ist das Snowboard.

Einen Sprung mit dem Skateboard in die Luft nennt man »Ollie«.

schlank, etwa zehn Zentimeter breit und ein gutes Stück kürzer als die Boards, die wir heute kennen. Gesteuert wurden sie durch Gewichtsverlagerung.

1959 kam das erste fabrikmäßig hergestellte Skateboard »Roller Derby« auf den Markt, 1965 fanden in Anaheim in Kalifornien die ersten »American Skateboard Championships« statt.

So richtig »in« wurde Skateboardfahren allerdings erst in den 1970er-Jahren. Der Hype um das Board begann in den Slums nahe Los Angeles, wo sich der Nachwuchs kräftig langweilte. Eine willkommene Abwechslung vom tristen Alltag bot für die Jugendlichen im hochkriminellen Stadtviertel Dogtown das Skateboardfahren. Klar, dass vor allem jene Kids angesehen waren, die sich auf dem rollenden Brett am meisten trauten und die wagemutigsten Kunststücke vollführten. Treffpunkt der Skater war der Surfladen »Zephyr Shop« in der Kleinstadt Venice Beach – nach dem sich auch das »Zephyr Team« rund um den späteren Skateboard-Weltmeister Tony Alva benannte.

Trainiert wurde unter anderem in leeren Schwimmbecken – was dem heutigen Fahren in der Halfpipe bzw. Quarterpipe schon recht

Eine Kultfigur in der Skaterszene ist der 1957 in Santa Monica geborene Amerikaner Tony Alva, der lange Jahre den Weltrekord im Skateboardweitsprung hielt: mit einem Satz über sieben leere Ölfässer! Ein anderer großer Name ist Tony Hawk, 11-facher Weltmeister, Erfinder von 85 Skateboardtricks und vermutlich auch der Skater mit den größten Füßen, er hat Schuhgröße 47!

nahekam. In den 1980er-Jahren – mittlerweile gab es Kunststoffrollen mit deutlich besseren Haft- und Rolleigenschaften – ging der Trend immer mehr in Richtung Wettkampfsport. Ob Freestyle, Streetstyle, Slalom, Downhill, Hoch- und Weitsprung oder Vertskaten, zu allen Disziplinen gehören Geschicklichkeit, Mut, Technik und Rhythmusgefühl. »Skate and Destroy« (deutsch: »skate und zerstöre«) lautete der noch immer aktuelle Skater-Slogan der frühen 1980er-Jahre. Dieses Motto ist allerdings nicht wörtlich zu verstehen, sondern soll die Skater dazu motivieren, bei ihren Darbietungen alles zu geben.

Spraydose (1926)

Erfunden hat sie der Norweger ***Erik Andreas Rotheim***, der auf der Suche nach der besten Methode zum Wachsen seiner Skier war. Seine Idee war simpel und genial zugleich: Rotheim löste die Wirkstoffe in verflüssigtem bzw. komprimiertem Gas auf und füllte das Ganze in einen Metallbehälter. Durch die treibende Wirkung des Gases, so Rotheims Gedanke, könnten die Wirkstoffe dann als feiner Nebel über ein schmales Plastikrohr entweichen, sobald man den Sprühkopf öffnet.

Am 9. Februar 1926 konstruierte Rotheim seine erste, nachfüllbare »Büchse zum Selbst-Sprühen« für kosmetische Präparate, Gummi, Leim und Desinfektionsmittel. Der Chemie-Ingenieur war ein Visionär. Ihm schwante vermutlich bereits, wie universal einsetzbar seine Erfindung einmal sein könnte. Denn es gab kaum einen Wirkstoff, den Rotheim in seiner ersten Patentschrift – vor immerhin 84 Jahren – zu erwähnen vergaß.

Im November 1927 erhielt er schließlich das Patent, wenngleich seine Spraydose noch offensichtliche Schwachpunkte aufwies. So war der Metallbehälter zum Beispiel noch viel zu dickwandig, zu schwer

Der Gebrauch von Spraydosen hat auch seine Schattenseite: Je nachdem, welches Treibgas in ihnen steckt, löchern sie die Ozonschicht unserer Erdatmosphäre. Daher werden in Deutschland seit 20 Jahren keine ozonschädlichen FCKW-Treibmittel mehr in Sprühdosen verwendet. Stattdessen Propan, Butan und auch Dimethylether, jener Stoff, den bereits der Erfinder Erik Rotheim für seine legendäre Spraydose verwendete.

und zu teuer in der Produktion. Das Ventil erlaubte kein gezieltes Sprayen und entließ, einmal geöffnet, den gesamten Inhalt in die Luft.

Erst drei US-Wissenschaftler konnten bei all diesen Problemen Abhilfe schaffen: Als sich während des Zweiten Weltkriegs 1942 im Pazifikraum die Anopheles-Mücke als arglistiger »Feind« der amerikanischen Soldaten herausstellte, halfen gegen die Malaria übertragenden Blutsauger nur faustgroße »Insektenbomben«, die einen deutlich verbesserten Sprühkopf aufwiesen. Konstruiert worden waren sie von Lyle Goodhue, einem Chemiker, und William Sullivan, einem Insektenforscher, in Zusammenarbeit mit dem US-Ingenieur Robert Aplanalb. Bis Kriegsende 1945 wurden, sage und schreibe, 50 Millionen (!) von den sogenannten »bug bombs« (»Mückenbomben«) eingesetzt – es war der Beginn einer bis heute andauernden Erfolgsgeschichte.

Heute gehen allein in Deutschland pro Jahr rund eine Milliarde Spraydosen aus Aluminium oder Weißblech über den Ladentisch, gefüllt mit Haarspray, Rasierschaum, Backofenspray, Lack und vielen anderen Präparaten. Auch Sprühsahne ist darunter. Die stand 1927 allerdings noch nicht auf Rotheims Patentschrift.

Strandkorb (1882)

Der Erfinder des Strandkorbs, ***Wilhelm Bartelmann***, wurde in eine alteingesessene Lübecker Korbmacherfamilie hineingeboren. An seinem 25. Geburtstag – damals das Mindestalter, um eine eigene Werkstatt zu eröffnen – machte er sich in Rostock selbstständig. Die solide Qualität seiner Arbeit sprach sich herum und zog auch Kunden mit Sonderwünschen an. Wie jene rheumakranke Adelige, die Bartelmann 1882 ersuchte, für sie eine »Sitzgelegenheit für den Strand als Schutz vor Sonne und Wind« zu bauen. Bartelmann flocht für sie den Prototypen eines »Strandstuhls« aus Weiden und Rohr – und legte damit den Grundstein für eine wunderbare Firmengeschichte.

So sah das Strandleben Anfang des 20. Jahrhunderts aus.

Der sogenannte »Einsitzer«, von Neidern als »aufrecht stehender Wäschekorb« verspottet, lieferte den Badegästen an der Ostsee viel Gesprächsstoff – und führte schon wenige Tage nach seinem Aufstellen zu zahlreichen Nachbestellungen. Als Bartelmann, der zum Dank für seine hübschen Wasch- und Haushaltskörbe für das großherzogliche Palais mittlerweile zum »Hof-Korbmachermeister« ernannt worden war, im darauffolgenden Sommer ein Modell für zwei Personen konstruierte, war der Strandkorb geboren.

Im Sommer 1883 eröffnete Bartelmann zusammen mit seiner Frau Elisabeth in der Nähe des Warnemünder Leuchtturms die erste Strandkorbvermietung der Welt. Die sieben gemeinsamen Kinder eröffneten später weitere Filialen, in denen heute noch die Familientradition fortgeführt wird.

Von einer Serienproduktion seiner Strandkörbe wollte Bartelmann aber nichts wissen und auch deren Patentierung lehnte er ab. Was für ein Glück für die weniger einfallsreichen Handwerker, die den Trend der Zeit erkannten und den von Bartelmann ersonnenen Strandkorb einfach nachbauten. Allerdings mit zusätzlichen Armlehnen, Fußstützen oder auch kleinen, ausklappbaren Tischchen. Jeder hatte noch eine andere, zusätzliche Idee. Johann Falk, der ehemalige

Geselle von Wilhelm Bartelmann, brachte 1897 gar ein Modell mit variabler Rückenlehne auf den Markt, einen sogenannten »Halblieger«, den die Leute ihm förmlich aus den Händen rissen.

Aber auch Bartelmann war gut beschäftigt und belieferte Seebäder von der Nordsee bis Ostpreußen mit seinen in Handarbeit geflochtenen Körben. In den 1920er-Jahren war der Strandkorb schließlich von den Nord- und Ostsee-Stränden nicht mehr wegzudenken. Was der Wunsch einer einzelnen Dame manchmal doch bewirken kann.

Sudoku (1776)

Die Zahl der mathematisch möglichen Spiele beziffert die englischsprachige Zeitung »International Herald Tribune« mit 10 hoch 50.

Spaß mit Zahlen im Quadrat – so könnte man Sudoku salopp beschreiben. Ein Spiel, das im Jahr 2004 Denksportler weltweit mit einem Sucht-Virus infiziert hat und das die ARD-»Tagesschau« einmal so treffend als »das ultimative Hirnlego« beschrieb. Dabei wirkt das Zahlenspiel im Gitter auf den ersten Blick ganz simpel: 81 Felder, davon rund 30 bereits gefüllt, sind mit Ziffern zwischen 1 und 9 zu versehen. Das ist auch der Grund für den Namen »Sudoku«, der aus dem Japanischen stammt, in der Langform »suji wa dokushin ni kagiru« lautet und frei übersetzt »allein stehende Zahl« bedeutet.

Das Rätsel selbst ist aber eine Schweizer Erfindung – genauer gesagt eine Weiterentwicklung der sogenannten »lateinischen Quadrate«, die der Schweizer ***Leonhard Euler*** 1776 ersann. Der Mathematiker hatte bei deren Entwicklung – obwohl er Vater von 13 Kindern war – gewiss nicht an ein Geduldsspiel gedacht. Trotzdem können seine »lateinischen Quadrate«, die er statt Zahlen mit Buchstaben aus dem lateinischen Alphabet füllte, als Ursprung von Sudoku angesehen werden.

Aber auch Euler ließ sich inspirieren. Und zwar von den »magischen Quadraten«, die zum uralten Wissen der Menschheit gehören. Sie finden sich bereits auf einem Kupferstich des Malers Albrecht

Dürer und lassen sich bis zum chinesischen Kaiser Yu (ca. 2000 vor Christus) zurückverfolgen!

Ja, und wie kam das uralte Knobelspiel schließlich von China in die Schweiz und von dort wieder nach Japan? Das ist in der Tat ein wenig verzwickt: In den 1980er-Jahren soll ein japanischer Verleger Sudoku in Amerika entdeckt haben und so fasziniert gewesen sein, dass er ein japanisches Sudoku-Magazin herausbrachte. Das japanische Volk, das gewöhnlich von oben nach unten schreibt und daher keine Kreuzworträtsel kennt, wurde vom Rätselvirus infiziert und geriet in einen regelrechten Sudoku-Wahn: Millionen von Japanern beschäftigten sich fortan in jeder freien Minute mit den Zahlenrätseln.

Die US-Zeitschrift »Dell Pencil Puzzles and Word Games« begann im Mai 1979 neben Kreuzworträtseln und anderen Knobeleien mit der Veröffentlichung der Denksportaufgabe »Number Place«, die der US-Architekt Howard Garns erfunden und eingereicht hatte. »Number Place« lagen exakt dieselben Spielregeln zugrunde wie dem heutigen Sudoku, es wird deshalb heute oft als Ur-Sudoku zitiert.

Die »internationale Karriere« von Sudoku komplettierte schließlich ein neuseeländischer Richter, der in Hongkong lebte und 1997 bei einem Kurzbesuch in Tokio in einer Buchhandlung ein Sudoku-Heft fand. Wayne Gould nahm es mit nach Hause und entwickelte nach seiner Pensionierung in jahrelanger Arbeit ein Computerprogramm (»Pappocom Sudoku«), das derartige Zahlenspiele erstellen konnte. 2004 bot er sein Programm erst kostenlos einer amerikanischen Tageszeitung, später dann der Londoner »Times« an, die sofort begeistert das erste Sudoku veröffentlichte. Von Großbritannien aus überrollte die Sudoku-Welle dann die ganze Welt. In den USA, Australien und auch in Deutschland knobeln seitdem täglich mehrere Millionen Denksportfans an der richtigen Gitterlösung. Ohne Wörterbuch oder Nachschlagewerk wie beim Kreuzworträtsel. »Sudoku ist eine Auseinandersetzung, die ganz allein zwischen dir und dem Rätsel stattfindet, ohne Fremdeinflüsse«, sagt denn auch der Erfinder.

Tageszeitung (1650)

Es ist tatsächlich gut 360 Jahre her, dass die erste Tageszeitung der Welt erschien. Am 1. Juli 1650, der Dreißigjährige Krieg war gerade zwei Jahre beendet, beschloss der Leipziger Drucker und Buchhändler *Timotheus Ritzsch*, seine bisher viermal wöchentlich erscheinende »Wöchentliche Zeitung« umzubenennen und als »Einkommende Zeitungen« sechsmal pro Woche herauszubringen. Der für unsere Ohren absonderlich klingende Name erklärt sich dadurch, dass das Wort »Zeitungen« im damaligen Sprachgebrauch »Nachrichten« bedeutete.

Die erste Tageszeitung erschien 1650 auch schon sechsmal pro Woche.

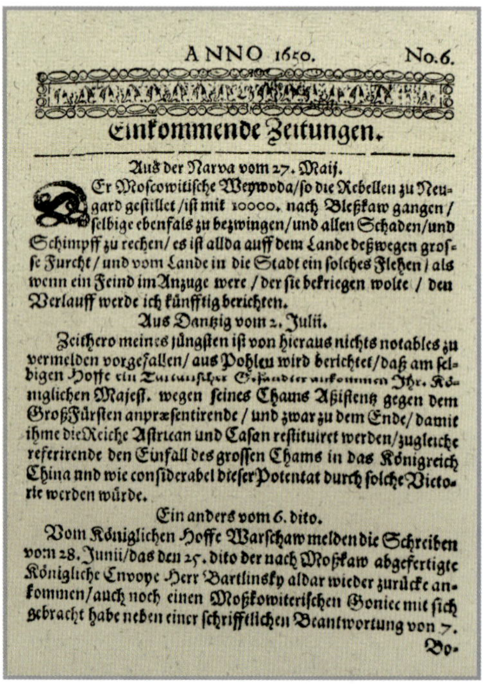

ANNO 1650. No.6.

Einkommende Zeitungen.

Aus der Narva vom 27. Maij.

DEr Moscowitische Weywoda/so die Rebellen zu Neugard gestillet/ist mit 10000. nach Bleßkaw gangen/selbige ebenfals zu bezwingen/und allen Schaden/und Schimpff zu rechen/es ist allda auff dem Lande deßwegen grosse Furcht/und vom Lande in die Stadt ein solches Flehen/als wenn ein Feind im Anzuge were/der sie bekriegen wolte/den Verlauff werde ich künfftig berichten.

Aus Dantzig vom 2. Julii.

Zeithero meines jüngsten ist von hieraus nichts notables zu vermelden vorgefallen/aus Pohlen wird berichtet/daß am selbigen Hoffe ein [illegible] Ihr. Königlichen Majest. wegen seines Chams Aßistentz gegen dem GroßFürsten anpræsentirende/und zwar zu dem Ende/damit ihme die Reiche Astrican und Casan restituiret werden/zugleiche referirende den Einfall des grossen Chams in das Königreich China und wie considerabel dieser Potentat durch solche Victorie werden würde.

Ein anders vom 6. dito.

Vom Königlichen Hoffe Warschaw melden die Schreiben vom 28. Junii/das den 25. dito der nach Moßkaw abgefertigte Königliche Envoye Herr Bartlinsky aldar wieder zurücke ankommen/auch noch einen Moßkowiterischen Goniec mit sich gebracht habe neben einer schrifftlichen Beantwortung von 7. Vo-

Bei einer Auflage von 200 Stück und vier Textseiten war die Zeitung gerade einmal 13,5 mal 17 Zentimeter groß – besaß also im Vergleich zu unseren heutigen Tageszeitungen gerade einmal Briefformat. Zum Setzen und Drucken der Zeitung verwendete man zwei Jahre lang bewegliche Metallbuchstaben und eine hölzerne Druckerpresse (1440 erfunden vom deutschen Goldschmied Johannes Gutenberg).

Dann lief 1652 die kurfürstliche Lizenz von Timotheus Ritzsch aus und die Druckerpresse stand erst einmal still. Ritzsch gelang es jedoch, ein weiteres Zeitungsprivileg – wie man die Lizenz damals nannte – zu ergattern. Seine zweite Zeitung, die ab 1. Januar 1660 zunächst sechsmal pro Woche erschien, später sogar täg-

> **!** Die erste Wochenzeitung der Welt erschien 1605 in deutscher Sprache in Straßburg. Das vor 400 Jahren gegründete Blatt hieß »Relation aller fürnemmen und gedenckwürdigen Historien«. Herausgeber der Zeitung war der Buchbinder Johann Carolus (1575–1634); ihm gebührt die Ehre, der erste Zeitungsverleger der Welt zu sein.

lich, nannte er »Neu-einlauffende Nachricht von Kriegs- und Welt-Händeln«.

Als der Titel am 12. Juli 1734 ein drittes Mal abgeändert wurde, diesmal in »Leipziger Zeitungen«, war der Zeitungsgründer bereits 56 Jahre tot. Diesen Namen behielt die Zeitung fortan bis zum Jahr 1810, als sie ein viertes Mal in »Leipziger Zeitung. Hervorgegangen aus den Leipziger Post-Zeitungen« umbenannt wurde. Erst am 30. September 1921 verschwand das »gedruckte Urgestein« schließlich ganz aus der deutschen Zeitungslandschaft.

Tamagotchi (1996)

Der Geistesblitz in Sachen Tamagotchi (deutsch: geliebtes Ei) traf die japanische Marketingfrau ***Aki Maita*** zu Hause auf dem Sofa. Aus Mädchen-Magazinen, von Besuchen in Einkaufscentern und aus Marktanalysen wusste die 28-Jährige, die bereits sechs Jahre für den Spielwarenhersteller Bandai arbeitete, dass sich besonders gut solche Spielzeuge verkaufen, die man beschmusen und verhätscheln kann. Und dass Kinder kleine Spielsachen lieben, die man achtlos in die Hosentasche packen kann, um sie in langweiligen Situationen wieder hervorzuholen.

Weitere Verkaufshits der Firma Bandai waren 1998 das »Wald Tamagotchi« und das »Angelgotchi« – ein kleiner Engel, der einerseits um Zuwendung fleht, bei guter Pflege aber auch Liebe und Trost zurückgibt.

Es müssen Funken gestoben sein im Hirn von Aki Maita, als sie im Fernsehen einen Werbespot verfolgte, in dem ein kleiner Junge darauf bestand, seine Schildkröte mit in den Kindergarten zu nehmen. Der Spot war die Initialzündung fürs Tamagotchi – einem Elektronikspielzeug in Eiform, das man als virtuelles Haustier im weitesten Sinn bezeichnen kann.

Das Plastikei verfügt über einen kleinen Computer mit LED-Bildschirm, unter welchem drei Knöpfe für die wichtigsten Bedienfunktionen angebracht sind. Sobald das Tamagotchi angestellt wird, macht es mehrmals am Tag durch elektronisches Piepen auf sich aufmerk-

Tamagotchis ersetzen in Japan auch heute noch oft ein lebendiges Haustier.

sam. Es verlangt dann nach Futter, will bespaßt, gestreichelt oder gebadet werden. Manchmal muss der Besitzer das Tier auch zur Ordnung rufen oder seine (virtuellen!) Hinterlassenschaften beseitigen – bis es ausgewachsen, folgsam und stubenrein ist und zu seinem eigenen Planeten zurückkehren kann. Dann ist das Computerspiel beendet.

Das Ei selbst hängt an einem Schlüsselanhänger, sodass es der Besitzer immer überallhin mitnehmen kann, um es rund um die Uhr zu umsorgen. Mangelt es an Fürsorge, bleibt das Tierchen schwach oder stirbt sogar. Auch dann ist das Computerspiel beendet.

Gut, dass es in Japan üblich ist, die Mitarbeiter regelmäßig zu befragen, ob sie einen Beitrag leisten wollen zum Wohl ihrer Firma – sonst hätte die schüchterne Aki Maita Anfang 1996 ihre Vision eines Plastikeis vielleicht sogar für sich behalten. Die Firmenleitung war sogleich angetan und stellte Geld für erste »Versuchsküken« zur Verfügung.

Diese wurden bei einem Konsumententest in Tokios hippem Stadtviertel Shibuya der Hauptzielgruppe übergeben: 200 Mädchen zwischen 14 und 17 – alle waren hingerissen vom neuen Cyber-Spielkameraden und so ging das Tamagotchi in Serie.

Ab dem Zeitpunkt seiner Vermarktung, dem 23. November 1996, wurde das Tamagotchi zum virtuellen Dauerbrenner auf dem Spielzeugmarkt. Aki Maita hatte den Nerv der Zeit getroffen. Speziell in Japan, wo ein echtes Haustier aufgrund der beengten Wohnverhältnisse meist nicht

In der amerikanischen Spielvariante starb das Tamagotchi nie, sondern machte sich nur aus dem Staub – um die Kinderherzen zu schonen. Unglücklicherweise erschien nichtsdestotrotz ein Grabstein auf dem Bildschirm, was einige Verwirrung stiftete.
Im Internet gibt es sogar virtuelle Friedhöfe für Tamagotchis!

infrage kommt, aber auch in China, wo die Ein-Kind-Politik gilt, war das nach Zuneigung bettelnde Computer-Ei ein Verkaufshit. Maita mutmaßte in einem Interview: »Wahrscheinlich war das Entscheidende die Abhängigkeit vom Menschen, die das Tamagotchi von anderen Elektronikspielzeugen unterschied. Menschen sind gerne für etwas verantwortlich.«

Bandai hat im »Boomjahr« 1997 rund 40 Millionen Tamagotchis weltweit verkauft – pro Sekunde also ein Tamagotchi.

Das Computer-Ei war für die Firma Bandai der letzte Rettungsanker vor der drohenden Übernahme durch den Computerriesen Sega. Trotzdem hat Aki Maita von ihrer Erfindung nicht wirklich profitiert, sie erhielt angeblich weder eine Beförderung noch eine Gehaltserhöhung. In Deutschland kam das Tamagotchi erstmals am 12. Mai 1997 auf den Markt. Als es Lieferengpässe gab, bildete sich ein Schwarzmarkt. 2004 wurde das Tamagotchi neu aufgelegt, erreichte allerdings nicht mehr annähernd so gute Verkaufszahlen wie Ende der 1990er-Jahre.

Taschenrechner (1967)

Er war einer dieser Menschen, deren Ideen die Welt verändert haben. Insgesamt meldete *Jack St. Clair Kilby* in seinem Leben 60 Patente an. Doch eine Idee hat die Informationsgesellschaft, in der wir heute leben, ganz besonders geprägt: der integrierte Schaltkreis (englisch: integrated circuit = IC) – auch Mikrochip genannt, auf dem sich eine elektronische Schaltung mit vielen Widerständen, Dioden und Transistoren befindet.

Als Kilby am 12. September 1958, als die meisten seiner Kollegen noch im Sommerurlaub weilten, das weltweit erste Exemplar einer funktionierenden Schaltung auf einem Halbleiter präsentierte – etwa so groß wie eine Büroklammer –, waren die Laborkollegen und auch sein Chef erst einmal sprachlos. Kilby hatte erst wenige Wochen zuvor seine Arbeit bei »Texas Instruments« begonnen und schrieb gleich Firmen- bzw. Technologiegeschichte. Das imponierte – und brachte ihm im Jahr 2000 den Nobelpreis für Physik ein. Ließ seine Erfindung doch zum Beispiel zimmergroße Rechenanlagen zu handlichen PCs schrumpfen und ist heute in fast allen elektronischen Geräten verbaut, von der Kaffeemaschine bis zum Spaceshuttle.

Der deutsche Astronom und Mathematiker Wilhelm Schickard baute 1623 an der Universität Tübingen die erste urkundlich erwähnte Rechenmaschine für die vier Grundrechenarten. Sie sollte astronomische Rechnungen vereinfachen und konnte bis zu sechsstellige Zahlen addieren und subtrahieren. Darüber hinaus wurden »Napier'sche Rechenstäbchen« eingesetzt. Die Maschine gilt als verschollen, 1960 wurde jedoch anhand von Aufzeichnungen eine Kopie angefertigt.

1967 suchte Kilby allerdings erst noch nach einem Anwendungsgebiet für seinen »integrated circuit« – und erfand den elektronischen Taschenrechner: Noch 1,5 Kilo schwer und doppelt so dick wie die Bibel, konnte der Rechner sechsstellige Zahlen addieren, subtrahieren, multiplizieren und dividieren. Die bis zu zwölfstelligen Resultate wurden auf Thermopapier ausgedruckt.

Wenn man bedenkt, dass vergleichbare Rechner 1967 volumenmäßig mehrere Tische beanspruchten, gut und gerne 25 Kilo wogen und permanent Strom benötigten, hatte die von Jack Kilby und seinen Erfinderkollegen Jerry Merryman und James Van Tassel gewählte Bezeichnung »elektronischer Miniatur-Rechner« im Patentantrag vom 29. September 1967 durchaus ihre Berechtigung.

Das Labor, in dem Jack Kilby 1958 arbeitete, ist heute eine Art Museum (Historic TI Archives). Kilby lehrte von 1978–1984 als Professor für Elektrotechnik an der Texas A&M University. Sein originaler erster Schaltkreis ist in einer Sammlung der Southern Methodist University in Dallas, Texas, zu besichtigen.

Trotzdem verlief die Markteinführung schleppend. Jahrelang suchte »Texas Instruments« als Arbeitgeber von Kilby einen Produktionspartner. Erst 1970 wagte sich das japanische Unternehmen Canon mit dem ersten Taschenrechner auf den Markt, der seinen Namen auch verdiente. »Pocketronic« war jedoch mit einem Preis von rund 2000 Mark ein reines Liebhaberstück. Ein massentauglicher Taschenrechner kam erst 1972 auf, als die Geräte neben den Grundrechenarten auch Wurzeln, Potenzen, Logarithmen und Winkel berechnen konnten und deutlich billiger gehandelt wurden.

An Weihnachten 1972 hatte der Taschenrechner-Boom auch Deutschland erreicht, was das Nachrichtenmagazin »Der Spiegel« zu dem Urteil veranlasste: »Architekten und Landvermesser, Ärzte und Handelsvertreter, Lohnbuchhalter und Flugzeugnavigatoren, aber auch Hausfrauen und Hobby-Rechner, die einfach ihrem Spieltrieb nachgehen wollen, sind potenzielle Kunden.« Das Blatt behielt recht: Fanden 1973 geschätzte eine Million Taschenrechner ihren Platz in deutschen Haushalten, waren es 1974 schon 1,5 Millionen.

Taxi (1893)

Vier Monate hatte der damals 34-jährige Bauschlosser, Spengler und Werkzeugschmied ***Friedrich Lutzmann*** auf seinen Benz Viktoria gewartet, bis er ihn im Sommer 1893 von Mannheim, dem Firmensitz von Benz & Co, an seinen Heimatort Dessau überführen konnte. Zum Kauf animiert hatte ihn das Fahrzeug des Industriellen Fritz Kühne. Dieser war im April 1893 mit einem viersitzigen Benz Victoria vorgefahren – dem ersten Motorwagen überhaupt in Dessau. Schließlich hatte Carl Benz ja gerade erst wenige Jahre zuvor, 1886, das Automobil erfunden.

Motorrad-Taxis (Modell von 1927) konnten sich nicht durchsetzen.

Lutzmann las bei der morgendlichen Zeitungslektüre von Kühnes spektakulärer Neuanschaffung und lief sofort los, um die Nobelkarosse zu begutachten. Noch am selben Abend soll der »Hofschlossermeister«, der gut verdiente, verkündet haben, sich ebenfalls einen Benz Victoria zu bestellen. Doch Lutzmann wollte den Wagen nicht

Tatsächlich gelang es Lutzmann, den Benz Victoria innerhalb eines Jahres mit Abweichungen nachzubauen. Am 15. Mai 1894 verließ das erste von ihm konstruierte Automobil (3 PS, 25 km/h) seine »Anhaltische Motorwagenfabrik« in Dessau. Er nannte es »Patentmotorwagen-Pfeil 1«, 100 weitere Motorwagen folgten. 1897 nahm er mit zwei seiner selbst konstruierten Patentmotorwagen (System Lutzmann) neben Carl Benz, Gottlieb Daimler und Eduard Kühlstein an der ersten Internationalen Automobilausstellung Deutschlands in Berlin (später IAA) teil. 1899 veräußerte er seine »Anhaltische Motorwagenfabrik« an die Adam Opel AG, die bis dahin Nähmaschinen und Fahrräder konstruiert hatte. Lutzmanns Ideen gaben der Firma entscheidende Impulse und legten den Grundstein für die Autoindustrie in Rüsselsheim.

Für den Zeitraum der Fahrgastbeförderung sind Taxifahrer von der Gurtpflicht befreit, um zum Beispiel bei Überfällen durch Fahrgäste schneller fliehen zu können.

privat nutzen. Vielmehr hatte er eine Geschäftsidee und gründete nach der Auslieferung des Benz zusammen mit seinem Freund Fritz Koch am 17. September 1893 den »Motorwagen-Fahr-Verkehr«, das erste Taxiunternehmen der Welt.

Die jeweils rund 17 Kilometer lange Strecke Dessau-Wörlitz und Dessau-Aken im heutigen Sachsen-Anhalt legte ihr Benz in etwa einer Stunde zurück, die drei Mitfahrer zahlten je eine Mark pro Fahrt. Für die Passagiere war Lutzmanns Viersitzer die erste Möglichkeit, einen Motorwagen auszuprobieren, weshalb er auch ständig ausgebucht war. Nur im Winter 1893 war die Nachfrage für den Transport im offenen Wagen witterungsbedingt nicht ganz so groß, weshalb rasch ein Lederverdeck nachgerüstet wurde.

Größere Sorgen als das Wetter bereitete Lutzmann die im Spätsommer 1893 neu eröffnete Eisenbahnstrecke Dessau-Wörlitz. Denn viele Fahrgäste stiegen nun auf die preisgünstigere Bahn um, sodass Lutzmann und Koch gezwungen waren, ihr Geschäftskonzept zu ändern.

Sie verlegten sich auf innerstädtische Taxifahrten in Dessau, bis dort 1894 die Straßenbahn eingeweiht wurde, die ebenfalls deutlich billiger war als das Viersitzer-Taxi. Doch so schnell ließen sich die zwei Freunde nicht ins Bockshorn jagen – sie sattelten erneut um und verdienten fortan ihr Geld mit dem Bau von Automobilen.

Teddybär (1902)

Richard Steiff ging gerne in den Stuttgarter Tiergarten, wo er Stunden vor dem Bärengehege verbrachte und zeichnete.

Über 100 Jahre hat er schon auf seinem bepelzten Rücken, der bei Kindern in aller Welt heißgeliebte Teddybär. Erfunden wurde das Stofftier mit der formalen Bezeichnung »Bär 55 PB« (55 Zentimeter hoch, P für Plüsch, B für beweglich) 1902 von ***Richard Steiff***, dem Neffen von Margarete Steiff.

Er fing 1897 in der sieben Jahre zuvor von seiner Tante gegründeten »Manufaktur für Stofftiere« im württembergischen Städtchen Giengen an der Brenz zu arbeiten an. In seiner Freizeit besuchte er so oft wie möglich den »Nill'schen Tiergarten« in Stuttgart. Zu seinem Lieblingsplatz hatte er das Bärengehege auserkoren, dort verbrachte er Stunden, träumte, dachte nach und zeichnete. Gott sei Dank war dies eines seiner liebsten Hobbys, führten doch exakt diese Tierskizzen 1902 zu seinem Entwurf des ersten »Steiff Bären«.

Von dem die Tante ehrlich gesagt zunächst wenig angetan war: Ein Stofftier mit beweglichen Gliedmaßen war aufwendig in der Produktion, ein Misserfolg hätte die Firma schnell an den Rand des Ruins gebracht. Doch der Pioniergeist von Margarete Steiff siegte über die Zweifel und Richard Steiff fuhr 1903 mit 100 Bären im Gepäck zur Leipziger Frühjahrsmesse für Spielwaren.

Dort fanden die etwas unförmig geratenen Bären allerdings wenig Beachtung. Erst in den letzten Messeminuten kaufte ein Amerikaner völlig überraschend auf einen Schlag alle mitgebrachten Bären und bestellte spontan noch einmal 3000 (!) weitere Exemplare. Richard Steiff, gerade einmal 26 Jahre alt, konnte sein Glück kaum fassen.

Zum 125-jährigen Firmenjubiläum 2005 wurde für den Teddybär und seine tierischen Kollegen in Margarete Steiffs Geburtsort Giengen das »Steiff-Museum« mit Schaufertigung eröffnet. Dort erfährt man unter anderem, dass die Herstellung eines Steiff-Tieres von der Produktidee bis zur Serienreife in der Regel ein Jahr dauert.

Um Steiff-Tiere von Nachahmungen zu unterscheiden, tragen sie alle seit November 1904 einen Metallknopf mit dem Firmennamen im Ohr.

Als dann seine »Richard Steiff Bären« in den USA tatsächlich zum Verkaufsschlager wurden, bekamen sie dort schnell einen neuen, einprägsamen Spitznamen verpasst: »Teddybär« – nach dem amerikanischen Präsidenten Theodore »Teddy« Roosevelt, der ein leidenschaftlicher Bärenjäger war, und der vom US-Zeichner Clifford K. Berryman seit dem Jahr 1902 in der Tageszeitung »Washington Post« nur noch zusammen mit einem kleinen Bären karikiert wurde, seit er auf einem Jagdausflug einmal aus Mitleid einen Jungbären verschont hatte.

1904 auf der Weltausstellung in St. Louis wurden bereits 12 000 Bären verkauft, Margarete und Richard Steiff wurde dafür die Goldmedaille, die höchstmögliche Auszeichnung, verliehen.

Bereits 1907 produzierte Steiff 974 000 Teddybären. Weltweit wurden seit 1903 vermutlich mehrere Millionen Exemplare verkauft – die genaue Zahl ist wegen verloren gegangener Unterlagen leider nicht mehr zu ermitteln. Mittlerweile sind die Bären zu beliebten Sammlerobjekten geworden. So erzielte der Teddybär »Happy« aus dem Jahr 1926/27 auf einer Auktion beim 6. Steiff-Festival 2002 stolze 156 240 Euro!

Teebeutel (1904)

Es war der amerikanische Tee- und Kaffeehändler *Thomas Sullivan*, der – mehr aus Versehen – den seriell gefertigten Teebeutel erfand. Um ganz genau zu sein, aus Gründen der Sparsamkeit: Die Blechdosen, die ihm bis dahin als Behältnis für seine Teemuster gute Dienste geleistet und seinen Kunden gefallen hatten, wurden ihm zu teuer. Um den Aufwand und damit auch die Kosten zu reduzieren, packte er seine Teeproben 1903 in handliche Seidenbeutelchen und verschickte diese statt der Dosen an seine Kunden. Die wussten mit der neuartigen Verpackung ohne Bedienungsanleitung jedoch nicht umzugehen; sie füllten den Tee also nicht um, wie Sullivan eigentlich gedacht hatte, sondern übergossen die Beutel gleich mit heißem Wasser und ersparten sich so die Prozedur des Abseihens.

Erst als sich bei Sullivan die Bestellungen für die praktischen Teebeutel häuften, begriff er, dass er eine praktische Erfindung gemacht hatte – und ließ sich seinen Teebeutel noch im selben Jahr patentieren.

In den kommenden Jahren verkaufte Sullivan seine Teebeutel weltweit – bis diese 1910 in Misskredit gerieten: Profitgierige Trittbrettfahrer, die Sullivans Idee dreist kopiert hatten, waren der Grund. Weniger an zufriedenen Kunden als am schnellen Geld interessiert, füllten die Kopisten neben Teeblättern auch Gräser und sogar Abfall von den Plantagen in die Beutel. Und verpassten dem Teebeutel damit den Ruf (der sich bis heute hartnäckig hält!), Tee minderer Qualität zu enthalten.

Um diesen Vorwurf gar nicht erst aufkommen zu lassen, soll der britische Teehändler John Horniman übrigens seine Mitte des 19. Jahrhunderts noch mit der Hand hergestellten papierenen »Teebeutel« versiegelt haben. Mit seinem Namen garantierte Horniman gute Qualität. Allerdings verklebte er seine Teebeutel noch mit Leim, was den Teegeschmack beeinträchtigte, sobald die handgefertigten Papierbeutel mit heißem Wasser übergossen wurden. Deshalb konnte sich seine Idee damals ebenfalls nicht durchsetzen.

Es soll tatsächlich Menschen geben, die »Teebeutelweitwurf« praktizieren und versuchen, einen – nassen – Teebeutel mit dem Mund möglichst weit zu schleudern.

In Deutschland ließen sich 1913 die deutschen Unternehmer Eugen Nissle und Rudolf Anders einen Teebeutel aus Mull patentieren. Sie hatten 1892 die bis heute im Familienbesitz befindliche Firma Teekanne in Dresden gekauft und verpflegten im Ersten Weltkrieg Soldaten und Zivilisten mit ihren handgefertigten »Teebomben«. Der Name hatte sich eingebürgert, weil sich der Geschmack der Teeblätter durch den Mull hindurch nicht so recht entfalten konnte, dafür färbte der Tee das Wasser sehr schnell braun.

Der Teebeutel ist beliebt: 76,8 Prozent der Teetrinker in Deutschland bereiten ihren Tee mit dem Beutel zu. 59,6 Prozent ziehen Teebeutel sogar dem losen Tee vor.

Der erste maschinell produzierte Teebeutel der Firma war 1928 der Mullbeutel »Pompadour«. Beutel aus geschmacksneutralem Spezialpergamentpapier kamen 1929 auf den Markt. Das Unternehmen vertrieb in dieser Zeit erstmals auch eine von ihrem Mitarbeiter Adolf Rambold entwickelte Teebeutelpackmaschine. Rambold war es auch, der 1949 den heute üblichen Doppelkammerbeutel mit Heftklammerverschluss erfand; und noch im selben Jahr die eigenhändig konstruierte, vollautomatische »Constanta Teepackmaschine« auf den Markt brachte, die es ermöglichte, minütlich bis zu 160 Teebeutel zu produzieren. Die beinhalten zwar auch heute noch, wie schon vor 80 Jahren, drei Gramm Tee. Die mittlerweile eingesetzte Teepackmaschine »Perfecta« produziert aber inzwischen 400 Teebeutel pro Minute.

Tempotaschentuch (1929)

Die Revolution in Sachen Nase begann am 29. Januar 1929. An jenem Tag meldete *Oskar Rosenfelder*, dem zusammen mit seinem Bruder Emil die Vereinigten Papierwerke Nürnberg gehörten, beim Reichspatentamt das Warenzeichen »Tempo« an. Für ein Papiertaschentuch aus reinem Zellstoff. Dahinter stand eine für Deutsche damals völlig neuartige Idee: sich die Nase zu putzen und das Taschentuch anschließend – schon aus hygienischen Gründen – wegzuwerfen!

Was für uns heute vollkommen selbstverständlich ist, machte die deutschen Hausfrauen damals überglücklich. Endlich mussten sie keine ekligen Stofftaschentücher mehr mit der Hand waschen. Außerdem verschwand der lästige Schnupfen so viel schneller, weil die Erreger nicht mehr stundenlang im zerknüllten Stofftaschentuch in der Hosentasche herumgetragen wurden, sondern mit dem Papiertuch entsorgt wurden.

Benutzer von Papiertaschentüchern galten zunächst als verschwenderisch – aufgrund der Einmalnutzung.

Dass Rosenfelder die Papiertücher jedoch wirklich erfunden hat, ist ein weitverbreiteter Irrglaube. Zur Zeit des Markteintritts von »Tempo« 1929 putzte man sich seine Nase in den USA schon fünf Jahre lang mit dem Papiertaschentuch »Kleenex« und in Japan benutzte man Papiertaschentücher sogar schon seit ein paar Jahrhunderten.

In Deutschland gab es lange vor Oskar Rosenfelder ebenfalls bereits einen Pionier in Sachen Papiertaschentuch: Gottlob Krum, den Inhaber der 1871 gegründeten Göppinger Papierfabrik G. Krum. Er hatte am 14. August 1894 bereits das Patent für ein Papiertaschentuch erhalten, das in Glycerin getränkt wurde, um eine bestimmte Weichheit zu erzielen. Nach einmaligem Gebrauch sollte es aus hygienischen Gründen »zerstört, verbrannt oder sonstwie unschädlich gemacht« werden. Doch diese verschwenderische Aufforderung, einen nur einmal be-

> »Tempo«-Taschentücher werden seit 1929 aus Zellstoff hergestellt, der aus den Fasern von (Eukalyptus-)Bäumen gewonnen wird. Zusammen mit Wasser entsteht daraus ein »Zellstoffbrei, der zu »Tempo«-Taschentüchern verarbeitet wird. Rund 20 Milliarden Packungen werden pro Jahr weltweit verkauft.

nutzten Gegenstand gleich wieder zu vernichten, war wohl 1894 mit der schwäbischen Sparsamkeit (noch) nicht vereinbar. Daher verschwand das Einmal-Taschentuch wieder in der Versenkung. Erst »Tempo« begeisterte die Deutschen nachhaltig – obwohl nur wenige Wochen nach Produktionsstart mit dem Schwarzen Freitag an der Wall Street in New York die Weltwirtschaftskrise begann. Umso entschlossener investierte Oskar Rosenfelder in die Vermarktung.

Im »Tempo«-Archiv bewahrte man lange Zeit den Brief eines Käufers auf, der begeistert berichtete, seine Tempotücher regelmäßig bis zu zehnmal zu waschen – und, klar – danach wieder zu benutzen.

1931 war die Nachfrage nach dem Einmal-Taschentuch schon so groß, dass die Vereinigten Papierwerke weitere Produktionsstätten eröffnen mussten. 1933 wurden im Deutschen Reich bereits 35 Millionen Packungen verkauft. Allerdings konnte der jüdische Unternehmer Oskar Rosenfelder den Erfolg nicht lange genießen. Von den Nationalsozialisten dazu gezwungen, verkaufte er seine Fabrik 1933 für einen Spottpreis an seinen Fürther Nachbarn Gustav Schickedanz, den Gründer des Quelle-Versandhauses, und verließ Deutschland mit seiner Familie.

Für die »Tempo«-Werbung kreierten Werbetexter so skurrile Begriffe wie zum Beispiel »durchschnupfsicher«.

Ende der 1930er-Jahre war die »Tempo«-Produktion auf 400 Millionen Päckchen angestiegen, während des Zweiten Weltkriegs von 1939 bis 1945 standen die Maschinen aber still. Erst 1947 nahm Schickedanz die serielle Fertigung wieder auf und steigerte die Produktion bis 1955 auf eine Milliarde Papiertaschentücher pro Jahr. 1994 wurden die Vereinigten Papierwerke einschließlich der Marke »Tempo« für eine Milliarde US-Dollar an den Konzern Procter & Gamble verkauft.

Mittlerweile stellen viele Firmen Papiertaschentücher her. Doch keine andere Marke ist so stark in unserem Gedächtnis verankert wie »Tempo«.

Tiefkühlkost (1924)

Anfang des 20. Jahrhunderts war das Einfrieren von Lebensmitteln noch ein völlig unbekanntes Terrain. Auch wenn schon Alexander der Große während des Persienfeldzugs 333 vor Christus auf die Idee gekommen sein soll, Schützengräben mit Eis vollzuschütten, um darin den Proviant für die Soldaten zu kühlen. Und sogar der deutsche Maschinenbauprofessor Carl von Linde hatte 1871 eine Kältemaschine entwickelt, die lange Jahre vor allem der Kühlung von Gerstensaft in Brauereien diente, später aber auch der Kühlung von Lebensmitteln.

Tiefgefrorene Lebensmittel, wie die uns lieb gewordene Tiefkühlpizza, bescherte uns aber erst eine Beobachtung des amerikanischen Meeresbiologen *Clarence Birdseye*. Bei einem seiner Forschungsaufenthalte in Labrador in den Jahren 1915–1917 fand der gewitzte Biologe nämlich heraus, dass die eingeborenen Inuit die Kälte von –45 Grad Celsius nutzten, um Fisch oder auch Karibu-Fleisch lange haltbar zu machen: Sie hängten Fisch und Fleisch in den eisigen Wind und schufen sich so Essensvorräte für den Winter, die sich nach dem Auftauen nicht von frisch Erlegtem unterschieden.

Diese natürliche Haltbarmachung der Lebensmittel ging Birdseye nicht mehr aus dem Kopf – er witterte eine grandiose Geschäftsdee. Zurück in Amerika, suchte er 1917 daher nach Mitteln und Wegen, die gleichbleibende arktische Kälte Neufundlands künstlich zu simulieren. Wissenschaftliche Versuche hatten dem Biologen nämlich gezeigt, dass sich Lebensmittel, wenn sie erst einmal schockgefrostet waren, bei einer Temperatur von minus 17 Grad optimal aufbewahren ließen. Weil die Kälte dann jene Zellaktivität unterbindet, die sonst nach längerer Aufbewahrung Bakterien oder Pilze hervorruft.

Tiefgekühltes Obst und Gemüse enthält vielfach mehr Vitamine als tagelang transportierte, im Supermarkt ausliegende »Frischware«, weil die Lebensmittel wenige Stunden nach der Ernte schockgefrostet werden und von da an keine Vitamine mehr verlieren.

Obwohl der 31-jährige Birdseye für seine Experimente nicht viel mehr zur Verfügung hatte als sieben US-Dollar, Eis, Salz und einen Ventilator mit Elektroantrieb, entwickelte er in seinem Haus in Massachusetts die erste Schockgefrieranlage. Doch seine ersten Tiefkühlprodukte, die er in haushaltsüblichen Mengen verpackte (auch das war neu!) und anbot, fanden bei seinen Landsleuten keinen Anklang. So schnell gab der Biologe aber nicht auf, fieberhaft suchte er nach neuen Technologien, um die Zeit des Einfrierens zu verkürzen.

1923 baute er schließlich eine Maschine, die es ihm ermöglichte, erstmals ganze Fische, Gemüse und Fleisch in jene charakteristische rechteckige Tiefkühlkost zu verwandeln, die ihn später berühmt machen sollte. Diese Maschine schnitt in kürzester Zeit erst alle Produkte in Form, um sie Sekunden später schockzugefrieren.

Am 6. März 1930 war es so weit: In der Kleinstadt Springfield kam das erste tiefgekühlte Gemüse unter dem Namen »Birds Eye Frosted Foods« auf den Markt. Allerdings hatte Birdseye seine Idee mitsamt allen Patenten zu diesem Zeitpunkt schon für unglaubliche 22 Millionen US-Dollar an die »General Foods Corporation« verkauft. Der Konzern investierte darüber hinaus viel Geld in Werbung, stellte Tiefkühltruhen in Lebensmittelgeschäfte, führte Tiefkühlwaggons für lange Bahnstrecken ein und machte Produktwerbung in Schulen und Krankenhäusern. Nach dem Zweiten Weltkrieg hatte sich die Idee der Tiefkühlkost in den USA etabliert. Die Gefriertruhen wurden größer, die Produktvielfalt auch: Blattspinat, Lachsfilet, Pizza – jeder bekam, wonach er suchte.

Nach Deutschland gelangten Birdseyes Produkte durch die Allgemeine Nahrungs- und Genussmittel-Ausstellung in Köln 1955. Und die Deutschen waren von der Tiefkühlkost deutlich schneller begeistert als die Amerikaner. 1960 konsumierten sie durchschnittlich 400 Gramm Tiefkühlware pro Kopf und Jahr. Bis heute haben sich diese Zahlen verhundertfacht: 2010 aß jeder Deutsche im Schnitt 40 Kilogramm Gefrierkost!

Tupperware (1946)

Deutschland ist das einzige Land, in dem man Tupperware [Tupper] so ausspricht, wie man es schreibt. In allen anderen Ländern dominiert die englische Aussprache, sprich: [Tapper]. Denn ***Earl Silas Tupper***, Erfinder der gleichnamigen bunten Plastikware, stammt

Tupperpartys stießen von Anfang an auf große Begeisterung.

von einer kleinen Familienfarm in Berlin im US-Bundesstaat New Hampshire.

Aufgewachsen mit einem erfindungsreichen Vater, der immer wieder Gerätschaften konstruierte, die ihn bei Aussaat, Ernte oder beim Füttern der Tiere unterstützten, lag auch Tupper Erfindergeist, gepaart mit Fantasie im Blut. Trotzdem studierte er erst einmal Chemie und trat eine Stelle beim Chemiekonzern DuPont an, wo viel mit dem unzerbrechlichen und temperaturunempfindlichen Kunststoff Polyethylen gearbeitet wurde.

Tupper experimentierte mit dem neuartigen Werkstoff und gründete 1938 die »Earl S. Tupper Company«, die bunte Lebensmittelbehälter aus Polyethylen mit einem patentierten Sicherheitsverschluss herstellte. Bei seinen Zeitgenossen hielt sich die Begeisterung für die Plastikteile allerdings in Grenzen, selbst die Lobeshymnen der US-Zeitungen – »Es fühlt sich an wie Jade, aber zugleich erinnert es an Alabaster und Perlmutt« – bewirkten wenig. Weit mehr half da schon ein lukrativer Auftrag vom Militär, unter anderem Teile für Gasmasken für die amerikanischen Streitkräfte herzustellen. Dieser ergab sich 1941, als die USA in den Zweiten Weltkrieg eintraten.

1944, gegen Ende des Krieges, benannte sich die Firma in »Tupper Plastic Company« um und engagierte sich verstärkt auf dem wiedererwachten Markt für Haushaltsartikel. Eine ihrer neuartigen Kreationen hieß »Wonderlier bowl«. Die Vorratsdose hielt Lebens-

Seit 1962 gibt es Tupperware auch in Deutschland, 2007 zählte man hierzulande 60 000 Tupperware-Beraterinnen. Die »Tupperparty« ist seit Langem als eingetragenes Warenzeichen rechtlich geschützt.

mittel luftdicht verpackt einige Tage frisch und war in einer Zeit, in der der Kühlschrank noch längst nicht in alle Haushalte eingezogen war, eine kleine Sensation. Trotzdem blieb die »Wunderschüssel« in den Geschäften liegen, kaum eine Amerikanerin wollte sie haben. Erst die überragende Marketing- und Verkaufsstrategie der amerikanischen Plastikwaren-Vertreterin Brownie Wise brachte Earl Tupper den lang ersehnten Erfolg. Die alleinerziehende Mutter schlug dem Firmenchef 1951 vor, seine Tupperware aus dem Einzelhandel zu nehmen und künftig exklusiv bei »Hauspartys« an die Hausfrau zu bringen – so wie sie selbst es schon seit Längerem sehr erfolgreich als Vertriebsleiterin von »Stanley Home Products« praktizierte.

Brownie Wise war 1954 die erste Frau auf dem Cover des amerikanischen Wirtschaftsmagazins »Business Week«.

Während andere Produzenten also Geld bezahlten, um in den Warenhäusern ins Sortiment aufgenommen zu werden, rief Tupper 1951 alle seine Produkte aus den Geschäften zurück. Er setzte von nun an konsequent auf das sogenannte »Heimvorführungs-System«: Partys, bei denen die Ware ins Haus kommt und die Gastgeberin ihre Freundinnen einlädt, die sich dann bei einem Gläschen Sekt die Vorzüge der Produkte erklären lassen. Und in netter Runde am Ende mehr kaufen, als sie eigentlich vorhatten.

Die Strategie ging voll auf. Die Hausfrauen waren (und sind noch heute) begeistert. Zusammen mit Brownie Wise, die er zur Vizepräsidentin seines Unternehmens machte, baute Tupper einen weltweiten Vertrieb seiner Kunststoffprodukte auf. Mittlerweile verkaufen 1,8 Millionen Tupperware-Beraterinnen rund um den Globus in den Wohnzimmern ihrer Kundinnen die bunten Salatschleudern und Rührschüsseln des cleveren Amerikaners.

Nach einem Zerwürfnis mit Brownie Wise 1958 zog sich Tupper aus dem aktiven Geschäft zurück, sein Unternehmen hatte er zuvor für 16 Millionen US-Dollar an »Dart Industries« verkauft. Ein Spottpreis für eine Erfindung, die man heute in über 100 Ländern kennt und schätzt.

Twitter (2006)

Twitter zwitschert Neuigkeiten (fast) immer als Erstes. Dem öffentlichen Tagebuch für Kurznachrichten im Netz bleibt wenig bis gar nichts verborgen. Seit der Amerikaner ***Jack Dorsey*** seine zusammen mit Noah Glass, Biz Stone und Evan Williams entwickelte Software »Twttr« Version 1.0 im Jahr 2006 der Öffentlichkeit vorstellte, verbreiten sich Neuigkeiten wie zum Beispiel die Verlobung des britischen Kronprinzen William weltweit in Rekordzeiten.

- Auch Politiker nutzen Twitter: So etwa Bundesfamilienministerin Kristina Schröder oder auch US-Präsident Barack Obama.
- Auf Twitter plaudern mittlerweile 200 Millionen Nutzer, darunter zahlreiche Prominente. Oft stecken hinter den Accounts jedoch auch ganz andere Leute als vorgegeben – und verbreiten munter Unwahres. So wurde zum Beispiel 2009 eine falsche Todesmeldung in den Twitter-Feed von Pop-Ikone Britney Spears eingeschleust. Ein schlechter Scherz!

Twitter ist ein soziales Netzwerk, darauf angelegt, kostenlos die Nachrichten anderer Benutzer zu erhalten und weiterzuleiten. Ist man zum Beispiel Fan einer bestimmten Schauspielerin oder eines Fußballers und daran interessiert, was in deren Leben passiert, kann man deren »Tweets« (engl.: to tweet = zwitschern) oder »Updates« abonnieren; natürlich vorausgesetzt der- oder diejenige ist bei Twitter angemeldet und stellt seine/ihre Beiträge öffentlich ins Netz. Das Wiederholen eines Beitrages durch eine zweite, dritte oder vierte Person – um eine Nachricht möglichst schnell zu streuen – nennt man »ReTweet«.

In wenigen Monaten eroberte sich das soziale Netzwerk seine Fans weltweit. Nicht nur Privatpersonen, auch Unternehmen und Medien nutzen Twitter mittlerweile als Plattform zur Verbreitung von Informationen. Mit einem theoretischen Marktwert von rund einer Milliarde US-Dollar ist Twitter ein absolutes Online-Phänomen.

Dabei begann »Twttr« – wie Noah Glass die Software nannte – als ein kleines, feines Forschungsprojekt innerhalb der Firma »Odeo«, die mit Sitz in San Francisco abonnierbare Hördateien vertrieb. Die Plattform war ursprünglich als Intranet für Odeo-Mitarbeiter gedacht, also zur firmeninternen Kommunikation. Doch dann fügte Twitter-Erfinder Jack Dorsey die Vokale i und e in den Firmennamen ein und öffnete den Dienst am 15. Juli 2006 für die Öffentlichkeit.

Seither kann jeder, der will und sich bei Twitter als Benutzer angemeldet hat, über den kostenlosen Dienst eigene Textnachrichten mit je maximal 140 Zeichen verschicken. Und der Welt mitteilen, was er/sie gerade macht, denkt, plant, isst, trinkt oder als Nächstes zu tun gedenkt. Diese Textnachrichten des »Twitterers« werden dann allen Benutzern angezeigt, die diesem folgen (»Follower«). Nicht ganz zu Unrecht wird Twitter deshalb immer wieder vorgeworfen, größtenteils »heiße Luft« zu produzieren.

Ein Paradebeispiel für die enorme Breitenwirkung des Netzwerkes, das seit April 2007 als eigene Firma besteht, war in der Nacht des 25. Juni 2009 die Meldung über den Tod von Michael Jackson: Es dauerte nur 90 Sekunden, dann waberten im Netz unglaubliche 10 Millionen (!) Tweets, die sich damit beschäftigten, ob diese Information wahr sein kann. Fast hätte die traurige Nachricht vom Tod des King of Pop auch Twitter zu Boden gestreckt – für solch eine Flut an Beiträgen hatten die Erfinder ihren Nachrichtendienst nicht gewappnet.

Überraschungsei (1974)

Dieses Ei ist längst Kult: 20 Gramm Vollmilchschokolade, innen hohl, und als Kern eine eiförmige gelbe Plastikverpackung, die nach dem Aufknacken eine Gimmick-Figur oder ein Plastikspielzeug zum Zusammenbauen freigibt. Das ist das sogenannte Ü-Ei, das der Unternehmer ***Michele Ferrero*** 1974 als »Kinder Überraschung« auf den deutschen und italienischen Markt brachte. Der Italiener folgte bei seiner Erfindung dem Gedanken, Kindern (und so manchem Erwachsenen) gleichzeitig »Spiel, Spaß und Schokolade« anzubieten.

Als Michele Ferrero 1957, mit 32 Jahren, nach dem frühen Tod des Vaters die Verantwortung des Familienbetriebs im Piemont übernahm, war Ferrero noch ein kleines Unternehmen. Doch der junge Chef hatte Verkaufstalent: Die Schokocreme »Pasta Gianduja«, die seine Firma schon knapp zwei Jahrzehnte aus gerösteten Haselnüssen und Kakao herstellte und die von seinem Vater, Firmengründer Pietro Ferrero, einem Konditor, 1940 erfunden worden war, machte er unter dem Kunstnamen »Nutella« weltberühmt. 17 Jahre später erfand er das Überraschungsei, das sich schnell zum Verkaufsschlager entwickelte.

Michele Ferrero war nach Angaben des US-Magazins »Forbes« 2009 mit 9,5 Milliarden Dollar der reichste Italiener – und rangiert damit noch vor dem Premierminister und Medienunternehmer Silvio Berlusconi. Beim Besuch von Lebensmittelläden soll der Milliardär stets zielstrebig das Regal mit Pralinen aufsuchen, um die Produkte aus seinem Hause noch vor Ort auf ihre Qualität hin zu prüfen – sprich: Er beißt hinein!

Vor allem die in den Schokoeiern versteckten Plastikfiguren mauserten sich rasch zu begehrten Sammelobjekten. Ein Trend, den Michele Ferrero bei der Entwicklung seines Ü-Eis absolut nicht in Erwägung gezogen hatte. Doch beflügelt vom Erfolg, bringt Ferrero mittlerweile jedes Jahr zwei bis drei neue Figurenserien und mehr als 150 neue Spielzeuge zum Zusammenbauen auf den Markt.

Die erste handbemalte Figurenserie, die 1983 aus dem Ei schlüpfte, waren die Schlümpfe aus der Serie »Erkennst Du Deinen Schlumpf«. Für das »Hüpfschlumpfinchen«, den »Stelzenschlumpf« und den »Eierlaufschlumpf« zahlen Fans heute bis zu 750 Euro!

Die erste speziell für Kinder Überraschung entwickelte Serie waren die Happy Frogs. Es folgten die Tapsi Törtels, die Happy Hippos, Biene Maja, Dschungelbuch, Pumuckl, Donald Duck, die Dapsy Dinos, die Peppy Pingos, die Bingo Birds oder die Pinky Piggys und viele mehr. Die wohl bekannteste und am besten verkaufte Serie waren 1999 die Figuren der »Happy Hippos«.

Im englischsprachigen Ausland heißt die Kinder Überraschung »Kinder Surprise« (umgangssprachlich auch »Kinder Egg«), im Italienischen »Sorpresa«. Nur in den USA ist der Verkauf von Ü-Eiern verboten, weil Spielzeug in Kombination mit Schokolade dort für Kinder als gefährlich eingestuft wird. Oft unterscheiden sich die im Ausland aufgelegten Serien in Bemalung und Figurenauswahl. So erschien ausschließlich in Japan etwa im September 2002 die Hartplastik-Figuren-Serie Snoopy – die seither auf Tauschbörsen hoch gehandelt wird.

Welche Figuren in das Ü-Ei kommen, entscheidet allein Ferrero. Und das in höchst geheimer Mission. Die zahlreichen, eigens mit dem Design der Ü-Eier beschäftigten Mitarbeiter und diejenigen, die sich um die Vermarktung der Schoko-Eier kümmern, sind zu äußerster Geheimhaltung verpflichtet. Niemals dringt vor dem offiziellen Verkaufsstart durch, welche Serie tatsächlich auf den Markt kommt.

- Der Sammelwahn der Ü-Ei-Fans hatte bis 1991 natürliche Grenzen. Denn in den ersten 17 Verkaufsjahren gab nur ein Beipackzettel Auskunft darüber, wie viele und welche Figuren es von einer Serie gab. Oder wie man das Spielzeug richtig zusammenbaut. Erst 1991 erschien der 1. Deutsche Ü-Ei-Preiskatalog. Er gab den Sammlern – längst war das Ü-Ei Kultobjekt für Klein und Groß – erstmals die Möglichkeit, ihre Sammlungen preislich einzuordnen und, falls gewünscht, auf sogenannten Ü-Ei-Börsen gezielt zu vervollständigen.
- Wie immer, wenn es um Sammelleidenschaft geht, werden dabei auch Leute auf den Plan gerufen, die mit Fälschungen Geld verdienen wollen. Auf dem Ü-Ei-Markt kursieren derzeit mehrere 100 000 gefälschte Figuren bzw. gefälschtes Zubehör. Doch die Sammel-Freaks wehren sich und erstellten 2004 den ersten Ü-Ei-Katalog mit Fälschungsteil. Darin stehen wertvolle Tipps zur Unterscheidung von Fälschung und Original.

Uhu (1932)

Man schrieb das Jahr 1905, als der deutsche Apotheker und Lebensmitteltechniker ***August Fischer*** die 1884 gegründete »Chemische Fabrik Ludwig Hoerth« mit angeschlossener Druckerei in Bühl erstand. Zunächst führte er die bunt gemischte Produktion von Tinten, Lacken, Stempelkissen, Farben, Klebstoffen, Tuschen und sogar von Medikamenten weiter. Nach Ende des Ersten Weltkriegs stand Fischers Familienbetrieb jedoch kurz vor dem finanziellen Ruin. Der Apotheker zog daher die Reißleine, setzte seinen ältesten Sohn als Geschäftsführer ein und zog sich ins Labor zurück. Dort experimentierte er jahrelang, in der Hoffnung, die Formel für einen geruchsneutralen künstlichen Klebstoff zu finden, den es damals noch nicht gab.

Papier, zerbrochene Tassen, Flugzeugmodelle und alles andere, was der Reparatur oder des Zusammenhalts bedurfte, kittete man in der »Vor-Uhu-Zeit« notdürftig mit natürlichen Klebsubstanzen wie Knochen-, Fisch- und Pflanzenleim. »Syndetikon« hieß der damals übliche, mit Fischleim hergestellte Alleskleber. »Syndetikon klebt, leimt und kittet alles« – diesen Werbeslogan kannte Anfang des 20. Jahrhunderts jedes Kind.

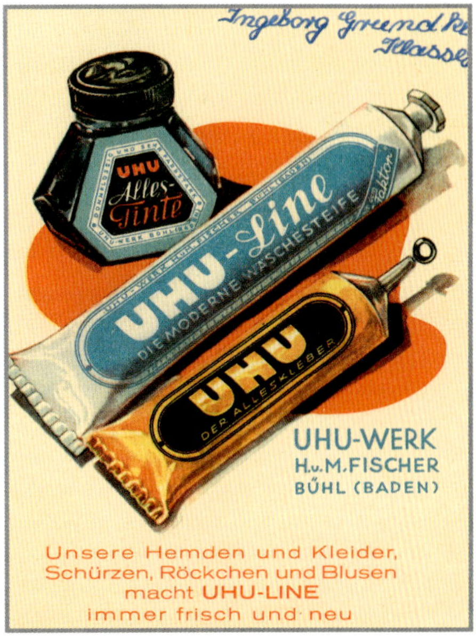

Auf den Fischleim-Kleber »Syndetikon« folgte 1932 »Uhu« – und den kennt heute jedes Kind.

Der entscheidende Durchbruch gelang August Fischer nach acht Jahren Tüftelei: 1932 präsentierte er stolz den ersten glasklaren Kunstharz-Klebstoff der Welt, der zuverlässig sogar die ersten Kunststoffe wie beispielsweise Bakelit verklebte.

Nun galt es nur noch, der Erfindung einen Namen zu geben: möglichst prägnant und in der Vogelwelt angesiedelt – wie damals in der Papier- und Schreibwarenbranche üblich. Eine Füllfederfirma nannte sich »Pelikan«, eine andere »Schwan«, ein Schreibmaschinenhersteller »Adler«. Nach kurzer Bedenkzeit entschied sich der Apotheker für »Uhu. Der Alleskleber«.

Um auf den neuen Kleber aufmerksam zu machen, scheute Fischer keinen Aufwand. Er ersann den Werbespruch: »Im Falle eines Falles klebt Uhu wirklich alles« und schickte ein Werbeschreiben an 36 000 deutsche Schulen, dem er jeweils Proben beilegte.

Als 1936, vier Jahre nach seiner Markteinführung, die »Hindenburg«, das mit 247 Metern Länge größte je gebaute Luftschiff der Welt, fertiggestellt wurde, hatte August Fischer dann die Schlagzeile, die er sich so sehnlich gewünscht hatte – und die sein Unternehmen auf einen Schlag bekannt machen sollte: »Der Zeppelin wurde mit Uhu gebaut«, titelten die deutschen Zeitungen, weil bei der Inneneinrichtung des Luftschiffs viel Klebstoff aus Bühl verwendet worden war. Wenige Jahre später war Uhu eine der bekanntesten Marken in Deutschland.

Bis die Umstände des Zweiten Weltkriegs das Unternehmen fast in die Knie zwangen. Zwar hatten die Nationalsozialisten den Klebstoff als »kriegswichtig« eingestuft und die Produktion nicht einstellen lassen. Doch wie sollte man ohne Rohstoffe produzieren? Wieder blieb der Familie Fischer – August Fischer starb 1940 mitten in den Kriegswirren – mit viel Glück der finanzielle Ruin erspart. Zwar mussten die Maschinen deutlich gedrosselt werden und Uhu kam vorübergehend in Tablettenform auf den Markt. Doch die 1950er-Jahre brachten wieder bessere Zeiten. Trotzdem entschloss sich die Familie Fischer 1971 zum Verkauf der Firma. Dem Erfolg ihres schwarz-gelb verpackten Klebers tat dies keinen Abbruch: Eine Tube Uhu findet sich auch heute noch auf nahezu jedem deutschen Schreibtisch – sowie in den Supermarktregalen 125 weiterer Länder. Und kein Deutscher würde ernsthaft fragen: »Hast du mal Klebstoff für mich?« Vielmehr lautet die gängige Frage: »Hast du gerade mal Uhu zur Hand?«

Vespa (1946)

»Der sieht ja aus wie eine Wespe«, rief der italienische Firmenchef Enrico Piaggio, als man ihm den Prototypen des ersten Motorrollers vor 65 Jahren vor die Füße stellte. So kam das Gefährt mit der schlanken Taille und den üppigen Rundungen zu seinem heutigen Namen »Vespa«, zu Deutsch »Wespe«. Schnell entwickelte sich das neuartige Fortbewegungsmittel zum trendigen und coolen Kultgefährt und machte wett, dass Idee, Design und Technik des Rollers eigentlich aus der Not heraus geboren wurden. Denn die lukrativen Aufträge für Kriegsflugzeuge, die Piaggio während des Zweiten Weltkriegs für den Duce, Benito Mussolini, und sein faschistisches Regime gebaut hatte, blieben nach Kriegsende 1945 natürlich aus. Es bedurfte dringend neuer Produktideen, um die brachliegenden Blechpressen wieder auszulasten. Da die meisten Italiener noch unter den Nachwehen des Krieges litten und kaum Geld zur Verfügung hatten, beauftragte Piaggio den einstigen Hubschrauber-Ingenieur *Corradino D'Ascanio* mit der Konstruktion eines preiswerten Alltagsfahrzeugs.

Wer hätte das gedacht? Ein Hubschrauber-Ingenieur konstruierte 1946 die Vespa.

Piaggio hatte den Richtigen angesprochen. Der markante Entwurf des Motorrollers mit Handschaltung traf den Zeitgeist. Die Menschen dürstete es nach 20 Jahren Faschismus nach Freiheit und Unabhängigkeit – und exakt dieses Lebensgefühl vermittelte die freitragende Karosserie aus Stahlblech mit Schubkarrenreifen und Zweitaktmotor mit Direktantrieb (knapp 100 ccm, 3,2 PS, 60 km/h). D'Ascanio hatte sich ein völlig neues, kostengünstiges Fahrzeug ausgedacht, das selbst den zerbombten italienischen Straßen gewachsen war.

Die »Vespa« wurde am 23. April 1946 zum Patent angemeldet, im selben Jahr begann die Serienproduktion. Rasch machte sich der wendige Roller auch außerhalb von Italien einen Namen und wurde in Lizenzbetrieben in Deutschland (Gebrüder Hoffmann), England (Douglas) und Frankreich (ACMA) gefertigt. Auch nördlich der Alpen wurde er schließlich zum Verkaufsschlager. 1950 wurde in Hamburg der erste deutsche Vespa-Club gegründet, 1965 bevölkerten weltweit bereits über drei Millionen Vespas die Straßen. Konkurrenz machte dem Roller nur das peu à peu günstiger werdende Automobil, das statt zwei Personen auch fünfköpfige Familien transportieren konnte.

Auch wenn die Vespa für beschauliche Fahrten gebaut wurde, gab es immer wieder »aufgemotzte« Modelle, die Furore machten: 1951 brachte es ein auffrisiertes Modell auf das Rekordtempo von 171 km/h! Die Firma Hoffmann, die Vespas in Deutschland als Lizenzbetrieb fertigte, hatte sich 1954 allerdings verspekuliert – und eine fristlose Kündigung kassiert, weil sie das Modell HC 125 unerlaubt auf 4 PS frisiert und als »Roller-Königin« angepriesen hatte. Die Produktion wurde daraufhin in den Augsburger Messerschmitt-Werken fortgesetzt.

Bis heute wurden 10 Millionen Roller mit dem charakteristischen Kickstart verkauft.

Wecker (1787)

Der griechische Philosoph Platon bescherte uns die allererste Apparatur, die uns in den Morgenstunden manchmal recht jäh aus den süßen Träumen reißt: den Wecker. Im 4. Jahrhundert vor Christus war das natürlich noch kein Radiowecker, sondern eine umfunktionierte Wasseruhr. Das Prinzip war einfach: Nach einer genau ausgeklügelten Maßgabe tropfte so viel Wasser in ein Behältnis, wie Zeit vergehen durfte. Dann brachte die austarierte Wassermenge das Behältnis zum Kippen, sodass sich das Wasser in ein zweites Gefäß mit Pfeifenventil ergoss. Durch die Verdrängung der Luft in diesem Gefäß pfiff das Ventil und erschreckte dadurch die im Raum Anwesenden – zu Platons Zeiten allerdings keine Schlafenden, sondern ausschweifende Redner, deren Redezeit mit dem Pfiff abgelaufen war.

Im Mittelalter waren klösterliche Weckmethoden wie zum Beispiel der »Kerzenwecker« verbreitet: Er funktionierte über in das Wachs eingeschmolzene Bleigewichte, die nach einer vorher festgelegten Brenndauer auf etwas Metallenes purzelten. Der Krach, der dabei entstand, war der Weckruf. Die erste echte moderne Zeitmessung lieferten mechanische Räderuhren, die sich vom 13. Jahrhundert an in den Klöstern durchsetzten und oft auch ein Läutwerk besaßen. Allerdings waren Uhren ein Privileg der Reichen. Einfache Bauern ließen sich selbst im 18. Jahrhundert noch durch das Kikeriki ihrer Hähne oder die ersten Sonnenstrahlen auf der Nasenspitze wecken. Die Städter wurden durch den Lärm von Handwerkern, das Treiben auf der Straße oder durch nahe Kirchenglocken wach.

> ! In der Antike und auch im Alten Rom gab es »menschliche Wecker«: Wachsoldaten bzw. Sklaven, die eigens dafür abgestellt waren, Sanduhren (später mechanische Uhren) zu beobachten und zum gegebenen Zeitpunkt die Truppe bzw. die Herrschaft zu wecken.

Was aber, wenn jemand zu einem ganz konkreten Zeitpunkt aufstehen musste? Dieses Problem löste 1787 ***Levi Hutchins*** aus Concord im Bundesstaat New Hampshire. Der Uhrmacher musste täglich um vier Uhr morgens aufstehen, wenn es draußen noch stockdunkel war, um pünktlich an seinen Arbeitsplatz zu gelangen. Sein Modell aus Pinienholz, in das Hutchins eine Messinguhr eingebaut hatte, gilt offiziell als erster Wecker. Mithilfe eines Zahnrades löste das Uhrwerk immer um vier Uhr einen Schlag auf eine Glocke aus, der Hutchins weckte. Problematisch war nur, dass die Konstruktion eben nur um vier Uhr klingeln konnte – ein flexibler Weckruf war mit diesem Gerät, für das Hutchins nie ein Patent beantragte, nicht möglich.

Die Erfindung des Weckers brachte allerlei skurrile Patentanmeldungen mit sich. Wie zum Beispiel die von Bernhard Birkenfeld aus Münster, der 1909 eine Weckvorrichtung anmeldete, »bei welcher der zu weckenden Person die Bettdecke durch ein mittels einer Weckuhr ausgelöstes Federwerk entzogen wird«.

Den ersten mechanischen Wecker mit flexibler Weckzeit erfand 60 Jahre später, 1847, ein Franzose: Antoine Redier. Er war bereits mit 15 Jahren als besonders begabter Uhrmacher im Betrieb seines Vaters aufgefallen und an die Uhrmacherschule nach Paris geschickt worden, wo er noch in der Ausbildung einen besonderen Kompass entwickelte. Richtig berühmt machen sollte ihn allerdings seine Erfindung des Weckers mit einstellbarer Weckzeit, den er 1847 in seiner Uhrmacherwerkstatt im Stadtviertel Saint-Germain präsentierte.

Der revolutionäre »morgendliche Muntermacher« sowie ebenfalls von Redier entwickelte Pendeluhren führten zu tiefgreifenden Umwälzungen in der Uhrmacherzunft und begründeten in dem Städtchen Saint-Nicolas d'Aliermont in der Nähe von Dieppe sogar einen neuen Industriezweig.

Die jüngsten Errungenschaften des weltweiten Weckermarkts sind »Schlafphasenwecker«, die über Sensoren entweder die Körperbewegungen des Schlafenden messen oder dessen Hirnströme. Und so die Schlafphase bestimmen, in der das Aufwachen am leichtesten fällt. Die »Bodyclock«, eine Weckuhr mit eingebauter Lampe und Helligkeitsregler, arbeitet hingegen lautlos und ahmt einen natürlichen Sonnenaufgang nach.

Zu weltweitem Erfolg brachten es allerdings nur die ganz ausgeschlafenen Firmen wie der deutsche Familienbetrieb Junghans und die amerkanische Firma Seth Thomas aus Connecticut. Beide Betriebe schenkten sich nichts auf dem umkämpften Weckuhrenmarkt und fanden immer neue Wege, die Produktion durch den Einsatz immer billigerer Materialien noch gewinnbringender zu gestalten. Um die Jahrhundertwende, 1900, besaß so gut wie jeder französische, amerikanische und deutsche Haushalt einen Wecker.

Wegwerfwindel (1951)

Ihr stank es 1946 gewaltig – daher kam die Amerikanerin *Marion Donovan* auf die Idee, Wegwerfwindeln zu erfinden. Die studierte Literaturwissenschaftlerin und Architektin war genervt davon, dass die Windeln ihrer Kinder ständig ausliefen. Zudem nahm das Auswaschen der Stoffwindeln viel Zeit in Anspruch. Dagegen wollte sie etwas unternehmen und nähte aus Duschvorhängen eine Windelhose, die über der Stoffwindel getragen werden konnte.

Ihr finales Modell fertigte sie aus Fallschirmnylon, ersetzte die Sicherheitsnadeln durch Druckknöpfe und bot ihre Kreation erstmals 1949 im Kaufhaus »Saks Fifth Avenue« in New York an. Die Höschen wurden 1951 patentiert und von den amerikanischen Müttern gleich kiloweise vom Supermarkt nach Hause getragen, auch weil sie neben dem Auslaufen der Windel den Windelausschlag verhinderten, unter dem viele Babys zuvor gelitten hatten, wenn sie die damals üblichen Gummihöschen trugen.

Zu dieser Zeit war Donovan ihren Geschlechtsgenossinnen jedoch schon wieder eine Nasenlänge voraus; sie arbeitete bereits an einer weiteren Innovation: der Wegwerfwindel aus Papier. Diese sollte die Nässe rasch aufsaugen, um die Feuchtigkeit möglichst vom Babypopo fernzuhalten. Nach einer ganzen Reihe von Experimenten hatte Donovan schließlich besonders saugfähiges Papier gefunden. Doch keine der Papierfabriken, denen sie ihre Erfindung anbot, signalisier-

- Die erste Alternative zu Stoffwindeln brachte 1949 der US- Konzern Johnson & Johnson mit »Chux« auf den Markt. Doch die extrem teure Wegwerfwindel (innen saugkräftige Zellulose, außen flüssigkeitsdichtes Plastik) war nur für sehr wohlhabende Menschen erschwinglich, und selbst die benutzten »Chux« nur außer Haus. Erst die »Pampers« von Procter & Gamble war massentauglich – dank einer Maschine, die pro Minute 400 Windeln zu Kosten von 5,5 Cent produzierte.
- Jedes Baby verbraucht in den ersten Lebensjahren schätzungsweise 4000 bis 6000 Windeln! Allein in Deutschland wandern täglich rund sechs Millionen Windeln in den Müll.

te Interesse. Im Gegenteil, meist erhielt die kreative Amerikanerin für ihre »überflüssigen« Höschen nur ein müdes Lächeln.

Deutlich reibungsloser lief es bei Victor Mills. Der amerikanische Chemie-Ingenieur hatte es Mitte der 1950er-Jahre satt, seine Enkelkinder mit den unpraktischen Stoffwindeln zu wickeln, und suchte nach einer besseren Lösung für das lästige »Popo-Saubermachen«. Im Versuchslabor seines Arbeitgebers Procter & Gamble in Cincinnati, Ohio, beauftragte Mills 1956 einen seiner fähigsten Mitarbeiter mit der Entwicklung einer Windelhose für den einmaligen Gebrauch. Als der alleine nicht weiterkam, bemühte sich 1957 bereits ein mehrköpfiger Stab um die Lösung des Problems, bis es 1961, kurz vor der Pensionierung von Mills, so weit war: Die ersten »Pampers« – rechteckig und noch mithilfe von Sicherheitsnadeln verschließbar – lagen vor. Mills testete sie erstmals bei einer längeren Autofahrt an seinen drei Enkeln, als er die Kinder nach einem Urlaub im US-Bundesstaat Maine abholte. Die »Pampers« (abgeleitet von »to pamper« = verwöhnen) bestanden den »familiären Testlauf« und eroberten daraufhin den amerikanischen Markt. Diesmal lächelte keiner über die praktische Erfindung. Die Frauen waren begeistert von der praktischen Wegwerfwindel, auch wenn die mit 10 Cent pro Stück nicht eben ein Schnäppchen war. Und auch einige Männer sollen seither öfter einmal am Wickeltisch gesehen worden sein.

Für die Umwelt stellen die Milliarden von Plastikwindeln, die jährlich weltweit benutzt werden, ein Riesenproblem dar, denn es dauert mehrere Jahre, bis sie sich zersetzt haben. Deshalb haben australische Forscher 2007 eine »grüne Windel« entwickelt: zu 70 Prozent biologisch abbaubar, und das in den ersten 14 Tagen.

Bis zur Markteinführung in Deutschland vergingen trotzdem noch zwölf Jahre: Im Januar 1973 wurde die Windel erstmals im Saarland zu Testzwecken verkauft. Obwohl bei diesen ersten Exemplaren noch die elastischen Bauch- und Beinbündchen sowie die Klebetapes fehlten, war das Echo jedoch so positiv, dass der Verkauf noch im selben Jahr auf ganz Deutschland ausgeweitet wurde.

YouTube (2004)

Die Website, auf der die Benutzer online Videoclips ansehen und auch selbst hochladen können, wurde im Februar 2005 von den drei ehemaligen »PayPal«-Mitarbeitern ***Chad Hurley***, ***Steve Chen*** und ***Jawed Karim*** gegründet.

Der in Deutschland geborene und mit seinen Eltern 1992 in die USA übersiedelte Informatikstudent Karim träumte während seiner Tätigkeit für das Online-Bezahlsystem »PayPal« in San Francisco immer öfter von einem Webportal, mit dem sich Videos schneller und leichter ins Netz stellen lassen. Er besprach seine Vision mit seinen Arbeitskollegen Chad Hurley und Steve Chen und nach vielen Stunden Tüftelei entstand daraufhin die Video-Internetseite YouTube.

> Ohne die Anschubfinanzierung von Silicon Valley Risikokapitalgeber »Sequoia Capital« in Höhe von insgesamt 11,5 Millionen US-Dollar wäre YouTube.com wohl nie aus den Startlöchern gekommen. Dafür profitierte der clevere Kapitalgeber aber auch am meisten vom Geldsegen nach dem Verkauf an Google: Sequoia erhielt über 550 Millionen US-Dollar, während die beiden aktiven Gründungsmitglieder Hurley und Chen je ca. 250 Millionen Dollar erhielten. Ihr Expartner Jawed Karim bekam 100 Millionen US-Dollar.

Am 23. April 2005 präsentierte Jawed Karim auf YouTube das erste Video mit dem Titel »Me at the zoo«, das ihn 19 Sekunden lang vor dem Elefantengehege im Zoo von San Diego zeigt – und startete damit völlig arglos einen gewaltigen Boom in der Medienlandschaft. Denn seine Idee schlug dermaßen ein, dass Google für die Übernahme des Portals am 9. Oktober 2006 satte 1,31 Milliarden Euro (in Google-Aktien) auf den Tisch legte!

Die YouTube-Erfinder Chad Hurley und Steve Chen – Jawed Karim hatte das Unternehmen zu dieser Zeit bereits auf eigenen Wunsch verlassen – sollen bei ihrem ersten Treffen mit den Google-Gründern Eric Schmitt und Larry Page im Oktober 2006 so cool gewesen sein, dass sie sich nach dem milliardenschweren Übernahmeangebot noch zwei Tage Bedenkzeit erbaten! Erst das Zugeständnis, YouTube innerhalb des Google-Konzerns mit größtmöglicher Autonomie weiterführen zu dürfen – konkret: den Firmensitz im kalifornischen San Bruno und alle 67 Mitarbeiter zu behalten –, soll sie dazu bewogen haben, ihr »Internetbaby« zu verkaufen.

Pech für Mitgründer Jawed Karim, dass er vor der Übernahme durch Google ausgestiegen war. Er soll aber nach wie vor einer der größten Anteilseigner des Internetdienstes sein.

Heute sind mehrere Millionen Videos aus allen Ecken der Welt auf YouTube zu sehen.

Selbst der Vatikan ist auf YouTube präsent, ebenso die großen amerikanischen Nachrichtenkanäle CBS und NBS.

Lady Gaga stellte im März 2010 einen ganz eigenen YouTube-Rekord auf: Sie war die Erste, die es schaffte, mehr als eine Milliarde Mal angeklickt zu werden, und übertraf damit sogar Pop-Legende Michael Jackson.

Zahnpasta (1887)

Werbung des Hoflieferanten »F. A. Sarg's Sohn & Co.«

Wenn der Österreicher *Carl Sarg* 1886 geahnt hätte, dass seine Erfindung, Zahnpasta in Tuben abzufüllen, Jahrzehnte später einmal Ehepaare vor den Scheidungsrichter bringen würde, hätte er es sich vielleicht noch einmal anders überlegt – und seine Tubenpaste nicht zum Patent angemeldet.

So brachte der Chef des Unternehmens »F. A. Sarg's Sohn & Co.« 1887 in bester Absicht sein »Kalodont in der Tube« auf den Markt: Zahncreme in Tuben aus Zinn, wie sie seit 1858 von der Malfarbenindustrie benutzt wurden. Endlich sollte Schluss sein mit dem bröseligen Zahnpulver auf Kreidebasis und mit dem Mundwasser, mit dem sich die Menschen bislang ihre Zähne gereinigt hatten. Auch eine Zahnseife, 1852 erfunden und patentiert vom sächsischen Apotheker Adolf Heinrich August Bergmann, schien Carl Sarg nicht die optimale Lösung zur Zahnreinigung. Das »Scheuerpulver«, wie es auch genannt wurde, war rosafarben und musste mit der nassen Zahnbürste in der Dose erst einmal schaumig gerieben werden, bevor man damit die Zähne putzen konnte.

Für die Werbung seines neuen »Wundermittels« scheute Carl Sarg keine Kosten und Mühen, er engagierte die populäre französische Schauspielerin Sarah Bernhardt und ließ diese 1890 sinngemäß erklären: »Ich versichere, dass die Zahncreme Kalodont gesund ist, gut im Geschmack und dass sie den Wunsch erfüllt, dem Mund Schönheit und Gesundheit zu geben und einen guten Duft zu verströmen.«

In den USA brachte die Firma »Colgate« 1896 ebenfalls eine Zahnpaste in der Tube auf den Markt und in Deutschland verkaufte Beiersdorf die Zahncreme »Pebeco« ab 1900 in Tuben.

Die Alten Ägypter besaßen vor rund 4000 Jahren noch keine Zahnbürste, aber sie spülten ihre Zähne allmorgendlich mit Natron. Lustigerweise nannten sie diese Prozedur »Frühmahl«.

Die erste Zahncreme allerdings, die nach wissenschaftlichen Kriterien entwickelt wurde und deshalb mit unserer heutigen vergleichbar ist, war »Chlorodont«. Entwickelt hatte sie Dr. Ottomar Heinsius von Mayenburg 1907 auf dem Dachboden seiner Dresdner Löwen-Apotheke. Die Zahnpasta, deren Werbefigur jahrelang eine zähneputzende schwarze Frau mit großen weiß blitzenden Zähnen und Kulleraugen war, bestand vor allem aus Naturkalkstein (auch Bimsstein genannt) und war eine Mixtur aus Zahnpulver und Mundwasser.

Der Bimsstein wurde auf chemischem Wege in ein mikroskopisch feines Pulver umgewandelt, das schädigende Beläge beseitigte, ohne dabei den schützenden Zahnschmelz anzugreifen. Ätherische Öle und sauerstoffhaltige Salze regten zudem den Speichelfluss an, welcher die Zähne auf natürliche Weise schützt. Pfefferminz verlieh der Paste einen frischen Geschmack. Dank intensiver Werbekampagnen eroberte »Chlorodont«, abgefüllt in Metalltuben, schnell den deutschen Markt und wurde auf der 1. Internationalen Hygiene-Ausstellung 1911 in München mit einer Goldmedaille ausgezeichnet.

> **!** Die Zahnbürste wurde im 15. Jahrhundert in China erfunden, es sollte aber noch Jahrhunderte dauern, bis sie auch in Europa benutzt wurde. William Addis, ein Engländer, ließ in seinem Betrieb 1780 erstmals Zahnbürsten aus Kuhknochen und Kuhborsten fertigen, später verwendete man auch Rosshaar. Die Bürsten zur Pflege der Zähne blieben allerdings jahrzehntelang ein Privileg der Reichen und des Adels. Erst als 1938 die ersten Zahnbürsten mit Nylonborsten auf den Markt kamen, wurde Mundhygiene auch für das normale Volk alltäglich.

Zauberwürfel (1975)

Der dreidimensionale Zauberwürfel war als eine Art »Schützenhilfe« gedacht und sollte das räumliche Denkvermögen der Studenten des ungarischen Professors ***Ernö Rubik*** fördern. Dass Rubik damit ein Geduldsspiel erfand, das weltweit Groß und Klein fasziniert und auch heute noch ein Verkaufsschlager ist, war ihm damals sicher nicht bewusst.

Nachdem Rubik für seinen Würfel am 30. Januar 1975 das Patent in Händen hielt, begann im Dezember 1977 der globale Siegeszug von »Rubik's Cube« – als sich die englische Firma Pentangle in Windeseile die Lizenz zum Vertrieb in Großbritannien sicherte. Die weltweiten Verkaufsrechte für den Würfel wurden 1979 an die US-amerikanische Firma Ideal Toy Corporation verkauft.

Ernö Rubik, Professor für Kunsthandwerk und Gestaltung, hat den Zauberwürfel erfunden.

Nun ging alles ganz schnell. Anfang der 1980er-Jahre gab es weltweit bereits Millionen begeisterter Zauberwürfel-Tüftler. Sie saßen in der Schule, im Eiscafé, im Bus oder im Wartezimmer und knobelten und drehten, was das Zeug hielt: Alle mit dem Ziel vor Augen, die insgesamt 54 roten, orangefarbenen, blauen, weißen, gelben und grünen Quadrate an die richtige Stelle zu drehen, sodass zum Schluss alle Würfelseiten eine einzige Farbe aufweisen.

So schnell der Trend sich verbreitet hatte und so viele Würfel auch verkauft worden waren, so schnell erstarb der Erfolg wieder. Bis er vor ein paar Jahren sein Comeback feiern konnte: Allein 2008 gingen 12 Millionen Exemplare über die Ladentische der Welt.

»Mich fasziniert das Verhältnis zwischen Mensch und Raum, zwischen Objekt und Zeit«, beschreibt der Erfinder seine Begeisterung

- Die schnellste Lösung mit den Füßen liegt bei 36,72 Sekunden, aufgestellt wurde der Rekord von Anssi Vanhala aus Finnland bei den Offenen Estnischen Meisterschaften am 7. November 2009 in Estland.
- Der Chinese Enxi Xie hatte gerade seinen 4. Geburtstag gefeiert, als er den verdrehten Würfel bei den »Guangdong Open 2007« in 88,06 Sekunden wieder ordnete.
- Bei der Firma Diamond Cutters International muss es einen großen Zauberwürfel-Fan geben. Denn dort entstand ein originalgetreues, voll funktionsfähiges Exemplar aus 18-karätigem Gold, verziert mit 22,5 Karat Amethysten, 34 Karat Smaragden und 34 Karat Rubinen. Geschätzter Wert: 1,1 Millionen Euro!

- Der Zauberwürfel, der aus 26 farbigen Einzelteilen besteht, bietet 43 Trillionen Kombinationsmöglichkeiten und wurde weltweit an die 200 Millionen Mal verkauft.
- Wenn man ganz schnell am Zauberwürfel dreht, nennt man das »Speedcubing«.
- »Gottes Algorithmus« nennen Rubik-Fans den kürzesten Weg, der den wie auch immer verdrehten Zauberwürfel wieder in den Originalzustand versetzt.

und ist damit nicht allein: Sein 3-D-Puzzle spornt Knobler jeden Alters an, seit 1981 werden sogar Zauberwürfel-Weltmeisterschaften ausgetragen. Aktuell hält den Weltrekord der Niederländer Erik Akkersdijk. Bei den »Czech Open 2008« ordnete er den Würfel in 7,08 Sekunden. Rubik selbst braucht eine Minute.

Dem Erfinder ging es aber nie um Geschwindigkeit, ganz im Gegenteil, sein Lebensmotto lautet vielmehr: »Wenn du etwas gut machen willst, so lass dir Zeit.«

Zeitungshoroskop (1930)

Für viele Zeitungsleser ist der tägliche Blick ins Horoskop selbstverständlich – auch wenn »eigentlich keiner so recht daran glaubt«.

Als das Allensbacher Institut vor einigen Jahren in einer Umfrage ermittelte, wer in Tageszeitungen oder Zeitschriften sein Horoskop lese, gaben 15 Prozent der Befragten an, dass sie dies regelmäßig tun. 62 Prozent entschieden sich für »manchmal« und nur ein verschwindend kleiner Prozentsatz verneinte komplett. Doch wann erschien eigentlich das erste Zeitungshoroskop? Und in welchem Land?

Im Grunde war es der britische Astrologe William Lilly, der damit begann, Horoskope nicht nur in seinen Almanachen, sondern auch in Tageszeitungen zu veröffentlichen. Lilly war seiner Zeit weit voraus und sagte 1648 für die Hauptstadt seines Landes detailliert mehrere »Katastrophen« vorher, die London tatsächlich 1665 und 1666 ereilen sollten: die Beulenpest und das »Große Feuer«, das die Stadt zu großen Teilen in Schutt und Asche legte. So viel Hellseherei war den Briten unheimlich, der Astrologe wurde verhaftet und beschuldigt, das Feuer selbst gelegt zu haben. Es gelang ihm jedoch, seine Ankläger davon zu überzeugen, dass seine Prophezeiung rein auf dem Studium der Sterne beruhte – worauf man ihn wieder aus dem Gefängnis entließ.

Als Erfinder des Zeitungshoroskops im heutigen Sinne gilt jedoch ein anderer britischer Astrologe und Journalist: ***Richard Harold Naylor***, der uns 265 Jahre nach William Lilly das Zeitungshoroskop mit der Aufteilung in die zwölf Sternzeichen bescherte. Anlass für seine Erfindung war am 21. August 1930 die Geburt von Prinzessin Margret, der jüngeren Schwester von Königin Elisabeth II. Drei Tage nach ihrer Entbindung veröffentlichte Naylor in der Tageszeitung »Sunday Express« ein ausführliches Horoskop für den neugeborenen royalen Spross, in welchem er zugleich auch einige Ereignisse für die bevorstehende Woche voraussagte.

Dieses erste Zeitungshoroskop füllte eine halbe Zeitungsseite und faszinierte die Leser derart, dass sie in Leserbriefen eine Fortsetzung forderten. So kam es, dass der »Sunday Express« weitere Horoskope bei Naylor in Auftrag gab.

Mit seinem zweiten Zeitungshoroskop sorgte der Astrologe prompt für noch mehr Aufregung. Er sagte darin nämlich »eine Gefahr für die britische Luftfahrt« voraus – und just am Tag der Veröffentlichung geschah das Unfassbare: Das Luftschiff R-101, das auf seinem Jungfernflug nach Indien unterwegs war und England an die Spitze der Luftschiffentwicklung manövrieren sollte, stürzte nahe Paris ab und brannte aus. Der »Sunday Express« verstand es, aus der sensationellen Vorhersage Kapital zu schlagen, und verpflichtete den 31-jährigen Wunderpropheten für eine eigene Kolumne mit der Überschrift »Your Stars« (deutsch: Deine Sterne), die bis 1940 wöchentlich erschien.

1935 kam Naylor auf die Idee, seine Beiträge in zwölf Abschnitte zu unterteilen – je ein Abschnitt pro Tierkreiszeichen, in dem die Sonne des jeweiligen Lesers bei der Geburt stand. Eine geniale Idee, die sich einbürgern sollte, denn jeder Leser fühlte sich dadurch noch persönlicher von Naylor angesprochen.

Viele Briten hatten in Naylor ihren Meister gefunden: Wenn der Astrologe einen bestimmten Wochentag als »desaströs für Geldgeschäfte« ankündigte, konnten die Londoner Banker diesen Tag mehr oder weniger abhaken – nur wenige Kunden betraten an diesem Tag die Schalterhallen. Umgekehrt prognostizierte Naylor den Lesern des »Sunday Express« auch die günstigsten Tage für Sport, Liebe oder Vergnügen.

Zeitzonen (1884)

Es herrschte ein wahrer Zeitenwirrwarr, bevor sich 1884 in Washington 26 Nationen darauf einigten, die Erde in 24 Zeitzonen einzuteilen.

Für uns heute unvorstellbar, hatte im 19. Jahrhundert jeder Ort im Deutschen Bund bzw. ab 1871 im Deutschen Reich seine eigene Zeit: Zeigte die Uhr zum Beispiel in Frankfurt zehn vor 12, stand der große Zeiger in München bereits auf 12, und in Berlin (zwei Längengrade weiter östlich als München) war es sogar schon acht Minuten nach 12. Der Grund: Die Zeit im jeweiligen Ort orientierte sich am Stand der Sonne. Immer dann, wenn die Sonne am höchsten stand, war es exakt 12 Uhr mittags – und das differierte natürlich.

Jeder Reisende, der eine längere Strecke vor sich hatte, musste aufgrund der realen lokalen Zeiten also mit unzähligen Uhrzeiten zurechtkommen. Jede Postkutschen- und Bahnfahrt stellte dadurch eine echte Herausforderung dar. Auch der in Schottland geborene Landvermesser und Eisenbahningenieur ***Sir Sandford Fleming*** ver-

> Irgendwo auf der Welt ist immer 12 Uhr mittags, auch wenn es in Deutschland später Nachmittag ist. Es gilt: Vom Nullmeridian aus 15 Grad weiter Richtung Osten = plus 1 Stunde. 15 Grad Richtung Westen = minus 1 Stunde. Große Länder haben dadurch heute noch mehrere Zeitzonen, Russland hat zum Beispiel neun, die USA sechs.

Es gibt weltweit 24 Zeitzonen.

passte aufgrund dieser unterschiedlichen Zeitzonen im Juni 1876 prompt seinen Zug in Bandoran in Irland.

Fleming, der in Kanada als Chefingenieur bei der Canadian Pacific Railway umfangreiche Eisenbahnprojekte verantwortete, wollte diesen Zeitenwirrwarr nicht länger hinnehmen. Seine Vision war »ein aufgeklärtes Weltbürgertum, das letzten Endes nicht mehr brauchen würde als einen einheitlichen universellen Tag« mit Weltzeit.

Bereits als junger Mann hatte sich der hochbegabte Ingenieur mit dem Thema Zeit beschäftigt und Ziffernblätter entworfen, die neben der Uhrzeit auch über eine Skala zum Ablesen des Längengrades verfügten.

Nur wenige Monate nach seinem unfreiwilligen Bahnhofsaufenthalt in Bandoran hielt Fleming die ersten Vorträge über die Vordringlichkeit einer neuen, globalen Zeitmessung – und das längst nicht nur, weil die Bahnstrecken immer länger wurden. Flemings Worte fanden Gehör. Dank seiner Initiative wurde 1883 in den USA zunächst die Standardisierung der Eisenbahnzeiten eingeführt. 1884 einigten sich dann Experten aus 26 Nationen auf der »Washingtoner Meridiankonferenz« darauf, den Meridian durch Greenwich als Null-Meridian für die Weltzeit festzulegen: 22 Delegierte stimmten zu, San Domingo stimmte dagegen, Frankreich und Brasilien enthielten sich der Stimme.

Die daraus folgende Einteilung der Erde in 24 Zeitzonen und 360 Meridiane (die Nord- und Südpol verbinden und jeweils etwa 20 000 Kilometer lang sind) ist bis heute gültig und kam folgendermaßen zustande: Da sich die Erde in 24 Stunden einmal um ihre Achse dreht, dividierte man die 360 Längengrade durch 24 Stunden und erhielt dadurch 15 Längengrade pro Stunde. Eine Zeitzone umfasst also 15 Längengrade. Tatsächlich orientieren sich die Zeitgrenzen aber nicht exakt und ausschließlich an den Meridianen, auch Staatsgrenzen spielen eine Rolle.

> ! Dort, wo der 180. Längengrad Ost mit dem 180. Längengrad West zusammenstößt, verläuft die Datumsgrenze.

In Deutschland war übrigens erst ab dem 1.4.1893 Schluss mit dem Zeitenchaos – an diesem Tag verfügte Kaiser Wilhelm II. nämlich auf Drängen der Eisenbahner per Gesetz die »mitteleuropäische Einheitszeit«. Sie legte die mittlere Sonnenzeit des 15. Längengrades verbindlich fest. Nun tickten auch im deutschen Kaiserreich alle Uhren gleich.

Zirkus (1768)

Eigentlich sollte ***Philip Astley***, der Begründer des modernen Zirkus, Schreiner werden. So hatte es jedenfalls sein Vater für ihn vorgesehen. Der junge Engländer träumte jedoch von einem ganz anderen Leben – und darin sollten Pferde eine große Rolle spielen. 17-jährig meldete er sich also bei der berittenen Infanterie, wurde dort sogleich zum Unteroffizier ernannt und in den Siebenjährigen Krieg nach Nordamerika geschickt, wo er auf Seite der Briten gegen die Franzosen und die mit ihnen verbündeten Indianerstämme kämpfte.

Dort fiel er seinen Soldatenkollegen bereits als herausragend guter Reiter auf und unterhielt die Truppe nicht selten durch Kunststücke auf dem Pferderücken.

Zurück in London, wollte Astley 1768, nach all seinen schaurigen

Auch heute noch, rund 240 Jahre nach Astleys Erfindung, beträgt der Durchmesser der meisten Zirkusmanegen exakt 13 Meter.

Kriegserlebnissen, endlich selbstbestimmt leben und eröffnete eine Reitschule südlich der Westminster Bridge. Er investierte viel Geld in eine kreisförmig angelegte Reitarena, die er zwar nach dem römischen Circus Maximus errichtete, selbst aber nie »Circus« genannt haben soll.

Die runde Form der Reitarena hatte zwei entscheidende Vorteile für Astley, der vormittags Reitschüler unterrichtete und nachmittags sein Geld mit waghalsigen Reitdarbietungen verdiente: Zum einen unterstützten die Zentrifugalkräfte die Reiter bei den Kunststücken in ihrem Gleichgewicht. Zum anderen konnten alle Zuschauer die Kunststücke optimal mitverfolgen.

Das Geschäft lief gut, und Astley verdiente so viel, dass er seinen »Circus« schon bald mit ordentlichen Sitzplätzen und einem Dach ausstaffieren konnte. Nur die Arena, die ursprünglich einen Durchmesser von gut 19 Metern besaß, verkleinerte er auf 13 Meter, weil er sich davon reiterische Vorteile versprach – und er schien mit dieser Einschätzung richtigzuliegen, was die Tatsache beweist, dass Zirkusmanegen bis heute, 240 Jahre später, diesem Maß entsprechen.

Die Pferdedressur und das Kunstreiten entwickelten sich im 17./18. Jahrhundert. Meist waren es Darbietungen zu Ehren des Königs. Sie wurden im sogenannten »Karousell« veranstaltet – wie man den Zirkus früher nannte.

Astleys Können und seine außergewöhnlichen Pferdevorführungen sprachen sich schnell herum, sodass sein »Circus« stets ausverkauft war und Astley nach einigen Spielzeiten sogar weitere Dressurreiter, ein Orchester, einen Clown (zunächst als Pausenfüller), Jongleure und Seiltänzer einstellen konnte. Es entstand ein Zirkusunternehmen, wie man es bis heute kennt.

Als Astley vier Jahre nach seiner Circus-Eröffnung, 1772, eine Einladung vom französischen König Louis XV. nach Versailles erhielt, trat er dort mit seinen Dressurkünsten in Fontainebleau auf.

Ein Jahr später eröffnete er »Astley's Amphitheatre« in London, von dem er 22 Jahre lang gut leben konnte. Als das Amphitheater 1794 durch ein Feuer zerstört wurde, nahm er – mittlerweile 52 Jahre alt – die Herausforderung erneut an und zog nun »Astley's Royal Amphitheatre« auf. Einen prunkvollen Zirkusbau mit drei Rängen und Manege, ähnlich aufgebaut wie unsere heutigen Opernhäuser. Der trotz einem zweiten Brand 1804 weit über seinen Tod im Jahr 1814 hinaus Bestand haben sollte (bis 1893) und von Schriftstellern wie Jane Austen und Charles Dickens sogar in ihren Werken erwähnt wurde.

Bis zu Astleys Tod im Jahr 1814 gab es im Circus keine exotischen (Raub-)Tiere. Dafür führte man gerne sogenannte »Hippodramen« auf: Stücke mit historischem Kontext, die pantomimisch dargeboten wurden.

Beflügelt durch seine guten Erfahrungen mit dem französischen Königshaus, gründete der gewitzte Geschäftsmann 1782 außerdem noch das »Amphitheatre Anglais« in der Pariser Rue du Faubourg du Temple – den ersten Zirkus Frankreichs.

Die Tradition der fahrenden Zirkusse entstand erst im 19. Jahrhundert in Frankreich. Anfangs reisten die Artisten noch mit einem mobilen Holzbau, später mit einem Zirkuszelt.

Zuckerwatte (1897)

Gehört zu einem ordentlichen Jahrmarktsbesuch: die Zuckerwatte.

Sie ruft unweigerlich Kindheitserinnerungen hervor, wird meist auf Jahrmärkten offeriert, und sie klebt ganz furchtbar an den Fingern, bevor sie im Mund dahinschmilzt – die Zuckerwatte. 1897 wurde die damals noch ausschließlich weiße Schleckerei von zwei Amerikanern aus Tennessee erfunden: dem Zahnarzt ***William Morrison*** und dem Konditor ***John C. Wharton***. Der Öffentlichkeit präsentiert wurde die Nascherei erstmals 1904 auf der St. Louis-Weltausstellung. Eigens für den großen Moment hatten Morrison und Wharton eine Zuckerwatte-Maschine konstruiert, die heute noch immer nach demselben Prinzip funktioniert: Kristallzucker wird in einen rotierenden Spinnkopf eingefüllt und bei bis zu 150 °C so lange erhitzt, bis er flüssig wird.

Zentrifugalkräfte schleudern den geschmolzenen Zucker dann durch feine Radialdüsen aus dem Spinnkopf heraus an die Innenwand einer Schüssel, wodurch der Zucker auskühlt und in dünnen Fäden erstarrt. Diese werden nun vom »Zuckerbäcker« mit einem Holzstäbchen so lange aufgewickelt – bis eine ordentliche Zuckerwattenwolke entstanden ist. Da der gesponnene Zucker nicht mehr kristallin ist wie zu Beginn der Prozedur, sondern weich, unstrukturiert und duftig wie Watte, tauften die Geschäftspartner ihre Erfindung »Zuckerwatte«.

Zuckerwatte ist in der Regel weiß. Dank verschiedener Farbaromen kann sie aber auch in Geschmacksrichtungen wie Erdbeere, Kirsche, Blaubeere und Wassermelone produziert werden.

Wettbewerbe, Ansprechpartner und Messen für junge Erfinder

Viele (geniale) Erfindungen bleiben in der Schublade liegen, weil ihre Erfinder nicht wissen, wie sie vorgehen müssen, um ihre Ideen geschützt auf den Markt zu bringen. Hier einige nützliche Adressen:

A. Wettbewerbe

Jugend forscht

Der bundesweite Nachwuchswettbewerb fördert besondere Leistungen und Begabungen in Naturwissenschaften, Mathematik und Technik bei Jugendlichen bis 21 Jahre. Es werden keine Themen vorgegeben, die Teilnehmer wählen die Fragestellung ihres Projekts selbst aus. Diese muss sich jedoch einem der sieben Fachgebiete des Wettbewerbs zuordnen lassen:

1. Arbeitswelt
2. Biologie
3. Chemie
4. Geo- und Raumwissenschaften
5. Mathematik/Informatik
6. Physik
7. Technik

Schülerinnen und Schüler bis 14 Jahre treten in der Juniorensparte »Schüler experimentieren« an. Die 15- bis 21-Jährigen starten in der Sparte »Jugend forscht«. Entscheidend für die Zuordnung zur jeweiligen Sparte ist das Alter am 31. Dezember des Anmeldejahres. Teilnehmen können Einzelpersonen oder Gruppen. Eine Gruppe sollte aus zwei oder maximal drei Personen bestehen. Die Anmeldung erfolgt im Internet unter www.jugend-forscht.de. Neben der Angabe des Themas genügt zunächst eine kurze Beschreibung des Projekts. Jeder Teilnehmer darf höchstens drei Projekte anmelden.

www.jugend-forscht.de

business@school
Eine Initiative der Unternehmensberatung »The Boston Consulting Group« (BCG), bei der Jahr für Jahr mehr als 2000 Oberstufenschüler die Gelegenheit haben, sich ein Schuljahr lang praxisnah mit Wirtschaftsthemen zu beschäftigen.
www.business-at-school.de

»i hoch 3«
Bei allem Wissen um Datenbankrecherchen, Schutzrechte und Industriekontakte ist immer noch die zündende Idee das Wichtigste für eine gelungene Innovation. Mit dem jährlichen Wettbewerb »i hoch 3«, der seit 1998 für die Mitglieder der Erfinderclubs ausgeschrieben wird, fördert die Bundesregierung das innovative Denken von Jugendlichen und freien Erfinderinnen und Erfindern.
http://www.signo-deutschland.de/erfinder/content/aktionen/i_hoch_3/index_ger.html

B. Ansprechpartner

Deutsches Patent- und Markenamt (DPMA)
Die Auskunftsstellen des DPMA in München, in der Dienststelle Jena und im Technischen Informationszentrum (TIZ) Berlin, sind für Rat suchende Erfinder die erste Anlaufstelle. Sie informieren telefonisch oder auch persönlich vor Ort über Anmeldewege, -verfahren und -erfordernisse. Die Auskunftsstellen sind über die zentrale Telefonnummer 0 89-21 95-34 02 erreichbar.

SIGNO Erfinderclubs in den einzelnen Bundesländern
Die Initiative SIGNO Erfinderclubs des Bundesministeriums für Wirtschaft und Technologie (BMWi) unterstützt Hochschulen, Unternehmen und freie Erfinder bei der rechtlichen Sicherung und wirtschaftlichen Verwertung ihrer innovativen Ideen. SIGNO steht für »Schutz von Ideen für die gewerbliche Nutzung.«
Das bundesweite Netzwerk besteht aktuell aus 137 Erfinderclubs und

rund 3500 Mitgliedern und ist Deutschlands größtes Erfindernetzwerk. Die Initiative wird vom Institut der deutschen Wirtschaft Köln betreut.
www.signo-deutschland.de

Patentanwaltskammer
Die Körperschaft des öffentlichen Rechts informiert darüber, wann und wo kostenlose Erstberatungen durch Patentanwältinnen und -anwälte stattfinden und bietet u. a. den Service einer bundesweiten Patentanwaltssuche. Adresse: Tal 29, 80331 München.
Telefon: 089-24 22 78-0
Telefax: 089-24 22 78-24
dpak@patentanwalt.de
www.patentanwalt.de

C. Messen

iENA
Die Internationale Fachmesse »Ideen – Erfindungen – Neuheiten« findet alljährlich in Nürnberg statt.
www.iena.de

Messe für Erfindungen, Genf
Hier stellen Unternehmen, Forschungsinstitute und private Erfinder ihre Ideen der Öffentlichkeit vor.
www.inventions-geneva.ch

Register

Namen

Sachbegriffe

cbj ist der Kinder- und Jugendbuchverlag
in der Verlagsgruppe Random House

MIX
Papier aus verantwortungsvollen Quellen
FSC
www.fsc.org
FSC® C084279

Verlagsgruppe Random House FSC-DEU-0100
Das für dieses Buch verwendete FSC®-zertifizierte Papier *Profimatt*
liefert Sappi, Alfeld.

1. Auflage 2012

Lektorat: Sophie Schultheis
Bildredaktion: Tanja Nerger, Martina Fuchs
Umschlaggestaltung: Init.büro für gestaltung, Bielefeld
Umschlagfotos: Corbis (November, Leslie Richard Jacobs, Alan Schein Photography Lake County Museum); iStockphoto (Nicolas McComber, Picsfive, Nataliia Fedori, Mark Evans, Erich Eggimann, Jacob (Cobi) Babchuk, diego cervo)
AW · Herstellung: hag
Satz: Buch-Werkstatt GmbH, Bad Aibling
Druck und Bindung: Finidr, s. r. o., Cesky Tesin
ISBN: 978-3-570-13621-8
Printed in the Czech Republic

www.cbj-verlag.de

Bildnachweis:
Cover: **Corbis** (November, Leslie Richard Jacobs, Alan Schein PhotographyLake County Museum);
iStockphoto (Nicolas McComber, Picsfive, Nataliia Fedori, Mark Evans, Erich Eggimann, Jacob (Cobi) Babchuk, diego cervo)

Innenteil: **Action Press:** 123 (Big Pictures (U.K.) LTD.); **akg-images:** 51, 90, 164, 169, 185, 249, 277 (N.N.), 131 (IAM), 293 (Peter Weiss); **DDP Images:** 121 (AP Photo/USCIS); **DJH Hauptverband:** 151; **Corbis:** 9, 91, 199 (Bettmann), 201 (HO/Reuters), 274 (YURIKO NAKAO/Reuters); **ESA:** 115 (ESA-J. Huart); **Faber-Castell:** 35 (www.faber-castell.de); **Fotolia.com:** 173 (Yuris); **Gettyimages:** 39 (Flickr Select/Photography by Steve Kelley aka »mudpig«), 84 (Justin Sullivan), 88 (General Photographic Agency/Hulton Archiv), 106 (Gamma-Keystone), 153 (Superstock), 211 (Time & Life Pictures), 217 (Hulton Archive/Express), 225 (Archive Photos/Stock Montage), 253 (AFP/Francois Guillot), 287 (Archive Holdings Inc.); **Grützmacher Nina:** 7; **Inter IKEA Systems B.V.:** 31 (http://www.ikea.com/de/de/); **Imago:** 43 (Schöning), 100 (Thomas Lebie), 179 (Hartenfelser); **Interfoto:** 26, 205 (TV-Yesterday), 70 (Sammlung Karl), 75 (Milton Schnaider), 93 (Wolfgang Maria Weber), 166 (Daniel), 181 (KL), 227 (Friedrich), 240 (Science & Society); **Istockphoto:** 30 (Mark Evans), 37 (JJRD), 44 (Julian Fletcher), 105 (Mehmet Salih Guler), 118 (Rob Friedman), 125 (Michael Bodmann), 133 (meshaphoto), 145 (Jon Larson), 183 (Gabor Izso), 187 (Slobodan Vasic); **Keystone:** 33 (Volkmar Schulz); **Laif:** 130 (Baptiste Fenouil/Rea); **lizenzfrei:** 49 (Gettyimages/Daniel Diebel); **LTM/Andreas Schmidt:** 11 (www.pressetext.com); **Mary Evans:** 140 (Classic Stock / H. Armstrong Roberts); **Mattel:** 21 (Abbildung: Ruth & Elliott Handler); **obs/Tempo:** 283 (www.presseportal.de); **Ohropax:** 229 (www.ohropax.de); **Panthermedia:** 195 (Susanne Güttler); **Picture Alliance:** 17, 53, 80, 108 (dpa), 41 (dpa/dpaweb), 103 (akg-images), 110 (Sven Simon), 128 (dpa/epa efe Prince Of Asturias Foundation), 137 (The Advertising Archives), 157 (Gusman/Leemage/maxppp), 161 (dpa/Db Hakle Kimberly), 206 (dpa/Karin Hill), 208 (dpa/Waltraud Grubitzsch), 223 (The Advertising Archives), 235 (United Archives/TopFoto), 241 (dpa/Peter Roggenthin), 251 (dpa-Sportreport), 257 (Ruppenthal), 269 (ZB/Sammlung Sauer), 305 (dpa/Wöstmann); **Pixelio.de:** 58 (Miraliki), 65 (Cornerstone), 67 (Ingo Anstötz); **Schmidt Spiele GmbH,** 12055 Berlin-Germany, Lizenz: Kiddinx Merchandising GmbH, 22085 Hamburg-Germany: 214; **Shutterstock:** 28 (Vize), 113 (Hanka Steidle), 196 (Vibrant Image Studio), 260 (worlswildlifewonders), 266 (biletskiy), 295 (BMCL), 313 (ermejoncqc); **Steiff:** 279 (www.steiff.com, Steiff Museum); **Stiftung Saarländischer Kulturbesitz, Deutsches Zeitungsmuseum:** 272; **Stillsonline:** 218 (www.stillsonline.de); **Südwest Verlag:** 19 (Dirk Albrecht); **SZ Photo:** 98 (Imagebroker), 135 (ddp images / AP); **Ullstein Bild:** 63 (Günter Peters), 232 (Zangl); **Wikipedia/gemeinfrei:** 13 (http://de.wikipedia.org/wiki/Johann_Hinrich_Wichern), 24 (http://en.wikipedia.org/wiki/File:Soutien_des_seine_par_une_brassiere.jpg), 149 (http://de.wikipedia.org/w/index.php?title=Datei:-1791-Yo-Yo Bandalore.jpg&filetimestamp=20060223121853), 247 (http://en.wikipedia.org/wiki/File:Judson_clasp_locker_patent_1893.png), 311 (http://en.wikipedia.org/wiki/File:Astley%27s_Ampitheatre_Microcosm_edited.jpg); **Wikipedia/Malud:** 61 (http://de.wikipedia.org/w/index.php?title=Datei:Curry_schild.jpg&filetimestamp=20080407190029); **Wikipedia/gemeinfrei, Künstler: F. G. Nordmann:** 190 (http://de.wikipedia.org/w/index.php?title=Datei:Litfass.jpg&filetimestamp=20050320051933); **Wikipedia/gemeinfrei/Tinkeringbell:** 244 (http://de.wikipedia.org/wiki/Arthur_Fry); **Wikipedia/gemeinfrei/Österreichs Illustrierte Zeitung:** 303 (http://de.wikipedia.org/w/index.php?title=Datei:Oesterreichs_Illustrierte_Zeitung_Kaiser-Festnummer_1908-00000001.jpg&filetimestamp=20100118152314); **Wikipedia/gemeinfrei/Hellerick,** based on earlier image by CIA with many modifications by other contributors: 309 (http://commons.wikimedia.org/wiki/File:World_Time_Zones_2011.svg?uselang=de);
Der Rechteinhaber für die Abbildung auf S.126 konnten trotz intensiver Recherche nicht ermittelt werden. Der Verlag bittet Personen oder Institutionen, welche die Rechte an dieser Abbildung haben, sich zwecks angemessener Vergütung zu melden.